教育大数据

理论与实践

施聪莺 徐朝军 等著

Education Big Data

Theory and Practice

南京师范大学出版社

图书在版编目(CIP)数据

教育大数据理论与实践 / 施聪莺,徐朝军等著. —南京:南京师范大学出版社,2019.12
 ISBN 978-7-5651-4460-8

Ⅰ.①教… Ⅱ.①施… ②徐… Ⅲ.①教育工作—信息化 Ⅳ.①G43

中国版本图书馆 CIP 数据核字(2019)第 291377 号

书　　名	教育大数据理论与实践
作　　者	施聪莺　徐朝军　等
责任编辑	于丽丽
出版发行	南京师范大学出版社
地　　址	江苏省南京市玄武区后宰门西村 9 号(邮编:210016)
电　　话	(025)83598919(总编办)　83373872(营销部)　83373872(邮购部)
网　　址	http://press.njnu.edu.cn
电子信箱	nspzbb@njnu.edu.cn
照　　排	南京凯建文化发展有限公司
印　　刷	扬州市文丰印刷制品有限公司
开　　本	787 毫米×1092 毫米　1/16
印　　张	14
字　　数	299 千
版　　次	2019 年 12 月第 1 版　2019 年 12 月第 1 次印刷
书　　号	ISBN 978-7-5651-4460-8
定　　价	48.00 元
出 版 人	彭志斌

南京师大版图书若有印装问题请与销售商调换
版权所有　侵犯必究

前　　言

2015年，国务院印发了《促进大数据发展行动纲要》（下面简称《纲要》），系统地部署了大数据发展工作，明确要求全面推进我国大数据的发展和应用，加快建设数据强国。《纲要》提出，要加强顶层设计和统筹协调，大力推动政府信息系统和公共数据互联开放共享，推进数据资源向社会开放。《纲要》明确指出推动大数据发展和应用，在未来5至10年打造社会治理新模式。

此后，大数据的发展迎来了春天，相关研究如雨后春笋般涌现。2016年1月21日，阿里巴巴首席技术官（CTO）王坚在云栖大会上表示，"2016年才是真正意义上的大数据元年。我们将迈入大数据的一个新时代，敏捷、准确、低成本的数据分析和预测将成为现实"。

的确，大数据正逐步深入人心，并快速融入各行各业，给人类的工作、生活与思维方式带来巨大变革。当然，大数据的"威力"也强烈地冲击着教育系统，正在给教育带来全新景观，成为推动教育系统创新与变革的颠覆力量，展现出未来教育的无限魅力。教育大数据不仅渗透到我们的日常教学与学习中，改变着我们的教育教学和学习方式，而且提升至国家战略层面备受重视。教育大数据中心建设和区域数据共建共享应用成为主要模式，对个体学习全过程的数据分析和精准数据评测成为主要的应用场景，教育大数据通过宏观和微观两方面的建设，引发了教育领域的广泛关注和重视。

2019年，为落实立德树人、育心成才的根本任务，促进全体师生身心健康全面发展，打造幸福人生，南京师范大学心理学院与企业联合研发的基于大数据的"江苏省心理云平台"正式上线，使大数据助力学生心理健康教育，做到了"政府关心有平台、学校教育有工具、心理服务有队伍、学生求助有渠道"，平台为各类用户提供了全方位的心理教育服务。

近两年来，教育大数据已然成为全社会关注的热点，相关论文和著作陆续问世，研究者积极关注大数据技术本身，抑或关注教育大数据的概念、模型等。《教育大数据理论与实践》一书，在阐述教育大数据理论与技术的基础上，重点通过"Web教育资源内容切片研究""'校校通'工程现状调查""学习社区用户行为特征研究"三个案例，翔实地介绍了开展教育大数据相关研究的具体步骤和分析方法。本书共八章。第一章介绍了教育大数据的基本概念和研究范式等。第二章介绍了大数据生态，包括软件和技术框架。第三、四章介绍了教育大数据的来源、共享意义、共享现状和挑战。第五章阐述了大数据常用算法。第六章至第八章，阐述了教育大数据的典型案例，致力于促进 Web 教育资源共享、科学评估教育信息化进程、多元评价个性化学习，展示教育大数据如何进行教育现状描述、成因分析、趋势预测，从而为教育管理部门提供决策依据。

教育大数据的具体案例分析是拙作的亮点，本书期望为教育技术专业的本科生、研究生，以及计算机专业的本科生提供指导，帮助他们在认识教育大数据的基础上，积极投身于教育大数据的相关实践研究中。

最后，需要说明的是，由于时间紧迫，特别是限于编撰者的学识和水平，书中或有些许缺陷甚至错误，还望各位专家和读者不吝赐教，我们将虚心接受。

目 录

第一章 教育大数据研究范畴

第一节 教育大数据概述 ……………………………………………………… 2
第二节 教育大数据的数据形态与来源 ……………………………………… 3
第三节 科学研究范式 ………………………………………………………… 7
第四节 教育大数据研究对象 ………………………………………………… 12
第五节 教育大数据研究层次 ………………………………………………… 16
第六节 教育大数据研究方向 ………………………………………………… 21

第二章 大数据生态

第一节 大数据生态概述 ……………………………………………………… 30
第二节 大数据常用软件 ……………………………………………………… 38
第三节 大数据处理框架 ……………………………………………………… 43

第三章 教育信息化数字踪迹

第一节 教育信息化实践 ……………………………………………………… 52
第二节 教育信息化系统与数据模型 ………………………………………… 56
第三节 教育大数据图景 ……………………………………………………… 65

第四章 教育大数据安全与共享

第一节 共享——教育大数据的灵魂 ………………………………………… 73
第二节 教育大数据共享现状 ………………………………………………… 76
第三节 教育大数据共享与安全政策 ………………………………………… 83

第五章 常用数据分析算法

第一节 五大算法思想 …………………………………………… 91
第二节 文本计算基础算法 ……………………………………… 93
第三节 常用数据分析算法模型 ………………………………… 98

第六章 Web教育资源内容切片研究

第一节 Web网页内容提取与切割技术 ………………………… 137
第二节 Web教育资源网页文本提取及切割 …………………… 150
第三节 Web教育资源切片实验结果与分析 …………………… 157

第七章 基于大数据的"校校通"工程现状调查

第一节 研究背景 ………………………………………………… 164
第二节 Web大数据分析 ………………………………………… 165
第三节 Web数据获取及处理 …………………………………… 168
第四节 "校校通"数据分析 …………………………………… 172

第八章 学习社区用户行为特征研究

第一节 学习社区用户行为特征概述 …………………………… 192
第二节 学习社区用户行为特征研究视角 ……………………… 195
第三节 慕课网互动特征案例分析 ……………………………… 200

后 记 ……………………………………………………………… 216

第一章 教育大数据研究范畴

　　教育信息化进程的推进，教育活动向数字空间的延伸，累积了大量数据，无论是"三通"工程、智慧校园的建设，还是远程网络课程、电子书包等在教育活动过程中的推行，各种信息都以数据形式被存储和记录。随着智能移动终端和各种穿戴设备逐渐走进教学活动，意味着教育研究拥有了更多可供分析的数据。然而这些数据不同于以往通过问卷等传统社会研究的调查方式所获取的数据，因此为教育研究带来了新的机遇和挑战。

导读：

教育大数据概述

教育大数据的数据形态与来源

科学研究范式

教育大数据研究对象

教育大数据研究层次

教育大数据研究方向

第一节　教育大数据概述

一、大数据的定义

大数据是一个很抽象的概念,最早提出大数据概念的是全球知名咨询公司麦肯锡,该公司在《大数据:创新、竞争和生产力的下一个前沿领域》报告中称:"数据作为重要的生产因素已经渗透到当今的每一个行业,对海量数据的挖掘效率和运用效率将直接影响着新一轮生产力的增长。"其给出的定义简单明了:大数据指的是大小超出常规的数据库工具获取、存储、管理和分析能力的数据集。2008 年,Nature 杂志的专刊中认为大数据是:"代表着人类认知过程的进步,数据集的规模是无法在可容忍的时间内用目前的技术、方法和理论去获取、管理、处理的数据。"[①] 维基百科给出的定义是:"大数据是指利用常用软件工具捕获、管理和处理数据所耗费的时间超过可容忍时间的数据集。也就是说大数据是一个体量特别大,数据量特别大的数据集,并且这样的数据集无法用传统数据库工具对其内容进行抓取、管理和处理。[②]" Gartner 公司结合大数据的特点给出的定义是:"大数据是种类繁多、高容量、高生成速率的信息价值,同时需要新的处理形式去确保判断的做出、洞察力的发现和处理的优化。"

二、教育大数据的定义

国内关于教育大数据的定义,最早是由东北师范大学的徐鹏等人在《大数据视角分析学习变革——美国〈通过教育数据挖掘和学习分析促进教与学〉报告解读及启示》一文中提出的。徐鹏从产生教育大数据的主体出发,对教育大数据概念进行了定义:广义的教育大数据泛指来源于日常教育活动中人类的行为数据;狭义的教育大数据则指的是学习者的行为数据。教育大数据并不是数据在教育领域内的简单运用,而是通过教育领域反向驱动大数据技术分化为独立的分支,从而为传统教育领域一些研究问题提供了新的解决途径,甚至可以跨越传统个性化学习的精确逻辑推理过程,而直接

[①] Grahamrowe D, Goldston D, Docto Row C, et al. Big data: science in the petabyte era[J]. Nature, 2008, 455(7209): 8-9.
[②] 方巍,郑玉,徐江. 大数据:概念、技术及应用研究综述[J]. 南京信息工程大学学报(自然科学版), 2014, 6(5): 405-419.

分析全部样本的特征。

三、教育大数据的价值

教育大数据的理论价值在于它可以革新教育理念、教育思维。传统教育通常是根据教师的经验来决定学生的学习计划和学习方式，虽然教师的这种判断方法整体而言是正确的，但是对于个别特殊学生而言，仅通过主观判断则是不完整的。同时教师的经验判断既不能传授给新教师，而且有些经验过于主观，也缺乏科学的依据支撑，无法形成体系。而将大数据引入教育领域，促使教育理念和教育思维都发生巨大的变化，教育依托大数据，能更合理地实践不同的教育理念，为更有效的教育、学习提供解决方案。

实践层面，教育大数据驱动教学模式的改革，驱动个性化学习的真正实现。通过大数据技术对海量教学数据进行分析和预测，有利于促进学生的个性化学习。以微课、翻转课堂为主的新教学模式都是基于大数据开展的，教育者通过对学生的浏览记录、点击频率、视频观看暂停点等可以分析学生的兴趣点和学习材料的优缺点，从而根据学生的行为特点设计更加多样化、更加灵活的学习活动，并为学生定制个性化的学习方案。在大数据的推动下，教育者能够更加深刻地认清自己和学生，从而不断改进教学活动，提高教学质量。除此之外，教育大数据为教育实践领域带来了新方法，为智慧校园的设计规划提供了新思路。在智慧校园环境下，基于云计算的大数据应用可以实现对教师教学行为、学生学习行为、学生个性特征等的分析和预测，从而为学生的身心发展提供适时的引导和帮助。

第二节　教育大数据的数据形态与来源

形态是指事物存在的样貌，也可以理解为在一定条件下事物的表现形式。了解数据的不同形态，可以帮助我们在对教育大数据进行收集、分析和处理的过程中更好地拟定计划和执行操作。

一、教育大数据的数据形态

数据是指对客观事物进行记录并可以鉴别的符号，是对客观事物的性质、状态以及相互关系等进行记载的物理符号或这些物理符号的组合。数据是信息的载体，数据的基本形态也可以理解为数据的表现形式。在远古时期，数据以象形符号的形式存在；随着文字的发明，信息多以文字的形式进行记录并存储；进入信息时代以后，信息的存储和传递有了更多的方式，因此数据的形态呈现多样化态势。信息时代，一般将数据基本形态分为数字数据和模拟数据。

数字数据，也称为数字量，一般表现为取值离散的变量或数值，如各种统计或测量得到的数据。从日常的数据处理操作层面来看，由于数字数据均由数字构成，因此此类数据相对而言是最便于处理的一类数据。模拟数据，也称为模拟量，是在连续范围内的变量或数值，如声音、图像、视频、文字等，一般使用模拟信号进行表示。模拟数据覆盖了我们的生活轨迹，如日常生活中的文字、声音、视频、温度、电磁等都属于模拟数据，我们可以对此类数据进行采样并存储。

大数据背景下，数据的形态更加多样化，主要表现在数据的来源、数据的密集度和数据的丰富度三个方面。由于信息高速公路的出现，信息得以通过各种方式进行传播，以往的数据可能来源于某一负责记录数据和存储数据的人员，然而现在的数据可以有更多的来源途径，任何用户都可能产生数据，也因此极大地增加了数据的密集度，并且这种密集度不等同于用户数，而是以用户数为基数的指数级增加，累积到一定程度的量变将必然导致其质变，也因此极大提升了用户数据的丰富度。

在物联网概念出现以前，数据的来源主要是人为的观察与记录，然而在信息社会中，很多终端设备都具有自身的数据存储功能，不再需要消耗大量的人力来完成数据的录入与存储，技术的更新与设备的普及让数据变得更加触手可及。人类的活动轨迹，如行动路径、行为方式等都有迹可循；同样，诸如各种温度变化、大气变化等各类外界环境数据与生态数据也可被仪器探测与记录。此外，随着"互联网+"概念的出现，行业间的数据壁垒被打破，传统行业中的数据能够以新的方式进行存储。因此，大数据背景下，我们将通过各种渠道获取到文本数据、图像数据、环境数据、行为数据，并且这些被获取的数据本身便具有其原始属性，可以让数据分析者轻易地溯源至数据的创造者，而这些数据正是大数据时代下进行分析与决策的最佳样本。

数据来源的多元化也推动了数据的密集存储的进步，各种设备记录的数据不断累积，最终形成庞大的记录库。就互联网而言，以往的数据可能来源于管理员，但因为记录数据的人力有限，所以被记录的数据量也同样有限，而在 Web 2.0 时代，所有用户都可产生数据，所有用户的所有行为数据也均可被记录。以用户微博活动为例，用户数据不仅包括用户发表的博文内容，也包括用户的浏览记录、好友记录、互动频次等。在电商、金融、医疗等领域，为了更好地描绘用户画像，记录的数据将更为全面。因此，数据的密集度是以用户数为基数的指数级增长。

数据的丰富程度来自于设备的升级与更新，同样来自人们思维的变革。数据的丰富程度一方面表现在总体数据的类型更加丰富，另一方面也表现在对某一对象而言，用于描述该对象的数据越来越全面和具体。例如，对于一个人物对象而言，一开始用于标识人物的数据只有该人物的名字，但是随着数据的增加，该对象的属性数据得到丰富，我们可以获取到其性别、民族、学历、职业等，在社交网络中，还可以获取该人物对象的社交关系，通过各种数据之间的连接关系，将每一个数据对象都丰富成具有庞大信息量的对象。

此外，可视化技术改变了数据的展示方式，随着技术的发展，数据的形态不再依靠简单枯燥的数字进行编排，我们可以使用更多有趣丰富的图形进行表示，这种有趣、友好的可视化展示方式让数据更加容易被理解。

二、教育领域常见的数据来源

在教育研究中，数据通常包括基础设施建设数据、人力物资数据以及教育教学活动中产生的各类数据，如学生的作业记录、考试内容以及教师与学生之间的交流等。根据层次可以将教育数据划分为五层架构，分别为个体层教育数据、课程层教育数据、学校层教育数据、区域层教育数据和国家层教育数据[①]，其中后三层数据通常是教育管理与教育政策所着重研究的内容，而前两层数据则是教学活动研究中更关注的内容。

（一）问卷调查与课堂实录：小样本有限数据

在以往的教育研究中，数据通常来自于统计局的普查统计（教育宏观管理与调控所需的数据）或调查问卷、人工观察与记录（教学活动中的数据，如课堂实录）。因此，在传统的教育研究中，教育数据通常以小样本的形态存在。

从国家统计局官网（http：//data.stats.gov.cn/）上的相关数据中，可以筛选查看与教育相关的数据，如教育经费数量及分配情况、各级各类学校数量、教职工数量以及学生情况等。数据主要包括：各地、各级、各类学校（机构）数量；各地、各级、各类教职工数量与职称情况；各地、各级、各类学生情况；各地、各级、各类学校的资产情况；各地、各级、各类学校校舍情况；各地、各级、各类学校入学率和毕业生升学情况等。

而对于组织规模相对较小的教学活动而言，人们并不会耗费大量人力进行有组织的记录与调查，通常会采用调查问卷与课堂实录的方式进行记录。调查问卷以列举问题的方式对调查内容进行记载，因此收集的数据形态一般为文本数据与数字数据，这类数据形态以传统的方式也更易于进行数据处理。同样，限于调查问卷的设计思路、发放范围及其回收率，调查问卷收集的数据在总体上一般为小样本数据。另一种普遍使用的调查方式是课堂实录，课堂实录要求将课堂中的内容尽可能详细地进行记录，在音视频录制设备普及的现代社会，课堂实录可以形成真实的音频与视频，这些音视频内容是研究教学活动的第一手材料。然而课堂实录由于时间与空间的限制，同样也

---

① 杨现民，王榴卉，唐斯斯. 教育大数据的应用模式与政策建议[J]. 电化教育研究，2015，36(9)：54-61，69.

是一种小样本的数据，同时文字、音频和视频数据在传统的教育研究中需要耗费大量人力物力来进行数据的处理和分析。

（二）机器数据，海量异构

在教育信息化进程中，教育教学活动引入了更多的硬件设备与辅助软件。最初我们更注重各类软硬件在教学活动中的辅助作用，希望科技的革新可以帮助减轻教学的负担，帮助教师完善教学设计和教学过程，帮助学生更好地进行知识的获取。然而，在大数据思维的驱动下，人们开始关注用户之间的交互，在教育过程中，这种交互则体现为教师和学生在教学活动中行为的反馈。

在"互联网+"教育的思潮下，教育领域产生了丰富的网络数据，对比传统的教育普查数据，大数据背景下学校的数据可以通过各类网络数据、硬件设备记录的数据来获取，如所有教师的入职、转岗和退休记录都存储在人事部门的数据库中，教育经费的分配则记录在财务部门的数据库中，学生的体检信息存储在校医院的数据库中，愈渐庞大的网络数据可以帮助分散和减轻数据普查的工作量。除此以外，学生的校园生活愈加丰富，通过各类校园终端，还可以获取学生的餐饮消费记录、登录网站记录等数据。

随着终身教育概念的提出，远程教育、网络教育以及移动教育等进程不断加快，在这些教学活动中，我们需要使用更多的终端设备，并建设智能教室、加快普及使用电子书包和网络课程平台等。人机交互、用户之间交互的出现帮助我们获取更多个体信息，通过各类终端设备，教学研究者能够获取设备中记录和存储的数据，如智能教室中记录的教学过程视频、电子平板上记录的学生点击行为、网络课程中学生的浏览记录和互动记录等。触手可及的终端设备帮助教育研究者更方便地记录和获取教学行为中个体层和课程层的数据。

而相较于传统数据收集方式而言，上述所有方式收集的数据量更为庞大和丰富。大数据时代，万象丛生，数据的来源直接影响数据分析结果的可靠性。那么除了以上的数据来源外，是否还存在一些比较权威的数据来源途径呢？答案是肯定的。现今，国内常见的数据来源有：各类教育管理数据库系统数据、各教学管理平台数据；国家统计局发布的数据，如各地区 GDP、各学段在读学生人数、在岗教师人数等；Web 服务日志；DNS 服务日志；网络爬虫工具采集所得数据，如八爪鱼网页数据采集器；商业机构数据，如艾瑞咨询集团存储的数据等；课堂实录；微课、微视频；网络课程平台数据；教务管理系统；实验教学管理系统；等。在国外的教育大数据研究中，还经常提到如下数据来源。

◇ Student test data；

◇ Social media data；

◇ Institution marketing data；

◇ Financial business forecast data；

◇ Web site browsing pattern data;
◇ Campus sensor data;
◇ Data gathered from mobile devices;
◇ Enterprise data from management systems.

这些数据的来源涉及不同的数据获取技术和应用情境，是教育大数据研究、应用的重要来源。通过日益革新的技术，研究者们能够使用各种数据分析技术对这些庞大的教育数据进行深层的挖掘和分析。

第三节 科学研究范式

科学研究范式是指一种获取自然现象相关知识的特殊方法[1]。范式这一概念是由托马斯·库恩在其《科学革命的结构》一书中提出的。库恩使用该概念来阐释包括定律、理论、应用和仪器在内的一整套科学研究的模型[2]。通俗地理解，范式可以指导研究的进行，是包括方法论、认识论、本体论在内的一套体系。2009 年，微软在 *The Fourth Paradigm*: *Data-Intensive Scientific Discovery* 中从科学研究方法的角度解释科学研究范式并提出新的科学研究范式，针对数据密集型科学研究的第四范式应运而生，并引起了研究者对于数据密集型科学的重视，也引起了学者对于第四范式的研究兴趣。了解科学研究范式演化的背景以及具体的演化过程，是进行第四范式研究的前提[3]。

一、科学研究范式的演变

目前，科学研究的范式根据发展时期可分为四个阶段。

(1) 第一范式出现在文艺复兴之前，主要以经验主义为主，用于描述自然现象。

(2) 第二范式的出现稍微晚于第一范式，出现在文艺复兴之后，以实验主义为主，结合了更多数学和物理模型，因此其主要手段与目的是建造与概括模型。

(3) 第三范式出现在第三次工业革命后，以计算机为依托，进行科学计算，再对复杂的现象进行模拟，通过这种手段可以减轻人工计算量，同时也可以更便捷地对一些实验室中无法完成的现象进行模拟。

---

[1] Strawn, G. O. Scientific Research: How Many Paradigms? [J]. Educause Review, 2012, 47(3): 7.
[2] [美]库恩. 科学革命的结构[M]. 李宝恒, 纪树立, 译. 上海: 上海科学技术出版社, 1980: 8.
[3] 邓仲华, 李志芳. 科学研究范式的演化——大数据时代的科学研究第四范式[J]. 情报资料工作, 2013(4): 19-23.

（4）第四范式是在海量数据的背景下，重视对数据的挖掘，并对数据进行统计分析，以深入地探索数据内容，揭示数据背后的科学现象及科学问题的发展变化规律等。

在古典时代以及中世纪早期，科学研究的主要内容是以经验主义为主的哲学研究，当然也包括生物学、数学等在内的自然科学。虽然其形式与内容都是在宗教认可的范畴以内，但是该时期所采用的实验模型带有一定的盲目性。在中世纪中后期至文艺复兴时期，科学研究的主要内容逐渐从社会科学和哲学向自然科学过渡，以提出"日心说"的哥白尼为代表的学者们发起了天文学领域的革命，随着自然科学基础理论突破和技术革新加剧，推动了包括力学、机械学等学科在内的自然科学的发展，这一时期的科学家提出了以实验为主、与数学相结合的创新方法，因此具有更强的理性概括。但同时这些新式学科和思想也与宗教产生了极大的冲突和矛盾，直到19世纪中叶，才逐渐摆脱宗教的严密控制[①]。进入20世纪，经过第一次工业革命和第二次工业革命的洗礼，以电子计算机和原子能为代表的第三次工业革命爆发，与此同时，也带来了科学研究方式的多样性和进步。利用电子计算机对科学实验进行模拟的模式迅速得到普及，科学研究方式受到的人力和物力限制被冲破，人们可以通过对复杂现象的模拟仿真，推演出越来越多复杂的现象。

2007年1月11日，美国学者吉姆·格雷（Jim Grey）在美国国家研究理事会计算机科学与远程通信委员会（NRC-CSTB）的报告中提出人类科学研究进入以数据密集型科学为主的第四范式。科学研究的第四范式与第三范式相似，都是以计算机为主要工具和手段进行研究，然而在第三范式中，需要人们先提出可能的理论与假设，再对数据进行搜集，最后通过计算机计算来进行验证。第四范式研究的不同之处在于，先有了海量的数据存储，再通过计算来得到先前也许未知的结论。在第四范式中，进行研究的前提是数据存储的丰富程度，研究主要依靠规则和模型的确立，通过各种模型的计算得到各现象之间的关联关系或对未来现象进行预测等。

二、教育研究范式的发展

在学术界，通常将教育学科归属到与自然科学相对的人文科学和社会科学领域，从研究方法来看，人文科学主要在于意义分析，社会科学更多地使用了实证的方法，教育研究则可以灵活运用人文科学和社会科学的基本方法。教育研究范式的变革和库恩的科学研究范式不同，不是新兴范式取代旧范式的演变过程，而是不断发展的指导思想和研究工具的更新，几种范式是有可能共存的。从西方教育史来看，教育研究的历史可以分为四个阶段。

---

① 徐超富. 大学第二中心：科学研究的演变轨迹及其特点[J]. 中国软科学，2003(12)：106-109.

(一) 古代教育研究

公元前 5 世纪至公元 16 世纪末，是科学研究的第一范式出现的时期，在宗教和神学的影响下，最古老的学科——哲学开始萌芽。教育作为贵族阶级统治的一种手段，其内容一般为伦理道德教育，教育研究以观察法和经验总结法为主。在古希腊的苏格拉底、亚里士多德以及中国古代的孔子、孟子等人的教学思想和方法中都能体现出这一特点，如此便产生了教育研究的最初范式雏形——哲学思辨。

(二) 近代教育研究

17 世纪至 19 世纪，西方理性主义出现在哲学的思潮中，人文和理性的出现对以经验总结为主的科学研究范式产生了冲击。一方面，实验法和自然科学的发展对主流科学研究产生了重大的影响；另一方面，教育学也逐渐从哲学中分离，以夸美纽斯的《大教学论》一书的诞生为标志，教育学成为一门独立的学科并形成完整的体系。随着心理科学的诞生，实验法在社会科学中得到更广泛的应用，也由此推进了教育的科学化，拉伊和梅依曼等人提出建立实验教育学。由此，教育研究的范式步入了以分析和实验法为主的近代教育研究方法阶段。

(三) 现代教育研究

19 世纪末至 20 世纪 60 年代，科学技术的发展影响着人们的思维方式，科学实证的方法被引入教育学，以实证法和测量法为主的现代教育研究方法盛行，并在近百年间持续影响着教育科学的发展。在实证研究与思辨研究二者产生愈发激烈的冲突的同时，也推动教育科学领域内的学科研究方法取得了显著的进步，为方法论的发展开拓了新的领域。

(四) 后现代教育研究

20 世纪 60 年代以来，进入了教育研究方法百家争鸣的阶段。随着社会的发展和教育体制的完善，教育研究逐渐分为宏观教育发展研究和微观教学活动研究两方面。宏观教育发展研究从社会、文化、政策等层面进行分析，而微观教学活动研究则倾向于将重心放在学校教学活动的过程中以及学生的学习行为中。教育研究的范式根据这两方面可以从多个角度进行分析。

张应强从文化学的角度进行分析，认为中华人民共和国成立以来的中国教育研究，经历了政治教育范式向绩效主义范式，再向文化学范式转换的过程[1]。

从中华人民共和国成立到改革开放以前，中国教育的主体是政治教育，受到无产阶级和马克思主义思想的影响，将教育视为政治和意识形态的工具，因此教育研究的范式更倾向于政治教育范式。改革开放后，随着"解放思想，实事求是"思想路线的推行，经济建设成为中国社会发展的中心，因此，教育的生产力属性受到重视，老一

---

[1] 张应强. 中国教育研究的范式和范式转换——兼论教育研究的文化学范式[J]. 教育研究, 2010, 31(10): 3-10.

辈学者们进行了关于教育本质的争论，提出教育要适应和服务于经济社会的发展需求，其功能在于为社会培养高素质和高水平的人才，教育研究自此进入绩效主义范式的时代。然而，绩效主义范式下的教育研究暴露了其过于注重计量与数据，过分强调分数而忽视了人文关怀的缺点。在对这两种教育研究范式的批判与思考下，产生了一种新的教育研究范式——文化学范式。

文化学范式以人为中心，从文化出发对人进行研究，认为社会的本质是文化，因此，该范式认为教育是对人的解放，是人对自我完善和自我建构的追求。文化学范式的出现帮助教育研究从"社会适应论"转向对教育中人的研究，将教育研究从政治和经济的控制下独立出来，教育人种志、教育叙事、质性研究等新方法也逐渐出现。同时，当教育脱离原有的范式以后，人们开始思考教育和文化之间的相互作用，不仅促进了学校文化的萌芽，也为教育改革和教育实验研究提供了新思路。在教育研究中，对教育改革和教育现象进行文化分析，研究文化变迁和教育改革的发展与趋势，这与以往的从政治角度、经济角度出发的教育研究相比，更贴近教育本身。

教育研究范式转型的分析也可以从教学形态、学习理论等更具体的方面进行阐述。根据不同社会背景下的教学形态可以发现，教学形态的发展从学徒形式转变为普适性更强、受众面更广的学校教育形式，再到21世纪以来提出的终身教育、泛在教育。教学形态的转变在一定程度上体现了教育观念的演变，也在一定程度上改变了教育研究的工具、形式与环境，教育研究不再局限在具体的空间中，教育活动在时间、对象和空间的扩展也意味着教育研究需要覆盖更广的范围。

而从19世纪以来心理学对教育的影响趋势中，教育研究范式的转型也可见一斑，但是这种转型来源于研究的聚焦点不同，旧范式并不会由于新范式的出现而被摒弃，如行为主义和建构主义，虽然二者聚焦的关注点不同，但是后者的出现并不会完全否定前者的研究。教育心理学中行为主义、信息加工理论、认知主义、建构主义以及社会文化理论的几大趋势的演变对于一线教师以及关注教学研究的学者们而言，为其教育教学活动的设计与反思提供了新的思路[①]。

三、第四范式下的教育研究

通常认为，科学研究的第四范式更强调数据背后隐藏的关联关系。现代信息技术的发展推动了大数据的发展，当技术的革新变得比以往更触手可及，我们就更有机会和精力将目光聚焦于数据与信息本身。在一切皆可量化的大数据时代，人文社科的研究也拥有了更开阔的视野，从以往的"随机样本、探求因果关系"走向"全体数据、发现相关关系"。

第四范式是以数据为研究对象，通过对大量数据的收集、处理及分析，从而得出

---

① 祝智庭，沈德梅. 基于大数据的教育技术研究新范式[J]. 电化教育研究，2013，34(10):5-13.

新发现、新信息及新规律的过程。2007年，吉姆·格雷首次提出了数据密集型科学（Data Intensive Science），即以数据密集型计算为基础的科学研究第四范式。他指出，在数据爆炸的今天，人们以数据为研究对象，通过用仪器抓取数据、模拟产生数据、软件加工数据及计算机存储并管理的方式进行科学研究[①]。

美国教育部在一份简报中指出，大数据在教育领域的具体应用主要为教育数据挖掘（Educational Data Mining，EDM）和学习分析（Learning Analytics，LA）。教育数据挖掘研究的焦点在于利用各类数据分析方法对教与学的过程中产生的海量数据进行分析，包括根据学生知识掌握程度、学习态度以及元认知等因素建立学生模型以预测学生行为，以及根据教学内容进行教学模型的设计等。学习分析则被定义为对学习者及学习环境的数据测量、收集、分析和汇总呈现，相比教育数据挖掘，其应用倾向于对学生的学习行为与学习效果进行监测和预测，以判断学生后续的学习行为并对学习中的潜在问题进行预防。

（一）数据密集型教育大数据研究的意义

科学研究第四范式的产生，使得人们逐渐开始重视数据科学的研究，教育大数据领域的应用研究也逐渐展开。

在第四范式指导下，研究者将教师、学生、媒体技术以及与教育有关的各种数据作为研究对象，以数据为基础进行思考、设计和实施研究，并尝试通过对大量数据的考察分析，以获得某些在传统研究中未曾获得的有关联性而非因果关系的结论[②]。

（二）数据密集型教育大数据研究案例

2019年10月24日，在第二届中国（广东）人工智能发展高峰论坛上，科大讯飞宣布正式发布教育大数据平台，平台基于"数据采集共享、数据存储计算、数据管理监控和数据可视化展示"为一体的数据管理及数据决策的大数据平台，完成区、校、教学及管理数据的有效治理，做到用数据说话、决策、管理、创新，助力区域教育科学管理和学校教学可持续发展与减负增效，实现"因材施教"。

智慧校园综合服务针对学校智慧校园建设，为教育主管部门、学校、教师、学生提供招生管理、行政办公、教学管理、教务教研、教师考评、学生事务、德育管理等一站式服务，为师生减负，从数据治理、教育智能出发，促进校内平台数据互通、共享。大数据与电子档案袋的结合开启了教育评价的新篇章，个人在学习社区的活动有迹可循，成为过程性评价的重要依据。电子档案评价增强了学生主体参与性，档案内容具有反思性、发展性。

[①] Hey T, Tansley S, Tolle K. The Fourth Paradigm: Data-Intensive Scientific Discovery [R]. Microsoft Research Redmond, 2009: 1-34.

[②] Gray J. E-Science: A Transformed Scientific Method [EB/OL]. [2011-09-07]. http://Reseach.microsoft.com/en-us/um/people/gray/Jim Gray Talks.htm.

第四节　教育大数据研究对象

教育大数据不仅体现在数据量大，更重要的在于其具有意义深远的研究价值，在教育大数据环境下，其研究对象与传统的教育研究对象的范围基本吻合，但更依赖于从数据采集和分析的角度对其研究对象进行分析。

一、教育要素角度下的研究对象

教育要素说阐述了教育的基本组成要素，比较有代表性的教育要素说包括教育三要素说和教育四要素说，从教育要素角度对研究对象进行分析可以对教育活动中的对象进行较为全面的覆盖。在教育大数据视角下，根据教育要素进行教育研究，着重点在于分析各个要素在教育教学活动中产生的变化及其与最终教育效果之间的关联，解密"教育黑箱"。

南京师范大学教育系编写的《教育学》(1984)阐述了教育的三要素说，认为教育活动的要素包括教育者、受教育者和教育影响。[①]

教育者，即从事教育活动的人，一般会对学习者产生持续的身心发展影响，对个体发展具有引导、促进和规范作用。教育者是教育的主体，其具有目的性、主体性和社会性的特征，其中社会性是指教育者的工作是社会要求的体现，教育者对学习者的发展指导与规范都与社会要求息息相关。在教育大数据的视角下，以教育者作为教育研究对象时，需要了解教育者在教育过程中的主要活动，包括对话、语言风格、肢体行为、文化影响与潜意识影响等，而这些行为在传统的研究中，较难进行记录与分析，在信息社会中，可以更便捷地获取此类数据。我们能够根据这些数据分析教育者的不同行为在教育过程中产生的影响，挖掘教育者各种行为与学生反应、学习效果之间的关联，同时需要结合心理学与脑科学等学科知识进行教育研究。同时，在将教育者作为研究对象进行研究时，也同样有助于教育者的自我发展，许多教学问题的解决不再依赖于每位教师头脑中模糊的经验，而是基于对海量的教学问题的描述以及教学问题解决方案的分析，教育者可以从大数据中学习到更多的解决问题的模式与思路。

受教育者是教育的对象，受教育者的身心发展具有其自身的规律，具有主观能动性。在人文主义的影响下，教育对受教育者的关注越来越多，受教育者的个体性差异

[①] 南京师范大学教育系. 教育学[M]. 北京：人民教育出版社, 1984.

也受到更多的关注，因材施教成为重要的教育理念。不同的学习者有不同的学习目的、不同的学习背景或基础，并由此影响到各自的学习兴趣、能力或风格；不同的学习者在学习过程中所遭遇的问题与困难不同，进行有效学习所需要的帮助也不同；不同的学习者对于自身学习行为的反思和管理意识、管理能力不同，从而影响到他们各自的学习效率和质量。对于受教育者而言，学习的过程不断地向高度个性化的趋势发展。而在教育信息化的进程中，个性化学习的支持正是研究的重点之一。当以受教育者作为研究对象时，通常综合运用信息科学、社会学、计算机科学、心理学和学习科学的理论和方法，通过对广义教育大数据的处理和分析，利用已知模型和方法去解释影响学习者学习的重要因素，评估学习者的学习行为，并为学习者提供最佳的适应性反馈，从学习者行为角度了解学习过程的发生机制，并用来优化学习。

教育影响，是指教育活动中教育者作用于受教育者的全部信息，它同时具有社会价值和教育价值，既包括了信息的内容，也包括了信息选择、传递和反馈的形式，是内容和形式的统一。就内容而言，包括了教育内容、教育材料或教科书；而形式则包括教育手段、教育方法和教育组织形式。正是教育内容与教育形式的统一所构成的教育影响，使得教育活动成为区别于其他社会活动的一种相对独立的社会实践活动。在传统的教育研究中，教育影响中的内容和形式都是既定的，内容由专家进行统一编撰，组织形式则一般为班级授课，手段与方法都非常有局限性。在教育信息化的进程中，逐渐引入了诸多软硬件设备以辅助教学，在大数据背景下，除传统的学习内容从专家统一编撰的教科书扩展到各类用户生成的数据（如"问答社区"中的"问答对"）以外，辅助教学的各类软硬件、远程授课的课堂形式，以及支持学生个性化学习的系统与平台，都成为教育研究需要关注的对象。

除教育三要素说以外，另一种代表性的观点是教育四要素说。教育四要素分别是受教育者、教育者、媒介和环境。其中，前两者和三要素说中的要素是相对应的，媒介和环境二者则是将教育影响更加细化，而在"环境"这一要素中，不仅强调了教学组织形式和物理环境，也强调了社会文化环境对教育的影响。

从教育要素看教育大数据的研究范畴，更容易从宏观上把握教育大数据的研究对象，探索教育大数据研究新路径。

二、教育管理范畴下的研究对象

教育管理是管理者通过组织协调教育队伍，充分发挥教育人力、财力、物力等的作用，利用教育内部各种有利条件，高效率地实现教育管理目标的活动过程，是国家对教育系统进行组织协调控制的一系列活动。从教育管理的视角进行教育大数据研究对象的分析，有助于研究者从教育整体进行研究。大数据的核心是预测，可以为决策和管理提供更多的信息，因此，大数据时代决定教育管理决策价值的核心在于数据。

教育管理包括教育行政管理与学校管理，它的主要研究对象包括各级各类的教育组织机构及人员、教育政策与制度以及教育资源,其中学校管理是教育管理学研究的重点。

(一) 教育组织机构

教育组织机构包括各级教育的行政部门、学校。各级教育行政部门在教育中主要扮演决策者的角色,具有两个主要特征:它是国家性质的社会组织,同时具有严密的体系性。各级行政机构内部设置不同,履行的职能也不同。机构主要分为中央教育行政组织与地方教育行政组织,地方教育行政组织又根据行政区划分为省、自治区、直辖市级机构,地级市、自治州级机构,县级机构以及乡(镇)级机构。

(二) 教育组织人员

教育组织人员除教育行政机构人员以外,还包括校长、教师和学生,后三类人员是与教学活动最密切相关的人员。校长是学校的行政负责人,综合管理全校的校务,担负着引领学校和教师发展、促进学生全面发展和个性发展的重任。在大多数情况下,校长被定位为"问题解决者",其职责在于发现学校中的各种问题并分析成因,进而提出问题的解决方案并促成其解决。然而随着教育观念的转变,时代对教育有了新的诉求,校长的角色逐渐从单一强势的问题解决者转向欣赏型领导者,以此满足培育优质学校的需求[①]。

在学校的信息化进程中,校长需要适应信息化的整体发展潮流,并且与学校的实际发展相适应,需要从学校整体发展的角度思考信息化如何助力学校的发展,同时也需要思考如果缺少了信息化的助力,学校发展可能会遇到哪些障碍。因此,在信息化的教育进程中,需要关注校长的信息化领导力的提升。在对教育领导者进行领导风格和领导学术素养分析的基础上,需稳步提升相关素养[②]。

对于教学活动中的教师而言,教育大数据可以让教师的绩效评价、教学效果评价更有迹可循,根据音视频、文本信息等记录,采用各类大数据分析算法,科学评价教师的教学水平、教学效果,帮助教师提高自身教学水平。而对于学生而言,教育大数据可有效支持学生的学习行为分析与个性化学习。分析学生的行为特征、学习效果,一方面可以在学生学习过程中提供帮助,另一方面可以对学生的行为进行有效的预测,有助于学生的学习与生活管理。

(三) 教育政策

教育政策是一个政党和国家为实现一定历史时期的教育发展目标和任务,依据党和国家在一定历史时期的基本任务、基本方针而制定的关于教育的行动准则。

在传统的政策制定过程中,往往通过调研报告支持政策决策。但目前整个公共管

---

① 张新平. 校长:问题解决者与欣赏型领导者[J]. 教育研究,2014,35(5):65-70.
② Anderson R. E. School Technology Leadership:An Empirical Investigation of Prevalence and Effect[J]. Educational Administration Quarterly,2005,41(1):49-82.

理体制倾向于简政放权、地方化，强调以民为本，而且当有了更多的数据基础之后，传统上依赖调研、座谈、集体决策等环节的决策内涵与模式就面临重大冲击。

在最新的《中共中央关于全面深化改革若干重大问题的决定》中，对中国教育发展提出了"全面深化综合改革"以及"教育治理体系和治理能力现代化"的时代要求。近年来，随着信息技术的高速发展与普及，以大数据为基础的新型现代政府治理与决策亦显现为未来的趋势①。

同时，大数据思维也影响着教育政策的评估。在以往的研究中，很难追寻先前的政策实施过程中留下的数据，而在大数据的背景下，可以使用已经实施的教育政策过程中记录的数据并将其作为政策评估的指标。同时，大数据背景下的教育政策评估更强调整体数据，教育政策评估不仅对教育政策实施效果进行评估，还对教育政策制定、教育政策实施过程等产生的数据进行评估，全部或者大量的数据往往更具有说服力。

教育政策评估研究属于社会科学研究，社会科学研究的一个显著特点就是其中很多研究因素无法用量化的标准来进行衡量，大数据恰好弥补了这一缺陷。大数据思维在政策评估中强调相关关系，而不是强调因果关系。我们如果要研究一个问题，不仅可通过分析该问题本身进行研究，还可通过分析与之相关的问题进行研究，如在教育政策评估中，可从教育政策评估主体素质的高低、观念的变化、评估工具的先进性等相关方面进行评估②。

教育决策是一个庞大复杂的系统工程，对于复杂教育问题的研究和政策建议，也必须依赖于翔实可靠的数据，依赖于对这些反映客观教育现实的数据的自动化处理和分析③。传统的教育管理决策流程是：出现问题，首先进行逻辑分析，然后再去探寻因果关系，最后推出解决方案。传统教育决策一般采取教育行政部门调查研究、会议讨论，经过相关程序最后形成政策，往往会造成一些教育政策脱离现实，不接地气。

大数据时代，数据呈现几何级数快速增长，促使教育决策管理的应用场景由离线变为在线，并产生实时处理的需求。相对传统的数据信息处理方式，大数据时代教育管理者更重视收集数据，然后量化分析，找出相关关系之后，提出优化方案。教育管理者需要更加注重利用大数据技术和方法，实时洞察教育服务对象真正的需求，积极主动了解哪些需求应被优先安排，排除不可预见的障碍④。

大数据的发展丰富了教育决策中事实数据的来源和内容、媒体形态等要素。公众

---

① 陈霜叶，孟浏今，张海燕. 大数据时代的教育政策证据：以证据为本理念对中国教育治理现代化与决策科学化的启示[J]. 全球教育展望，2014，43(2)：121-128.
② 左英俊. 论大数据时代下教育政策评估的新路径[J]. 亚太教育，2016(23)：82.
③ 范国睿. 努力构建科学民主的教育决策理论与实践模式[N]. 中国社会科学报，2014-03-28.
④ 李忆华，阳小华. 大数据对教育管理决策的影响分析[J]. 内蒙古师范大学学报(教育科学版)，2015，28(3)：4-6.

和媒体的参与,不同事实数据相互印证、互相补充,为教育决策水平和决策质量的提高奠定了坚实的数据基础。

大数据同时完善了教育的监控体系,为实时、全面、动态的教育质量管理奠定了基础。从行政化管理、经验性决策走向服务型管理、以数据为基础的决策[①],促使学校管理内容扩展,管理方法创新,管理职能重塑,推动决策的科学性。

(四)教育资源管理

教育资源管理包括了教育经费管理、教育设施管理、教育课程资源建设等各类与教育相关的人力、物力资源的管理。教育体制的实质内涵是对教育资源配置的制度性框架搭建,核心是教育资源的公平配置。

在大数据时代,教育资源体量巨大,结构复杂,状态不稳定,专业、合理的资源配置对教育管理者来说始终是一项艰难的工作,如果以现今大多数的教育管理者用人工水平的手段配置教育资源的状况来看,要胜任这项工作更是难以想象。我们已经有了很好的理念——教育资源公平配置,我们需要借助技术手段实现这一理念。但关于这一问题的研究文献大多停留在政策理论或关联性问题研究上,如资源配置效率的研究等。对于如何实现教育资源的公平配置(核心是"公平",而不是"效率"),现有的研究成果和实践案例难以提供问题解决的有效方案[②]。而在大数据的驱动下,决策者可以更便捷地获取资源分配的具体情况,根据获取到的真实数据完成对资源管理配置的调整与决策。

第五节 教育大数据研究层次

根据数据分析的层次,本书将教育大数据的研究分为四个层次——现状描述、成因分析、趋势预测和决策管理。帕蒂尔(D. J. Patil)是美国历史上第一位首席数据科学家,他是"数据科学家"这个术语的创造者之一,也是哈佛商业周刊文章《数据科学家:21世纪最诱人的工作》(*Data Scientist:Sexiest Job of the 21st Century*)的作者之一。为了更好地解释数据分析,他将数据分析分成了四个阶段(如图1-1所示),分别是描述性分析阶段、诊断性分析阶段、预测性分析阶段和规范性分析阶段。

---

① 胡弼成,王祖霖."大数据"对教育的作用、挑战及教育变革趋势——大数据时代教育变革的最新研究进展综述[J].现代大学教育,2015(4):98-104.

② 郑立海.大数据时代的教育管理模式变革刍议[J].中国电化教育,2015(7):32-36.

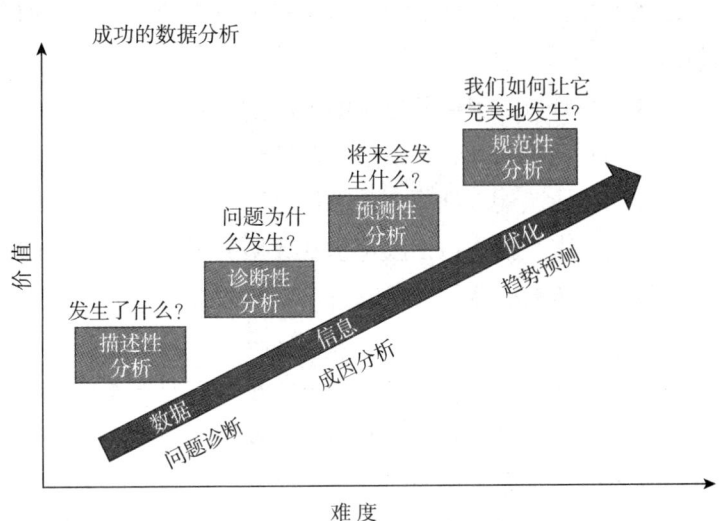

图 1-1　数据分析的四个阶段

描述性分析阶段的数据分析是为了描述问题，通过数据的收集和展示，关注事实的发生和数据的产生，以及描述数据的基本情况；在诊断性分析阶段，需要通过分析相关参数之间的联系，对事实发生的成因进行探索；在预测性分析阶段，需要通过多次全方位的分析，基于过去或者当前的数据，得出事物发展的潜在模式、规律，从而预测其未来的发展趋势；在规范性分析阶段，注重的是如何通过各种手段来对预测结果进行调控，通过调整可控的相关变量来得到期望的结果，提出可以直接用于决策的建议或方案，这个阶段也是实现从"信息"到"智慧"转变的阶段。

将数据分析的思维嫁接到教育大数据分析中，不难发现，本书提出的教育大数据研究的四个层次正对应了 D. J. Patil 提出的数据分析的四个阶段，现状描述层次对应描述性分析阶段，成因分析层次对应诊断性分析阶段，趋势预测层次对应预测性分析阶段，而决策管理则是规范性分析在教育大数据领域的变式。

一、数据呈现的教育地图——现状描述

教育现状调查是了解教育制度实施情况的必要手段，也是寻求行之有效的教育改革的必经之路。通过教育现状的调查，可以更深刻地了解教育情况，分析当前教育中可能存在的问题。

在传统的教育现状调查中，通常由行政部门组织开展全国教育事业的概况调查，调查内容包括各级各类学校数量、学生数量、教师数量、设施建设情况、入（升）学率、区域分布情况等。由于数据量庞大，涉及范围广，需要消耗大量的人力与物力，教育部一般以年为单位对教育概况进行统计。而当涉及更具体的指标和情况时，一般由教育研究者自行组织调查与研究，限于人力与物力资源，以个体或小团体为单位的

研究团体通常采用调查问卷和访谈的方式进行小样本数据的研究，从而导致了一些数据可能存在局限性。

大数据技术为教育现状调查提供了更多的解决方案和思路。信息时代的教育数据产生速度快、类型多样、规模巨大，不论是教育行政管理层面的数据还是个体教育过程中产生的数据，都能更快速地得到收集并进行分类存储。

大数据驱动下的教育现状描述包括教育基础数据的统计性描述，与此同时大数据技术为教育信息化带来了新的机遇，让研究者可以从教育资源、教育信息化等角度对教育数据进行分析。

针对教育资源的现状调查，目前对全国中小学教学资源建设现状的研究，主要手段是采用少量的文献研究、抽样调查、问卷调查以及访谈的方法，并没有使用大量的数据，只有部分研究者抽样调查了典型的教学资源网站。而采用大数据相关技术，可以获取更多、更全面的数据，建立教学资源数据情况的分析模型。同时随着国家基础教育部门对基础教育信息化的发展日益重视，以及大量的资金和人力投入，我国基础教育信息化的建设发展迅速。基础教育信息化的评价也迫在眉睫，网站基础设施建设、数字资源发展、应用服务、应用效能和机制保障等方面的评价指标，通过分类、聚类等算法，不仅可以获取数据的表层属性，也可以挖掘数据背后的更多信息，得到各类统计性描述。

根据数据分析得到各类描述性结果并进行可视化的展现和分析，可以更高效地展示教育现状，有效地帮助教育研究者们推进各类研究与教学。同时大数据的及时性、互动性和微观化等特性也可以更全面和有效地描述出符合实际的教育现状。

二、数据隐藏的教育含义——成因分析

教育大数据研究的第二层次是成因分析。在数据挖掘中，相比分析数据之间的因果关系，更注重分析因素之间的相关关系。在以往的教育研究中，一般都是在"黑盒"中探索变量间的因果关系，试图通过因果相关来解释现象之间的联系。

大数据思维为教育研究提供了一种新的研究视角，在具体逻辑不确定时，先研究现象之间的相关关系。在大数据时代，新的分析工具和方法提供了一系列新的视角和有用的预测，使人们看到了很多以前不曾注意到的联系，还掌握了以前无法理解的复杂技术和社会动态。最重要的是，通过去探求"是什么"而不是"为什么"，相关关系帮助我们更多地了解了这个世界。因果关系实际上是一种特殊的相关关系，在教育领域，我们可以以相关关系为切入点，寻找因果关系，知其然并知其所以然，这种思路也帮助我们更好地了解和分析教育。①

徐鹏等人在研究中采集学习者在网络学习系统中的学习行为变化情况、学习者线

---

① 陈桂香. 大数据对我国高校教育管理的影响及对策研究[D]. 武汉：武汉大学，2017.

上或线下考试成绩等数据，探索学习者学习行为、教学系统学习组件功能、在线教学策略与学习者学习结果的相关关系，最终构建了学习者学习行为模型[1]。此外，也可以通过大数据挖掘与分析，探索社会网络位置、资源分配和知识建构等变量间的相关关系，帮助我们进行教育研究。

教育大数据为我们提供了研究的基础，从繁杂的教育数据中发现相关关系、诊断现存问题是其最重要的应用之一，有利于我们从多个角度分析教育效果，帮助研究者发现之前或许从来没有注意到的现象及成因，为教育研究者开阔更广的视野。

三、数据隐喻的教育未来——趋势预测

在数据挖掘中，对未来趋势的预测是数据挖掘预期得到的结果中相当重要的一个成果，也是数据挖掘面向实际应用的关键一步。

通过教育数据进行教育趋势的预测，分析教育未来，是相比以往的方法而言更富有科学性和挑战性的方式。依据大数据进行教育管理分析，能在学生的学习与需求、教育舆情和教育决策等方面发挥预测作用，使教育管理具有前瞻性。

学习分析就是利用数据和模型来预测学生在学习中的进步情况以及未来的表现和潜在的问题。因材施教、个性化管理和多样化人才培养一直是个性化的学习系统追求的目标。对学习者的未来学习趋势进行预测，不仅意味着可以为学习者推荐更适合自身的学习路线与资源，也可以有效地为其提供符合学习者自身水平的练习，帮助学习者完成全面性的学习。

对于教育管理者而言，可以利用大数据分析技术进行风险预测预警，创新课堂教学模式，提高知识服务的精准性、科学性和艺术性，并通过对教育管理数据的分析和对教育趋势的预测，有效地避免可能产生的教育问题和化解突发性的教育矛盾。智慧校园产生的大数据也能为教育舆情监控提供服务，能及时反映教育舆情的主流观点、传播趋势及相关的重要人物等信息。

由于大数据具有开放性、爆炸性、自由性的特点，学生可以快捷地获取各种信息，但这些信息并非都是正面的，这就需要通过大数据进行预测，辨明真伪，推断事情发生的可能性。一般而言，预警数据和预测数据更多的是建立在大数据的宏观性上的[2]。其实，大数据还有反映微观的一面，即通过记录和分析相关用户的细节行为来判断其偏好，以便加强管理的精准性。

在技术成熟的情况下，根据大数据组块内部联系构建起来的新一代事物进化模型，可以制定教育远景规划，也可以为特定的教育项目提供相对准确的预测。

---

[1] 徐鹏，王以宁，刘艳华，等. 大数据视角分析学习变革——美国《通过教育数据挖掘和学习分析促进教与学》报告解读及启示[J]. 远程教育杂志，2013，31(6)：11-17.
[2] 周湘林. 大数据时代的教育管理变革[J]. 中国教育学刊，2014(10)：25-30.

四、数据启发的教育思考——决策管理

决策管理是教育大数据研究的第四层次,实际上也是教育大数据研究"趋势预测"的下一步,在对数据进行分析,得到预测的结果后,需要对这些可能发生的结果进行调整与控制,而决定最终现象发生的最重要的一环就是对管理者的决策影响,大数据可以最大限度地保证决策的科学性。

在密集的教育大数据的基础上,可以保证教育管理的决策与服务建立在充足的教育信息和科学的数据处理基础上,以便教育管理能够充分挖掘和利用教育系统内外部资源,更好地实现教育发展目标。

在大数据时代,教育政策的制定不再是简单的经验模仿,更不是政策制定者以自己有限的理解、假想、推测来取代全面的调查、论证和科学的判断,而是强调更精细化地捕捉各个层面的变化数据,以及由数据展现的复杂相关与因果关系,将教育治理与政策决策带来的危机转换为机遇,帮助管理者和决策者从传统的主观决策、经验决策和指令决策走向理性决策和科学管理,使教育决策从意识形态的偏见中走出来。[1]

大数据时代的社会化媒体使得个体能以扁平化方式铺开庞大的社交网络,将个体在社会舆论建构中的作用发挥到极致,结果会导致"战略论的终结"和"社会化决策的兴起"[2]。这种现象体现在教育领域,会形成一个巨大的社会化"智库",使决策者能够收集到各种意见和建议。另外,随着信息的无限增容与事物发展的复杂化,越来越多的教育现象会以混沌状态展现在人们面前,个体或小集体已经很难把握教育的整体面貌或洞察其中的发展规律。但随着运算法则和机器学习技术的进步,人们可以从庞大复杂的教育数据中获得数据驱动的判断,找到一种超出人类脑力承受范围的规律揭示和问题解决模式,推动基于证据的决策的产生。[3]

此外,教育大数据通过建模方式还可以比较不同方案的实施效应,对教育决策的舆论反应与实际效果进行推演,并利用模型运算与反馈系统确定最优方案。[4]

---

[1] 胡弼成,王祖霖."大数据"对教育的作用、挑战及教育变革趋势——大数据时代教育变革的最新研究进展综述[J]. 现代大学教育,2015(4):98-104.
[2] 张建设. 大数据:战略论的终结与社会化决策的兴起[J]. 企业管理,2012(10):92-94.
[3] 杨晓峰. 大数据时代的教育:展望与行动[J]. 高等教育研究,2016,37(12):7-12,20.
[4] 杨晓峰. 大数据时代的教育:展望与行动[J]. 高等教育研究,2016,37(12):7-12,20.

第六节　教育大数据研究方向

随着大数据时代的来临，教育领域的发展与改革正面临着前所未有的挑战，大数据与教育相结合成为时代发展的必然要求。而教育系统自身的独特性与复杂性，意味着教育大数据的研究方向需要综合教育研究领域与数据挖掘分析领域，本书希望结合这两个领域，为有志于研究教育大数据的学者提供一些思路。

一、教育大数据理论建设

理论是指人们由实践概括出的关于自然界和社会知识的有系统的结论。理论建设是学科形成的基础，也是指导研究的重要根基，是被广泛认同和传播的基线。而理论构建泛指提出或建立理论体系的过程。

从严格意义上讲，科学理论应像数学理论那样由公理、定理和推理构成，即有内在逻辑联系的命题等级系统，在这个系统中，所有的低层命题都可以依据严格的逻辑推理从高层命题中推演得到。科学意义上的理论构建，侧重于通过经验研究，以可验证的方式对某类社会现象作出系统性的解释。

理论一般分为三个层次：微观理论、中观理论和宏观理论。微观理论一般是一组陈述若干概念之间关系，并在逻辑上相互联系的命题；中观理论一般以某一方面的社会现象或某一类型的社会行为作为研究对象，提供一种相对具体的分析框架；而宏观理论则以整体性的社会现象为解释对象，提供一种高度概括的解释框架。

教育大数据的理论建设需要对三个层次的理论分别进行完善。微观理论包括学生某一行为与学习效果之间的联系、教师教学风格对学生的影响等；中观理论包括大数据驱动下的教学过程分析、学生成长分析、教师发展分析等；宏观理论则可以包括大数据背景下的信息化教学发展、教育管理变革、数据管理政策改革等。

大数据的相关理论包括特征定义、价值探讨、未来趋势以及大数据隐私。其中，教育大数据的特征定义理论较为完善，而后三者是大数据理论建设中有待花费更多精力去研究与验证的。

教育大数据是大数据技术与思维在教育领域的体现，其价值体现在教育领域的各个方面，而这些价值需要各种理论支撑和实践验证，教育领域的研究者和实践者需要积极探寻大数据技术与教育最佳的结合点和实施方式。因此，在教育大数据的理论建设中，研究者们需要结合教育大数据的自身特征与教育本身的性质，挖掘教育大数据存在的可能性,并对所提出的假设进行严密的逻辑验证,以支持后续的研究。

二、教育大数据技术研究

教育大数据的技术研究除了关注大数据本身的技术如何发展以外,同时需要关注教育数据的各种结构性、非结构性特征,结合教育研究对象,对数据处理中的每一步骤(采集、处理和管理)进行研究。

首先,教育大数据的数据标准仍有待完善。教育大数据的分析需要多来源、多类型数据的汇集,而数据汇集需要建立统一标准与规范。教育部于2012年颁布了《教育管理信息 教育管理基础代码》等七个教育信息化行业标准,对教育管理,行政管理,教育统计,中小学、中职学校和高等学校管理的信息化进行了规范。这一规范,虽然对统一教育管理信息有着重要意义,然而教学环境、教学过程相关数据标准尚存在大量空白,成为教育大数据应用的瓶颈之一,也为研究者们提供了教育大数据研究的一个方向。

其次,在大数据采集阶段,需要保证数据采集的覆盖面,注重自主性数据和教育数字化本身产生的数据。"十二五"期间,我国教育管理公共服务平台基本建成,教育管理数据的收集具备了较好的条件,各高校和部分中小学开始进行智慧校园建设,传感器、Wi-Fi网络、移动设备等技术手段为更全面的数据采集提供了重要保障。同时,大数据提供了多种采集技术,如物联网感知技术、视频录制类技术、图像识别类技术和平台采集类技术,为教育数据的采集提供了一定的技术支撑。因此,如何在采集时保证数据量的覆盖度,获取更全面、更准确的教育数据也是教育大数据技术研究的方向之一①。

再次,教育大数据的处理技术研究需要考虑如何将已成熟的各类数据处理技术应用到教学领域,同时也需要针对教育数据的特性对各种新技术进行研究。教育大数据的处理技术包括数据分析技术、大数据可视化技术和海量数字媒体处理技术等。如何改进各种数据分析技术使其适用于教育的非结构化数据中,并得到对象间的相关关系;如何使用可视化技术更好地展示教育数据及分析结果;如何在海量数据的情况下对各种算法、技术进行优化等,这些都在教育大数据技术研究的范围内。

最后,教育大数据的组织管理技术囊括了数据存储、处理中各种过程的组织和管理,也包括了对于大数据共享情况的管理。教育大数据组织管理的技术不仅包括了技术层面的研究,也包括了对于整个过程结构的研究。

---

① 陈桂香. 大数据对我国高校教育管理的影响及对策研究[D]. 武汉:武汉大学,2017.

三、教育大数据应用实践

教育大数据的应用实践研究是教育大数据研究的重点之一,数据应用于实践,可以客观地反映数据的实际意义,展示数据分析的实际效果,也是推进教学发展、教育改革的有效手段。

教育大数据的应用实践可以分为微观教育大数据的应用和宏观教育大数据的应用。微观教育大数据的应用着眼于教学过程与活动,而宏观教育大数据的应用则从教育管理和决策的层面出发进行研究。

(一)微观教育大数据的应用——教与学的评估

微观教育大数据的应用可以从教育要素的角度进行分类,以下分别从学习者、教师和教育影响三方面进行举例说明。

1. 数据采集平台与技术研究

数据采集平台与技术是基于学习分析理论进行建设和研究的。通过面向教育数据采集开发的平台,研究者可以更有效地获取需要的学习分析数据,为后续的教育研究提供支持,如孙洪涛、郑勤华从教育大数据的 Hadoop 基础平台架构、数据存储、数据分析、大数据应用等方面论述了教育大数据的核心技术、应用现状及发展趋势[①]。

2. 教师教学形体语言与教学效果相关性

通过视频采集技术及物联网感知技术,可以有效获取教师的各类形体语言并进行分析。通过分析教师教学形体语言与教学效果之间的相关性,有助于规范各类课堂行为,也有助于为教学活动提供更多的思路。

3. 教学行为量化考评

教学行为量化考评一般表现为教师绩效考评。通过对教育教学数据的采集,分析各类教学行为对教学效果的影响。收集教师的教学行为并进行评价,有助于教师教学水平的提高和专业发展。

4. 学生课堂学习疲劳识别与调节

在以往的课堂教学中,往往很难对学生的个体行为进行观测和监控,但是在各类软硬件的支持下,使此类个体监控成为可能。通过对学生在课堂中的反馈行为进行识别,可以帮助学生建立更好的行为习惯,也有助于分析教学活动中可能存在的缺陷,帮助教师改善教学。

5. 学生学业发展与能力促进

大数据的预测分析可以根据学生的个人数据和广泛的相关数据帮助学生分析自身

---

① 孙洪涛,郑勤华.教育大数据的核心技术、应用现状与发展趋势[J].远程教育杂志,2016,34(5):41-49.

能力与倾向性，帮助学生了解自身发展，提供有效的学习路线规划，帮助学生提高各项能力。

6．学生学习分析与支持

教育大数据的一项非常重要的应用就是支持个性化的学习系统，通过个别分析，有助于学生突破空间与时间的限制，为学生提供各项学习支持，以提高学生的学习效果。

7．数字化课程建设与发展

在教育大数据的背景下，数字化课程的建设与发展有了新的方向。数字化课程的建设不仅仅是根据固定的模式和思路提供资源，有了各类数据的支持，教学设计者可以设计更具针对性的课程内容，也可以提供更多样化的资源，为学生的个性化学习提供支持资源。同时，根据学生的学习行为分析学生的学习路径，有助于网络课程个性化推荐系统的成长。

8．网络课程绩效与投资

根据学生在网络课程下的表现与网络课程实际的教学效果，通过各类数据处理技术，对教学效果进行数据化计算，可以得到网络课程投入与产出的当量，从而为网络课程设计者的人力、物力和时间投资提供参考。

（二）宏观教育大数据的应用——教育管理支持

宏观教育大数据的应用主要从教育管理层面入手，具体有以下研究方向。

1．教育发展预测

通过对学生在校行为监控、教师学术科研素养评价以及舆论监控等，为学生异常行为、教师学术发展等情况进行预测，从而有助于从各方面分析和预测学校或区域的教育发展。

2．教育管理与决策支持

通过对学校各项数据的分析，包括设施建设、教职员素养、学生学业能力水平等方面的数据，进而对学校教育进行评估，有助于提高教育投入的精准性。此外，教育大数据还可支持网络教研发展与评估。

3．区域教育数据图景构建

区域教育发展是教育研究和教育政策研究的重点之一，通过采集区域内各级各类院校和行政机构的数据，对区域教育数据进行整合，挖掘区域教育数据背后的深层含义，构建区域教育数据图景，有助于教育行政部门的决策支持。

例如，2019年，在立德树人、育心成才理念指引下，为推动全体师生身心健康，打造幸福人生，江苏省心理云平台正式上线，全省13个地级市的学生心理健康教育全部实现互联互通。学生心理健康教育做到了"政府关心有平台、学校教育有工具、心理服务有队伍、学生求助有渠道"。平台架构如图1-2所示，分为用户层、入口层、SASS应用层、AI智能层、平台层、社会接口层等六个层次，为各类用户提供全方位的心理教育服务。

图1-2 江苏省心理云平台功能架构

四、教育大数据政策研究

教育大数据政策研究主要包括教育大数据权属分配政策、教育大数据安全政策、教育大数据共享政策和教育大数据管理政策等方向。

教育大数据权属分配政策需要研究和保证教育数据的知识产权、所有权和使用权等，围绕各类权益制定尽可能完善的政策；教育大数据安全政策的研究需要从技术和需求两大方面保证教育大数据使用时数据的安全性和应用的安全性；教育大数据共享政策的研究要充分考虑教育者、学习者、资源持有者之间的利益关系以及各自的需求；而教育大数据管理政策的研究需要结合数据管理和教育管理两个领域进行分析，在海量教育数据的背景下，如何对各类数据进行系统化的管理，并形成良好的管理生态体系是教育大数据管理政策研究的着重点，也是帮助研究者进行教育大数据分析研究的良好基础。

五、教育大数据研究选题举例

教育大数据选题在教育大数据研究中起着举足轻重的作用，一个研究选题往往决定了之后的研究目标、研究过程等。随着大数据的不断发展，它在教育领域的研究也越来越广泛，以下是一些教育大数据研究选题的案例介绍，详见表1-1。

表 1-1　教育大数据研究案例①

主要过程	子过程	知　识	通过数据挖掘可提高或拓展的新过程
评价	学生评价	以往学生学习成果的模式	1. 预测学生的学习成果 2. 结合他们的学习时长创建有意义的学习成果类型学
		1. 考试成绩差的学生的学习模式 2. 考试成绩好的学生的特征模式 3. 以往在特定专业里表现好的学生的模式 4. 影响学生成绩的多种因素的模式和关系 5. 预测成功的可能性	预测成功的可能性
		1. 以往类似学生的成功模式 2. 预测持久力的可能性	预测持久力的可能性
		1. 以往成功和不成功的毕业生的模式 2. 预测毕业率	1. 预测学生是否能毕业 2. 每三个月预测一次毕业率
		1. 以往计划辍学的学生模式 2. 预测辍学率	1. 预测学生计划辍学前的表现行为 2. 预测未来三个月的辍学率
		以往计划资源分配的学生模式	预测学生计划资源分配前的表现行为
		1. 以往男生和女生在课堂上的表现模式 2. 学生性别与考试成绩的联系	不同学生考试成绩和性别的关联
		1. 以往转系学生的成功模式分析 2. 学生转系可行性预测	学生转系的可行性分析
		1. 以往学生出勤率与考试成绩的关系模式 2. 学生出勤率与考试成绩的关联	学生出勤率与成绩的关联
	讲师评价	以往讲课比其他教师更有效的讲师的特征模式	依据学习成果预测一年中最有效的讲师
		1. 依据学生的成绩水平分析讲师模式 2. 讲师培训与学生成绩的关联	讲师培训与学生成绩的关联

---

① DelavariN, Shirazi, M. R. A, Beikzadeh, M R. A New Model for Using Data Mining Technology in Higher Educational Systems[C]. IEEE Information Technology Based Proceedings of the Fifth International Conference on Higher Education and Training, 2004. Isanbul, Turkey.

续表

主要过程	子过程	知识	通过数据挖掘可提高或拓展的新过程
评价	课程评价	1. 最具成本效益课程的模式 2. 提供最具成本效益的课程群	1. 预测哪门课是最具成本效益的 2. 识别课程群中最具有成本效益的课程
		1. 以往提供给不同类型学生的课程的模式 2. 不同类型学生的课程之间的关联	预测哪种课程最适合哪种类型的学生
		以前学生考试成绩与性别、种族、出勤率等因素关系	预测哪个因素最影响考试成绩
		在学生来年的学习方面产生最大投资和回报的课程计划模式	预测安排多少门课程,从而在学生来年的学习方面会产生最大的投资和回报
	培训评定	以往为不同类型的学生制定的培训课程的模式	预测最适合不同类型的学生的培训课程
	学生注册评估	成功进入大学的学生模式	预测在大学注册的每个学生回到学校的可能性
计划	课程规划	1. 特定学生选修的各种课程模式 2. 适合多种学生的课程群	特定学生选修哪些课程的概率估计
		1. 一组最相关的课程 2. 课程群的成功模式	1. 将相似的课程作为一组 2. 识别哪些课程一起提供是最有效的
	学术规划	学术计划中先前存在的学科问题模式	预测学术计划中的学科问题
	讲师时间表计划	以往讲师上课时间表	预测此后讲师的时间表
	校友活动策划	毕业生在先前大学期间的贡献模式	预测校友的承诺是否能实现
注册	学生课程注册	先前选了多门科目的学生学习模式	预测什么类型的学生最有可能选择特定类型的科目
咨询	学生行为咨询	1. 学生在学术环境中的行为模式 2. 不同学生特征的聚类	1. 预测学生问题行为的模式 2. 预测群体行为 3. 聚类分析法对学生进行综合特征分析
	专业选择咨询	1. 选择特定专业学生的特征模式 2. 在一个特定专业优秀学生模式 3. 专业与学生类型的联系	预测每一位学生最适合的专业
	选课咨询	1. 选择特定选修科目学生的特征模式 2. 选修科目与各类学生的联系	预测每一位学生最适合的选修科目
		1. 选择各类课程学生的特征模式 2. 学生与课程的联系	学生的类型与最适合的课程的联系

续表

主要过程	子过程	知　识	通过数据挖掘可提高或拓展的新过程
市场	高校广告	吸引到大学的国际讲师和学生的特征模式	预测被吸引到大学的国际讲师和学生的类型及原因
		离开当地高校的当地学生和讲师的特征模式	预测当地学生和讲师离开当地大学的类型及原因

小结与展望

在大数据背景下，教育研究领域的数据形态逐步呈现多样化，本章首先介绍了教育大数据的定义和大数据形态以及科学研究范式的演变，着重介绍了科学研究的第四范式——数据密集型范式的具体内容、特点，以及第四范式在教育领域的应用。然后对教育大数据的研究对象进行分析，从要素角度，主要介绍了教育的三要素说，教育活动的要素包括教育者、受教育者和教育影响；从教育管理角度分析，教育管理包括教育行政管理与学校管理，它的主要研究对象包括各级各类的教育组织机构及人员、教育政策与制度以及教育资源，其中学校管理是教育管理学研究的重点。在此基础上进一步阐释了教育大数据研究的四个层次：数据呈现的教育地图——现状描述；数据隐藏的教育含义——成因分析；数据隐喻的教育未来——趋势预测；数据启发的教育思考——决策管理。

本章最后详细论述了教育大数据的研究方向。理论建设需要对三层理论分别进行完善：微观理论包括学生某一行为与学习效果之间的联系、教师教学风格对于学生的影响等；中观理论包括大数据驱动下的教学过程分析、学生成长分析、教师发展分析等；宏观理论包括大数据背景下的信息化教学发展、教育管理变革、数据管理政策改革等。技术研究重点除了大数据本身的技术如何发展以外，同时需要注重教育数据的各种结构性、非结构性特征，结合教育研究对象，对数据处理中的每一步骤（采集、处理和管理）进行研究；应用实践分为微观教育大数据的应用和宏观教育大数据的应用；政策研究可以考虑的方向包括教育大数据权属分配政策、教育大数据安全政策、教育大数据共享政策和教育大数据管理政策。

教育大数据研究范畴是了解教育大数据的基石，只有充分地了解教育大数据的研究范畴，才能够更好地投身于教育大数据研究事业中。本章详细梳理了教育大数据的发展脉络，为研究和应用提供基石。但是，教育大数据的发展迅猛，需要我们与时俱进，实时了解教育大数据最新动态，不断地创新、发掘，推动教育大数据的研究、应用日新月异。

第二章 大数据生态

  大数据自诞生以来，似乎无所不能，被高度神话。学校、企业、政府，似乎每个部门、各个行业言必称大数据。Hadoop，Spark，Kafka，Alluxio……一堆技术名词，让不少大数据入门者云里雾里，不知从何下手，甚至望而却步。数据生产者、数据拥有者、市场环境等概念更是让人困惑：大数据究竟是技术，还是环境，抑或是其他？本章从生态视角，对大数据常用软件、处理框架进行系统梳理，以期让读者对大数据拥有更为清晰的认识。

导读：

大数据生态概述

大数据常用软件

大数据处理框架

第一节 大数据生态概述

《大数据主义》一书的作者、《纽约时报》技术通讯记者史蒂夫·洛儿（Steve Lohr）在《纽约时报》上发文称，"大数据这个词现在时常被人们随意使用，然而其语义十分模糊。简单地说，这个包罗万象的词条一般有三层含义：首先，它指代一揽子的技术；其次，它有可能引发一场度量数据规模的革命；最后，它为人们未来将会、甚或是应该如何制定决策提供了一个新视角，一种新理念"。不同领域对大数据的解读不尽相同，大数据在各自领域有着其丰富的内涵。本章借用"生态"这一术语，从不同领域对大数据构成要素及其相互关系进行解读，以增进读者对大数据的认识。

"生态"一词，来自于生物学，通常是指生物在一定的自然环境下生存和发展的状态。生态系统则是指在自然界的一定的空间内，在生物与环境构成的统一整体中，生物与环境之间相互影响、相互制约，并在一定时期内处于相对稳定的动态平衡状态。生态系统的范围可大可小，相互交错。

近年来，"生态"一词日益被用于各个行业、领域，用来比拟行业发展过程中所涉及的各个要素、组成部分间的相互依存和活动规律以及对外部环境资源间的依存关系，如产业生态、工业生态、农业生态、政治生态等。随着大数据技术的发展及其在各个行业、领域的深入应用，大数据生态如大数据产业生态、大数据技术生态、大数据生态体系、大数据系统生态、大数据环境生态、大数据项目生态等名词术语应运而生。

不同的行业、不同的人群，对大数据生态内涵的理解也不尽相同，他们从各自的行业出发对大数据生态进行解读。在解读中，他们对大数据生态的构成要素、要素间关系的描述体现了各自的行业特色。如教育技术领域专家提出了教育大数据生态圈的概念，即围绕教育大数据，通过有计划、有目的、有系统的生态构建，形成以校内数据为主，沟通校外数据，努力协调数据产生、数据挖掘和数据利用之间的关系，构建一个具有内在一致性和持续发展能力的学校教育大数据生态环境[①]。这些概念的核心在于强调以数据为核心的、多要素间的生态构成，及相互间的协调与影响，最终形成一个良性增益的闭环行业业务生态。

---

① 吴南中，黄治虎，曾靓，等. 教育大数据生态圈构建："3+3"模型的逻辑与实践[J]. 中国远程教育，2019(7)：77-85.

一、大数据生态要素

为丰富大数据理论研究,李北伟等学者以生态学、信息学、经济学、社会学等有关理论为基础,对大数据生态系统进行了界定,即"大数据生态系统不是传统数据库的简单叠加,它涉及诸多数据主体及环境要素,数据主体包括社交媒体、个人、企业、政府等,环境要素包括政策环境、技术环境、经济环境、法律环境等,所有数据主体及环境要素通过相互联系、相互影响、协同配合等作用机制构成了不断演进发展的大数据生态系统。大数据生态系统运行的目标是通过系统内外部要素的自我调节及相互作用,避免大数据生态的失调,并保护大数据生态的动态平衡,以实现大数据生态系统的生态价值、社会价值和经济价值。在这个价值实现过程中,大数据市场将大数据活动有序组织起来,进而赋予大数据生态系统生命力,而大数据活动产生的数据信息又以系统内生数据的形式重新进入下一阶段的数据活动,系统内外部数据的不断流入使大数据生态系统内的数据资源得以不断丰富和更新,因此大数据生态系统又是具有生命力的智慧化复杂系统"[①]。具体如图2-1所示。

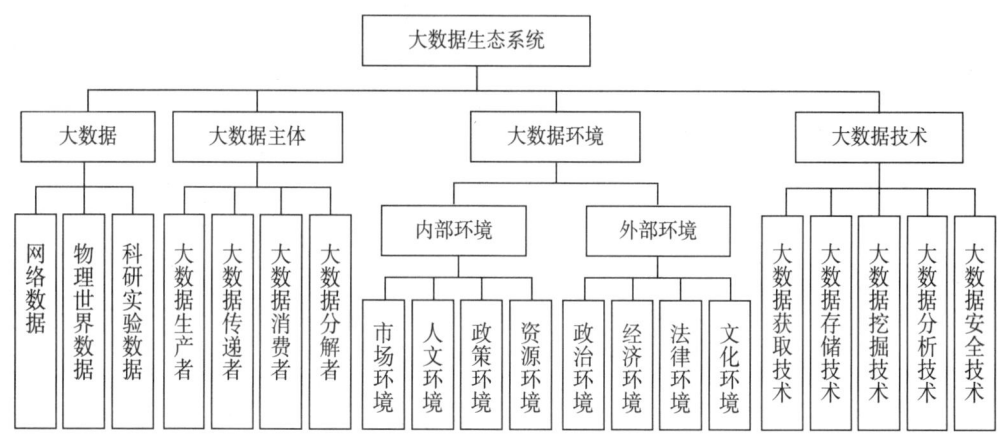

图2-1 大数据生态系统构成要素

该界定从数据源、参与主体、内外部环境、相关技术等方面概括了大数据生态的构成要素,此外还从系统论、生态学的视角强调了大数据生态要素间的相互联系、相互影响、相互作用,提出了各要素与内外部环境间的依存关系的重要性。在这些要素分析的基础上,构建了大数据生态系统模型,其架构如图2-2所示。

---

① 李北伟,季忠洋,朱婧祎. 大数据生态系统构建机制研究——以阿里巴巴为例[J]. 情报科学,2018,36(2):43-47.

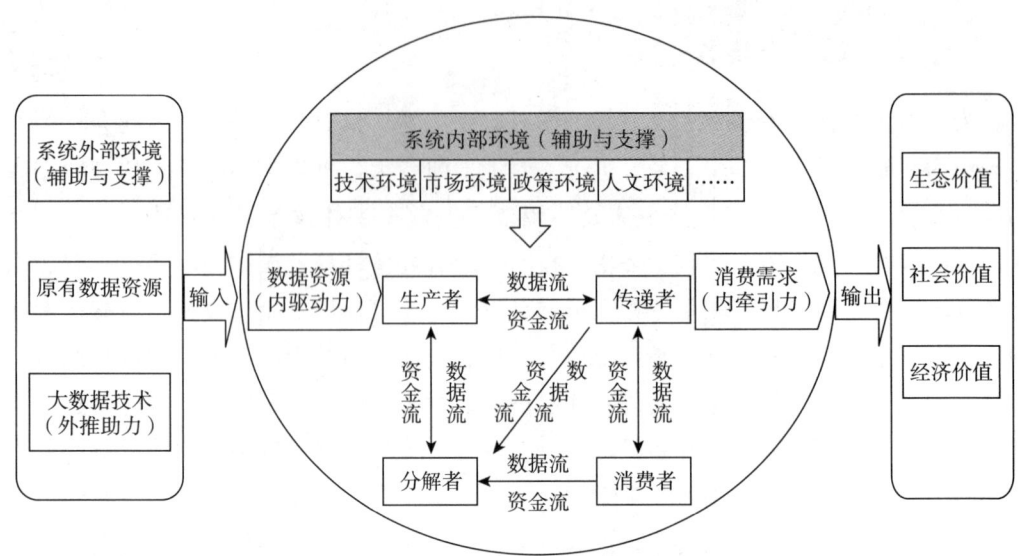

图 2-2 大数据生态系统模型架构①

大数据生态系统模型从系统论的输入/输出、环境依赖关系出发，以业务流程图的方式，对大数据生态系统的各要素在系统中的作用、相互间的关系进行了勾画，直观地表达了各要素在数据流、资金流中的作用，以及它们相互之间的输入/输出关系，使读者清晰地了解大数据生态系统要素、相互关系、业务流程、数据流、资金流等。

二、大数据产业生态

在工业和信息化部的指导和支持下，中国电子信息产业发展研究院（赛迪集团）于2016年8月2日重磅发布了《2016中国大数据产业生态地图》②，首次提出了大数据生态的三层定义，对数据服务、基础支撑、融合应用的三层生态进行了精准的层次化分析，结合企业的功能使命进行了梳理归类，为关注大数据产业的人员提供了一个全景式的展望，如图2-3所示。

从三个层次的内容和要素来看，大数据产业视野下，大数据生态的重点在于融合应用，它位于三层的顶层，凸显了大数据融合应用驱动下的数据服务产业和基础支撑产业。大数据产业生态更能准确地表达大数据产业的不同层次，各行各业能清晰定位各自业务、技术在生态系统的层次及位置，从而各自发挥所长，在系统中发挥各自的特色和作用。

---

① 李北伟，季忠洋，朱婧祎. 大数据生态系统构建机制研究——以阿里巴巴为例[J]. 情报科学，2018，36(2)：43-47.

② 中国电子信息产业发展研究院（赛迪集团）. 2016中国大数据产业生态地图[EB/OL]. [2019-11-12]. https://www.ccidgroup.com/gzdt/7698_2.htm.

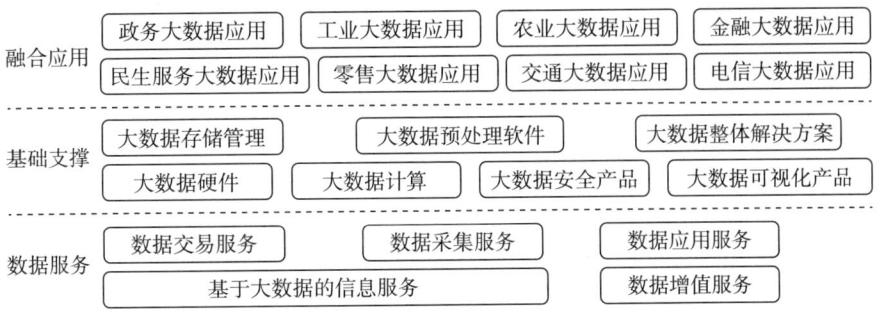

图 2-3 大数据生态的三个层次①

三、大数据技术生态

大数据技术生态从大数据技术架构视角,展现了大数据业务流程中的技术框架,分析了大数据业务流程中各个环节的技术依赖及相互关系。对大数据技术生态的介绍有助于读者把握大数据系统软件架构及大数据应用、大数据处理各业务环节的技术需求。

1. 以 Hadoop 为核心的大数据生态概览

IBM 架构师、加拿大滑铁卢大学教授斯蒂芬·瓦特(Stephen Watt)对大数据生态系统进行了概要性描述,提出大数据生态系统就是数据的生命周期,即数据采集、存储、查找、分析和可视化的过程,如图 2-4 所示②。

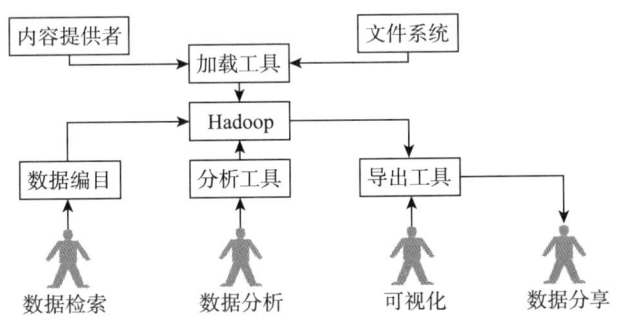

图 2-4 以 Hadoop 为核心的大数据生态概览

2. Hadoop 生态系统

对众多大数据学习者、技术爱好者来说,大数据生态更多的是指大数据技术生

---

① 中国电子信息产业发展研究院(赛迪集团). 2016 中国大数据产业生态地图[EB/OL]. [2019-11-12]. https://www.ccidgroup.com/gzdt/7698_2.htm.
② Stephen Watt. Deriving new business insights with Big Data[EB/OL]. [2018-06-22]. https://ibm.com/developer works.

态。Hadoop 大数据平台的推出及后续的更新、拓展，使 Hadoop 大家族日益庞大，在其 Hadoop 内核、HDFS、HBase、Pig、Solr、Hive、MapReduce 等工具基础上，又相继推出了 Storm、Spark 等计算框架，这使得广大学习者更加困惑，不知从何下手。Apache Hadoop Ecosystem 很好地为大家解决了这一问题。如图 2－5 所示是 Hadoop 大家族中常见的工具及相互关系。

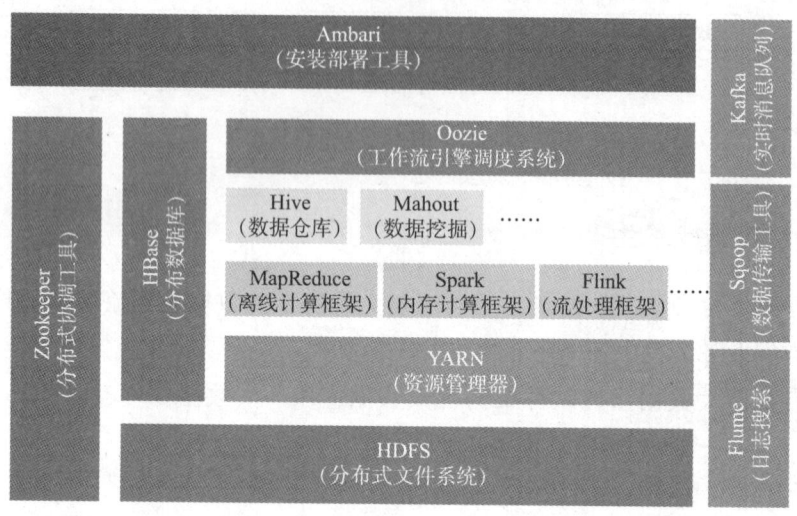

图 2－5　Apache Hadoop 生态系统

3．Hadoop 与各种计算模型间的关系

为解决 Hadoop 早期 MapReduce 计算模型过度依赖于分布式外部存储器，造成计算过程中频繁读写外部存储器的问题，提升数据处理性能，适应网络时序数据实时计算，Storm 流式计算和 Spark 内存计算这两种新的计算模型应运而生，如图 2－6 所示。Spark 内存计算引擎（In-Memory Data Flow Engine）、Kafka、Storm 与 MLlib、Pig、Cloudera 等工具一样都可以处理 HDFS 文件系统中的数据。

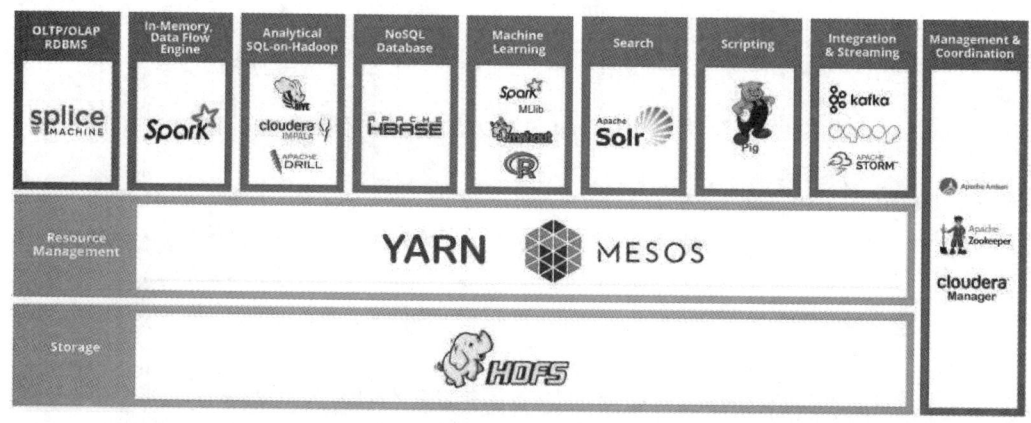

图 2－6　增加了 Storm、Spark 计算模型的 Hadoop 技术生态

4. Hadoop 生态系统与第三方数据源关系

图 2-7 进一步描述了 Hadoop 大家族、Spark、外部数据源间的关系。第三方的结构化数据、非结构化数据都可以通过相应的 Sqoop、Flume 等工具导入到 HDFS 文件系统,以文件方式存储,也可以非结构化数据(NoSQL)形式存储到 HBase 中。而数据的处理和计算方式则可以根据需要选择 MapReduce、Storm、Spark 或其他数据处理框架,以适应不同的数据处理需求。

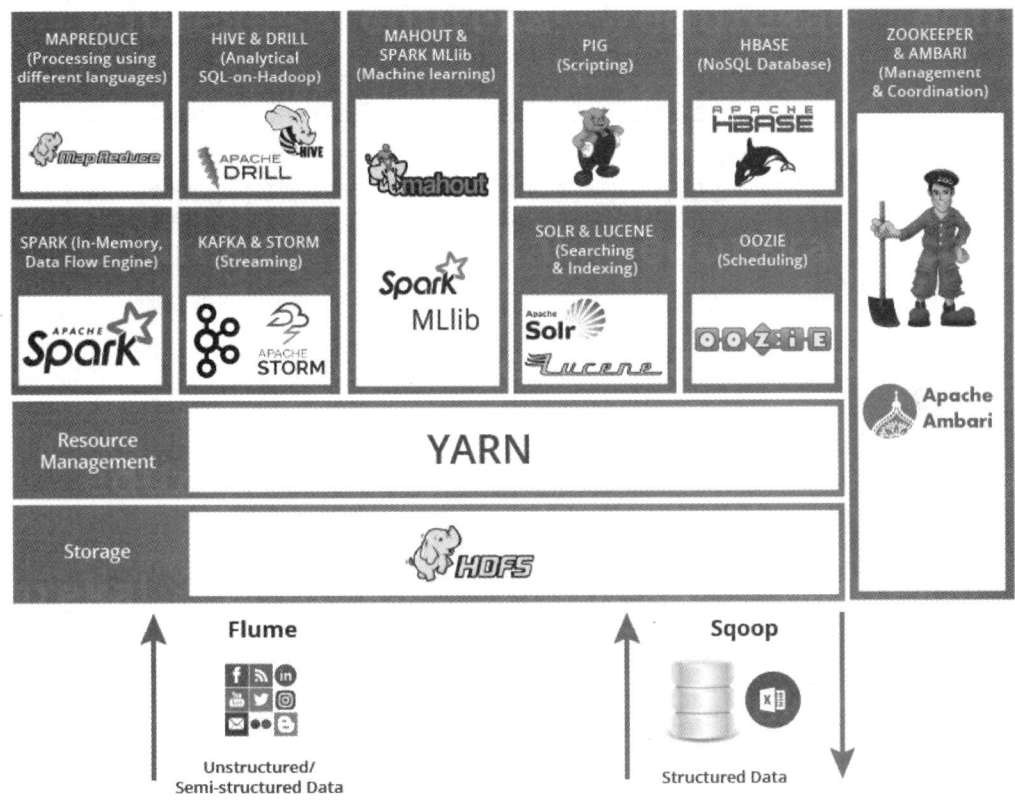

图 2-7　Hadoop 与第三方数据源间的技术生态关系

5. Spark 生态圈

Spark 因其计算速度快、易用性好、通用性强、随处运行等特点,以及在 Hadoop 平台下与其他大数据处理工具的完美配合,受到普遍欢迎,已在腾讯、淘宝、优酷土豆、雅虎等平台上有了成功的应用。图 2-8 展示了 Spark 的技术生态模型,模型共分为五层,分别是二次开发语言、Spark 计算框架库、Spark 内核引擎、Hadoop 集群管理、多数据源存储管理。在 Mahmoud Parsian[①] 及郭景瞻的著作[②]中,有关于 Spark 生

---

① [美]Mahmoud Parsian. 数据算法:Hadoop/Spark 大数据处理技巧[M]. 苏金国,杨健康,等译. 北京:中国电力出版社,2016.
② 郭景瞻. 图解 Spark:核心技术与案例实战[M]. 北京:电子工业出版社,2017.

态圈及相关技术的详细介绍，这里不再赘述。

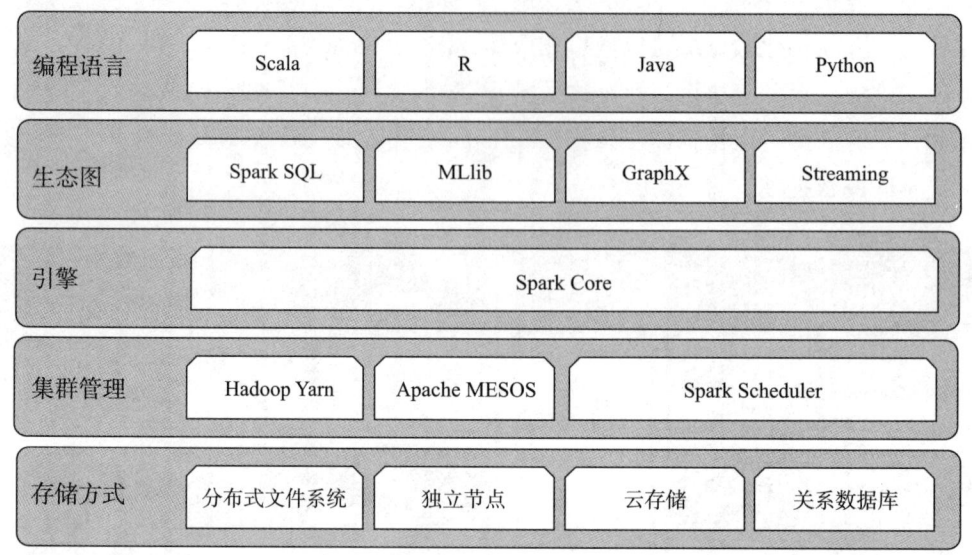

图 2-8　Spark 的技术生态模型

四、大数据应用生态

随着大数据技术在各行业中的应用，很多应用研究者提出了各个应用领域的大数据生态，这一类的大数据生态往往是从应用需求出发，主要涉及大数据项目应用功能流程及关键技术，包括大数据应用业务依赖关系及技术架构关系。

1. 以权属运营为核心的生态系统

尹召凯、张鸣从网络媒体内容出版与保护出发，提出了网络媒体数字内容管理的大数据生态系统，并在此架构下探讨如何系统合理利用数字资产，以有效管理、共享数字资产内容，实现数据内容的增值，增强版权的保护[1]，如图 2-9 所示。

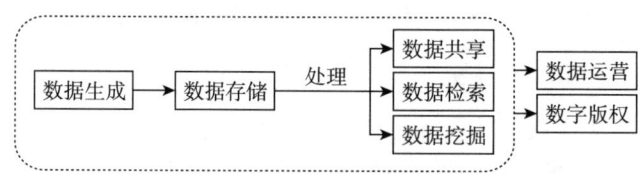

图 2-9　网络媒体内容管理的大数据生态系统

该模型有两大本质：一是大数据获取、存储、处理等数据业务流程间的关系；二是数字媒体出版行业运营、内容版权和权益管理等核心业务关系。在大数据时代，数

---

[1] 尹召凯，张鸣. 网络媒体的数字内容管理探赜——一个基于"大数据生态系统"的思路[J]. 出版发行研究，2017(7)：31-34.

据的权属问题在一定程度上直接影响着数据效益的发挥。该系统模型直观地描述了大数据应用生态中的数据处理业务和行业应用业务等生态要素及其之间的相互依赖和影响。

2．以应用架构为核心的生态系统

不同的行业应用，数据处理和行业业务的复杂程度也大相径庭。阿里大数据发展经历了数据上云、数据资产化、业务创新、数据生态几个阶段，制定了业务数据化、数据业务化目标，提出了数据的存、通、用三个概念，自动化、智能化、可学习提升的反馈闭环提高了大数据的使用效率。2016 年 1 月 20 日，阿里云在 2016 云栖大会上海峰会上宣布开放阿里巴巴十年的大数据研究成果，发布了全球首个一站式大数据平台——"数加"平台，如图 2－10 所示①。

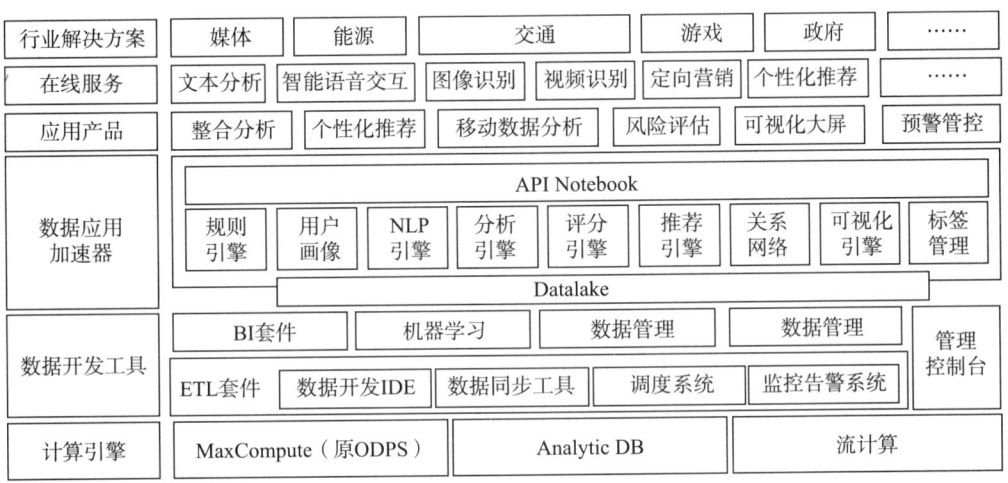

图 2－10 "数加"平台生态组成

"数加"生态体系包括三个层面：①"数加"底层技术平台；②"数加"应用平台生态体系；③"数加"交易生态体系。这一平台承载了阿里云"普惠大数据"的理想，即让全球任何企业、个人都能用上大数据。"数加"平台首批集中发布了二十款产品，覆盖数据采集、计算引擎、数据加工、数据分析、机器学习、数据应用等数据生产全链条。

---

① 拖雷．从数据来源、数据生态、数据技术、数加平台等方面漫谈阿里大数据［EB/OL］．［2018－03－22］．https：//data.aliyun.com/comprehend．

第二节 大数据常用软件

一、大数据软件架构

大数据生态从技术到应用,再到产业发展,是一个技术与社会制度,乃至文化相互渗透、相互交融的复杂系统。为便于读者了解大数据技术基础,并逐步走向深入,走向教育应用,本节将简要地介绍大数据软件架构。如图 2-11 所示是常见大数据领域推荐的大数据工程师技能图谱,涉及操作系统、Hadoop 家族、数据采集、数据分析、数据可视化等,代表大数据应用项目流程中所用到的软件、技术,并进行了简单的分类。

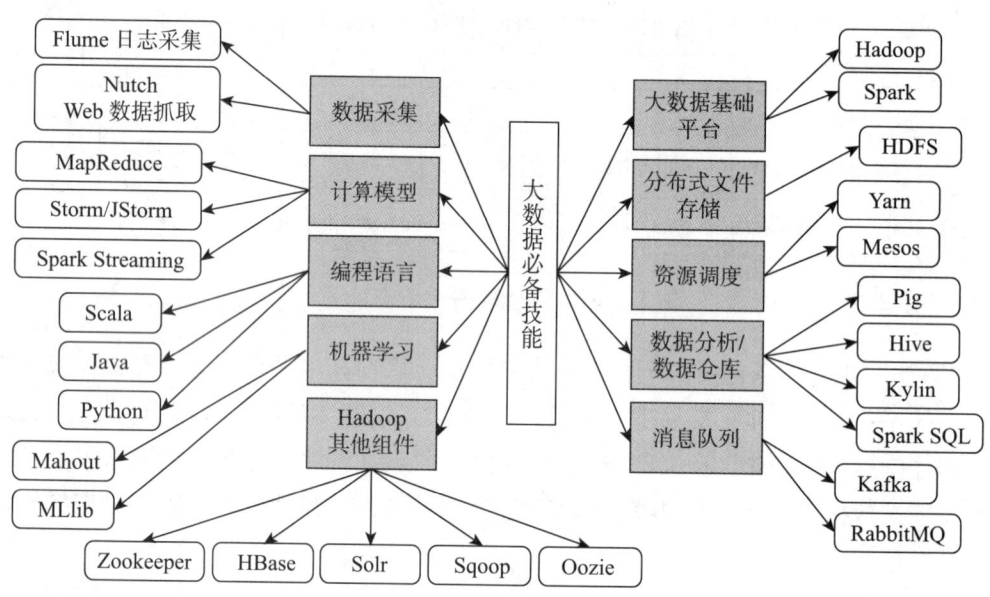

图 2-11 大数据工程师技能图谱

二、Hadoop 大家族

在谈 Hadoop 之前,有必要先提及 Lucene 项目。搜索引擎三大核心技术主要包括网页信息采集、信息索引、关键词检索三大内容,互联网迅猛发展带来的巨大挑战是如何对海量网页进行快速索引和检索,这三大技术相对应的开源项目分别是 Nutch、

Lucene、Solr。其中，Lucene 项目成功解决了分布式文件索引问题，也就是后来的 HDFS 分布式文件系统。为解决庞大的索引文件在集群计算机中高速存储、检索等读写操作的问题，MapReduce 计算框架应运而生。

Hadoop 推出的早期版本的组件及功能并不是很复杂，包括 Hadoop 共用基础件、HDFS 分布式文件系统、MapReduce 并行计算框架、HBase 非结构化数据库系统、Pig 与 Hive 数据查询分析工具、Sqoop 数据转换工具，以及 Ambaris 管理工具[①]。

（一）HDFS 文件系统

HDFS（Hadoop Distributed File System）是指 Hadoop 分布式文件系统。HDFS 在最开始是作为 Apache Nutch 搜索引擎项目的基础架构而开发的，是 Apache Hadoop Core 项目的一部分。HDFS 被设计成适合运行在通用硬件（Commodity Hardware）上的分布式文件系统，适合部署在廉价的机器上。它和现有的分布式文件系统有很多共同点，但和其他的分布式文件系统的区别也是很明显的。HDFS 有着高容错性的特点，而且它提供高吞吐量（High Throughput）来访问应用程序的数据，适合那些有着超大数据集（Large Data Set）的应用程序。

（二）MapReduce 框架

MapReduce 是面向大数据并行处理的计算模型、框架和平台，MapReduce 采用"分而治之"的思想，把对大规模数据集的操作分发给一个主节点管理下的各个分节点共同完成，然后通过整合各个节点的中间结果，得到最终结果。简单地说，MapReduce 就是"任务的分解与结果的汇总"[②]，它隐含了以下三层含义。

第一，MapReduce 是一个基于集群的高性能并行计算平台（Cluster Infrastructure）。它允许用普通的商用服务器构成一个包含数十、数百至数千个节点的分布和并行计算集群。

第二，MapReduce 是一个并行计算与运行软件框架（Software Framework）。它提供了一个庞大且设计精良的并行计算软件框架，能自动完成计算任务的并行化处理，自动划分计算数据和计算任务，在集群节点上自动分配和执行任务以及收集计算结果，将数据分布存储、数据通信、容错处理等并行计算涉及的很多系统底层的复杂细节交由系统负责处理，大大减少了软件开发人员的负担。

第三，MapReduce 是一个并行程序设计模型与方法（Programming Model & Methodology）。它借助于函数式程序设计语言 Lisp 的设计思想，提供了一种简便的并行程序设计方法，用 Map 和 Reduce 两个函数编程实现基本的并行计算任务，提供了抽象的

---

① ［美］Tom White. Hadoop 权威指南（中文版）[M]. 曾大聃，周傲英，等译. 北京：清华大学出版社，2010.
② 王威. Hadoop 之 MapReduce 工作原理[EB/OL]. [2017 - 08 - 26]. https：//blog.51cto.com/jaydenwang/1843048.

操作和并行编程接口，以便完成大规模数据的编程和计算处理。①

（三）HBase 非结构化数据库

HBase 是一个分布式的、面向列的开源数据库，该技术来源于 Fay Chang 等人所撰写的 Google 论文——*Bigtable：A distributed storage system for structured data*。就像 Bigtable 利用了 Google 文件系统所提供的分布式数据存储一样，HBase 在 Hadoop 之上提供了类似于 Bigtable 的能力。HBase 是 Apache 的 Hadoop 项目的子项目。HBase 不同于一般的关系数据库，它是一个适合于非结构化数据（NoSQL）存储的数据库。

HBase 运行在 HDFS 文件系统上，再配合 MapReduce 并行计算框架，故而在处理 TB 级大规模数据时，可以充分利用多机器集群进行分布式并行处理，从而提供高可靠性、高性能、高容错的大数据计算平台。

此外，Pig 和 Hive 还为 HBase 提供了高层语言支持，使得在 HBase 上进行数据统计处理变得非常简单。Sqoop 则为 HBase 提供了结构化的关系型数据库（RDBMS）数据导入的功能，使得传统数据库中的数据向 HBase 中迁移变得非常方便。

（四）Pig 数据分析工具

Pig 是一个基于 Hadoop 的大规模数据分析工具，也是一种轻量级数据流式的脚本语言，可以非常方便地处理 HDFS 和 HBase 的数据。Pig 包括两部分：一是用于数据流的语言，称为 Pig Latin；二是用于运行 Pig Latin 程序的执行环境，称为 Pig Interface，用于产生 MapReduce 程序，其架构如图 2-12 所示。

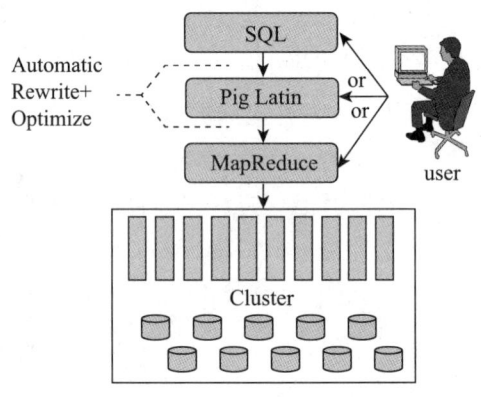

图 2-12 Pig 架构

Pig Latin 语言与传统的关系型数据库中的数据库操作语言非常类似。但是 Pig Latin 语言更侧重于对数据的查询和分析，而不是对数据进行修改和删除等操作。另外，由于 Pig Latin 可以在 Hadoop 分布式的云平台上运行，它的这个特点可以让其具有其他数据库无法比拟的速度优势，能够在短时间内处理海量的数据，例如，处理系统日志

---

① Kevin Sitto, Marshall Presser. Hadoop 生态系统 [M]. 陈新，唐晓，译. 北京：中国电力出版社，2016.

文件、处理大型数据库文件、处理特定 Web 数据等。Pig Latin 语言通常按照下面的流程来编写。

Step 1：通过一条 Load 语句从文件系统中读取数据。

Step 2：通过一系列转换语句对数据进行处理。

Step 3：通过一条 Store 语句把处理结果输出到文件系统中，或者使用一条 Dump 语句把处理结果输出在屏幕上。

（五）Hive 数据仓库工具

Hive 是一个数据仓库基础工具，在 Hadoop 中用来处理结构化数据。它架构在 Hadoop 之上，提供了一系列的工具，可以用来进行数据提取、转化、加载。数据提取、转化、加载是一种可以存储、查询和分析存储在 Hadoop 中的大规模数据的机制。Hive 定义了简单的类 SQL 查询语言，称为 HQL，方便熟悉 SQL 的用户查询数据。同时，这个语言也允许熟悉 MapReduce 的开发者开发自定义的 Mapper 和 Reducer 来处理内建的 Mapper 和 Reducer 无法完成的复杂的分析工作，可以将 SQL 语句转换为 MapReduce 任务进行运行，使得查询和分析更方便。Hive 架构包括三个部分，如图 2-13 所示。

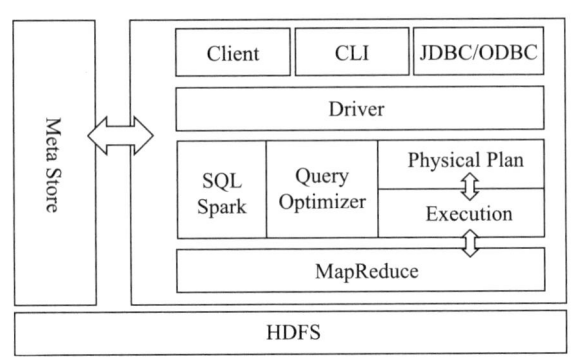

图 2-13 Hive 架构

第一，用户接口，主要由 CLI、JDBC、ODBC 和 WebUI 四个组成。CLI（Command Line Interface）为 shell 命令行接口。JDBC 和 ODBC 是 Java 访问 Hive 的接口，WebUI 是浏览器访问 Hive 的接口。

第二，元数据。Meta Store 是用来存储 Hive 的元数据，默认元数据是存储在 Derby 关系型数据库中，但是 Derby 同时只能有一个实例，如果要使用多个命令行接口，可以设置成 MySQL 关系型数据库。元数据其中包括数据库和表的 HDFS 位置、名称、列的属性等信息。为什么会把元数据的存储设置为单独的，而不是存储在 Hive 里面呢？这是为了把元数据分离出来，提高数据管理的便捷性和安全性。

第三，Driver 组件。Parser、Optimizer、Execution 分别用来做 HQL 的解析器、编译优化、生成执行计划，然后由 MapReduce 调用执行。但不是所有的 HQL 命令都会生成 MapReduce 任务，例如 select * from table_name 就不会生成。

（六）Sqoop 数据交互

当大数据存储和 Hadoop 生态系统的 MapReduce、Hive、HBase、Cassandra、Pig 等分析器出现时，他们需要一种工具来与关系型数据库服务器进行交互，以导入和导出驻留在其中的大数据。在这里，Sqoop 在 Hadoop 生态系统中占据了一席之地，以便在关系型数据库服务器和 Hadoop 的 HDFS 之间提供可行的交互，用于从关系型数据库（如 MySQL，Oracle 等）导入数据到 Hadoop HDFS，并从 Hadoop 文件系统导出到关系型数据库，如图 2-14 所示。

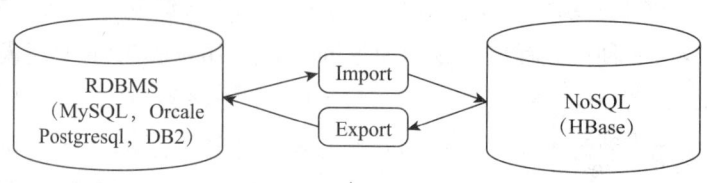

图 2-14　Sqoop 功能结构

（七）Ambari 管理工具

面对庞大的 Hadoop 家族，Hadoop 集群的部署、安装、管理等工作就显得非常重要。Hortonworks 提供的开源的 Hadoop 平台的管理软件 Ambari，具备 Hadoop 组件的安装、管理、运维等基本功能，提供 Web UI 进行可视化的集群管理，简化了大数据平台的安装程序，降低了使用难度。换而言之，Ambari 是一款让 Hadoop 以及相关的大数据软件更容易使用的工具。Ambari 主要功能有如下几个方面。

（1）通过一步一步地安装向导简化了集群供应。

（2）预先配置好关键的运维指标（metrics），可以直接查看 Hadoop Core（HDFS 和 MapReduce）及相关项目（如 HBase、Hive 和 HCatalog）是否健康。

（3）支持作业与任务执行的可视化与分析，能够更好地查看性能。

（4）通过一个完整的 RESTful API 把监控信息暴露出来，集成了现有的运维工具。

（5）用户界面非常直观，用户可以轻松有效地查看信息并控制集群。

此外，Ambari 使用 Ganglia 收集度量指标，用 Nagios 支持系统报警，当需要引起管理员的关注时，比如节点停机或磁盘剩余空间不足等问题发生时，系统将自动向其发送邮件。①

---

①　散人.Nagios 的详细配置和报警[EB/OL].[2019-01-21].https：//blog.51cto.com/zouqingyun/1712100.

第三节　大数据处理框架

计算机的基本工作就是处理数据。随着互联网、物联网等技术得到越来越广泛的应用，数据规模不断增加，TB、PB 级成为常态。从安全、性能等需求出发，这些数据不再集中存放在单台机器中，而是分布在全球各个角落。这些数据的处理也远非一台计算机所能完成，必须由多台机器共同承担计算任务。多台机器如何进行计算任务分配、协调与容错，以及 CPU、内存、网络带宽等计算资源利用，是大数据处理中计算资源调度时必须要研究的问题。此外，外部存储器间的数据迁移、数据处理实时性、数据不断增加等问题同样需要考虑，还要充分考虑计算机或网络发生故障时的数据安全性等。

大数据处理技术日益成熟，很多大数据平台、软件考虑到相关需求，为开发者提供了很多基础框架，满足各行业应用。MapReduce 作为 Hadoop 内置的批处理框架，其特点就是既兼顾了海量数据的分布式存储，又考虑了集群中多台机器的协同工作，以及单机宕机后的容错处理。随后，Storm 流式计算解决了数据处理的实时性，而 Spark 则充分利用集群计算机内存进行数据缓存，减少了对外部存储器的依赖，极大地提高了数据处理速度。Pig、Hive 在 MapReduce 框架基础上，为用户提供了交互式大数据统计分析功能。各种各样的大数据处理框架各显神通，在各种应用场合发挥着其独特的功能。

一、大数据处理框架分类

大数据处理框架是大数据系统的基本组件，负责对系统中的数据进行计算，例如处理从非易失存储中读取的数据，或处理刚刚摄入到系统中的数据。2004 年前后，Google 的工程师先后发表了三篇论文，分别对分布式文件系统 GFS、并行计算模型 MapReduce 和非关系数据存储系统 BigTable 进行了介绍，第一次提出了针对大数据分布式处理的可重用方案。在 Google 工程师论文的启发下，Yahoo 的工程师 Doug Cutting 和 Mike Cafarella 开发了 Hadoop。在借鉴和改进 Hadoop 的基础上，又先后诞生了数十种应用于分布式环境的大数据计算框架。

随着大数据在行业中的应用日益广泛，新的框架层出不穷。王小鉴以问题的方式提出了数据处理的需求，包括：数据来源与去向、数据请求方式、机器间任务分配与协调、机器间计算结果合并、新增数据处理、能否单 SQL 语句完成任务等。① 在总结数据处理需求的基础上，根据数据处理方式的不同，对这些框架进行了分类，分类情况如图 2-15 所示。这些计算框架各有特点、各有优势，适用于不同的数据处理需求。

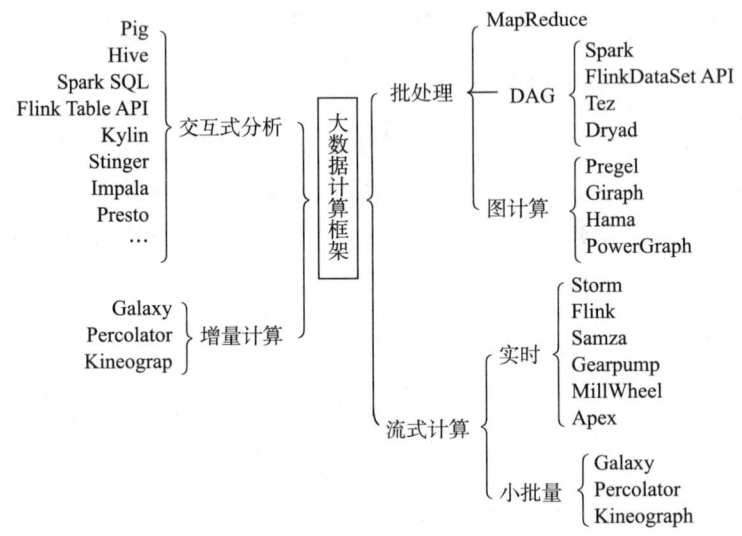

图 2-15 大数据计算框架分类图

二、常见大数据处理框架

在众多的大数据处理框架中 MapReduce、Storm、Spark 最为广大从业者所熟知，它们都是 Apache 旗下的开源项目，也代表着三种不同的大数据处理方式。本节介绍三种基本的大数据处理框架，以使读者了解批处理、流式计算、内存计算等基础性的大数据编程思想，选择合适的大数据项目编程框架。

（一）MapReduce

在介绍 Hadoop 大家族时提到 MapReduce 是 Hadoop 平台基础软件之一，以"分而治之"的思想处理集群平台上的数据，即批处理。同时提到 MapReduce 也是分布式大数据处理框架，这里说的分布式计算，是将任务分配到集群中的若干 Data Node 各自进行计算，完成各自的分工，并在 Master Node 的协调下完成计算结果的合并和输出，各节点在计算相应数据分块的过程中相对独立，是并行工作的。其工作原理如图 2-16 所示，User Program 的详细执行过程可参看相应文献，这里不再赘述②。

---

① 王小鉴. 一文读懂大数据计算框架与平台[EB/OL]. [2018-01-22]. http://www.cbdio.com/BigData/2017-05/02/content_5508288.htm.

② 申时凯，佘玉梅. 我国现代化教育大数据应用技术与实践研究[M]. 长春：吉林大学出版社，2019：23.

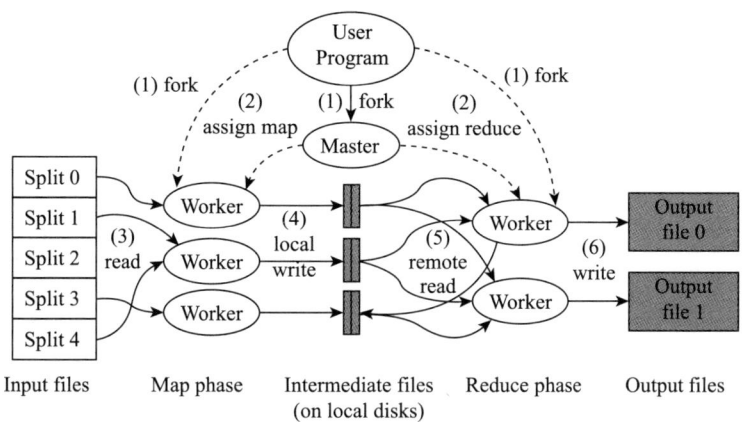

图 2‑16　MapReduce 工作原理

程序的运行从最上方的 User program 开始，User program 链接了 MapReduce 库，实现了最基本的 Map 函数和 Reduce 函数，执行的顺序如图 2‑16 中标记的顺序所示。

步骤 1：MapReduce 先把 User program 的输入文件划分为 M 份，每一份通常有 16MB 到 64MB，如图 2‑16 所示分成了 Split 0—4；然后使用 fork 将用户进程拷贝到集群内其他机器上。

步骤 2：User program 的副本中有一个称为 Master，其余称为 Worker。Master 是负责调度的，为空闲 Worker 分配作业（Map 作业或者 Reduce 作业），Worker 的数量也是可以由用户指定的。

步骤 3：被分配了 Map 作业的 Worker，开始读取对应分片的输入数据。Map 作业数量是由 Master 决定的，和 split 一一对应。Map 作业从输入数据中抽取出键值对，每一个键值对都作为参数传递给 Map 函数，Map 函数产生的中间键值对被缓存在内存中。

步骤 4：缓存的中间键值对会被定期写入本地磁盘，而且被分为 R 个区，R 的大小是由用户定义的，将来每个区会对应一个 Reduce 作业；这些中间键值对的位置会被通报给 Master，Master 负责将信息转发给 Reduce worker。

步骤 5：Master 通知分配了 Reduce 作业的 Worker 负责的分区在什么位置，每个 Map 作业产生的中间键值对都可能映射到所有 R 个不同分区。当 Reduce worker 把所有它负责的中间键值对都读过来后，先对它们进行排序，使得相同键的键值对聚集在一起。因为不同的键可能会映射到同一个分区也就是同一个 Reduce 作业，所以排序是必须的。

步骤 6：Reduce worker 遍历排序后的中间键值对，对于每个唯一的键，都将键与关联的值传递给 Reduce 函数，Reduce 函数的输出内容会添加到这个分区的输出文件中。

步骤 7：当所有的 Map 和 Reduce 作业都完成了，Master 唤醒正版的 User program，

MapReduce 函数调用返回 User program 的代码。

所有执行完毕后，MapReduce 输出放在了 R 个分区的输出文件中（分别对应一个 Reduce 作业）。用户通常并不需要合并这 R 个文件，而是将其作为输入交给另一个 MapReduce 程序处理。

整个过程中，输入数据是来自底层 HDFS 文件系统，中间数据是放在本地文件系统，最终输出数据是写入底层 HDFS 文件系统。而且我们要注意 MapReduce 作业和 MapReduce 函数的区别：Map 作业处理一个输入数据的分片，可能需要调用多次 Map 函数来处理每个输入键值对；Reduce 作业处理一个分区的中间键值对，这期间要对每个不同的键调用一次 Reduce 函数，Reduce 作业最终也对应一个输出文件。

为帮助大家进一步理解 MapReduce 框架，Apache 以词频统计为例，展示了 Map 函数、Reduce 函数以及 main 函数间的协同工作过程，见算法 2-1。

算法 2-1　词频统计算法的 Map 函数、Reduce 函数实现

```
1. package org. apache. hadoop. examples；

2. import java. io. IOException；
3. import java. util. StringTokenizer；
4. import org. apache. hadoop. conf. Configuration；
5. import org. apache. hadoop. fs. Path；
6. import org. apache. hadoop. io. IntWritable；
7. import org. apache. hadoop. io. Text；
8. import org. apache. hadoop. mapreduce. Job；
9. import org. apache. hadoop. mapreduce. Mapper；
10. import org. apache. hadoop. mapreduce. Reducer；
11. import org. apache. hadoop. mapreduce. lib. input. FileInputFormat；
12. import org. apache. hadoop. mapreduce. lib. output. FileOutputFormat；
13. import org. apache. hadoop. util. GenericOptionsParser；
14. public class WordCount{
15.
16.     public static class TokenizerMapper extends Mapper<Object, Text, Text, IntWritable>{
17.
18.         private final static IntWritable one=new IntWritable(1)；
19.         private Text word=new Text()；
20.
21.         public void map(Object key, Text value, Context context)throws IOException, InterruptedException
{
22. StringTokenizer itr=new StringTokenizer(value. toString())；
23.         while（itr. hasMoreTokens()）{
24. word. set(itr. nextToken())；
25. context. write(word, one)；
26.         }
27.     }
28. }
```

续表

```
29. public static class IntSumReducer extends Reducer<Text, IntWritable, Text, IntWritable> {
30.        private IntWritable result = new IntWritable();
31.
32.        public void reduce(Text key, Iterable<IntWritable> values, Context context) throws IOException,
33. InterruptedException {
34. int sum = 0;
35.        for (IntWritableval : values) {
36.            sum += val.get();
37.        }
38. result.set(sum);
39. context.write(key, result);
40.        }
41.    }

42. public static void main(String[] args) throws Exception {
43.        Configuration conf = new Configuration();
44.        String[] otherArgs = new GenericOptionsParser(conf, args).getRemainingArgs();
45.        if (otherArgs.length! = 2) {
46. System.err.println("Usage: wordcount<in><out>");
47. System.exit(2);
48.        }
49.        Job job = new Job(conf, "word count");
50. job.setJarByClass(WordCount.class);
51. job.setMapperClass(TokenizerMapper.class);
52. job.setCombinerClass(IntSumReducer.class);
53. job.setReducerClass(IntSumReducer.class);
54. job.setOutputKeyClass(Text.class);
55. job.setOutputValueClass(IntWritable.class);
56. FileInputFormat.addInputPath(job, new Path(otherArgs[0]));
57. FileOutputFormat.setOutputPath(job, new Path(otherArgs[1]));
58. System.exit(job.waitForCompletion(true) ? 0 : 1);
59.    }
60. }
```

从上面的代码结构来看,编写一个可以运行的 MapReduce 程序并不复杂,只要分别写好 Map 函数和 Reduce 函数就可以了,问题的复杂性在于 MapReduce 阶段计算任务的映射和规约,也就是计算任务的划分和协调。

(二) Storm

与 MapReduce 批处理计算框架不同,Storm 是典型的流式计算框架。Storm 进程是常驻内存的,有数据就可以进行即时处理,非常适合处理实时产生的数据,比如用户日志分析、电商商品推荐等。Storm 适用的场景有:① 流数据处理,Storm 可以用来处理源源不断的消息,并将处理之后的结果保存到持久化介质中;② 分布式 RPC,由于 Storm 的处理组件都是分布式的,而且处理延迟都极低,所以 Storm 可以作为一个通用的分布式 RPC 框架来使用。Storm 流式处理过程如图 2-17 所示。

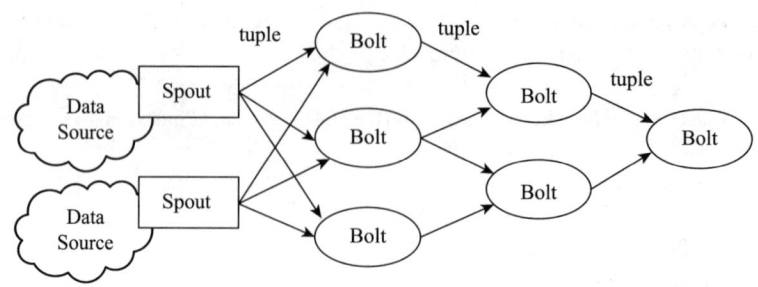

图 2-17 Storm 流式处理原理结构图

该过程的具体步骤可以用算法 2-2 描述。

算法 2-2 Storm 流式处理过程算法描述

Step 1：Spout Task/Bolt Task 将 Tuple 传输到下游该 Bolt Task 所在的 Executor 的 Incoming Queue 中；

Step 2：Main Thread 从该 Executor 的 Incoming Queue 中取出 Tuple，并将 Tuple 发送给 Bolt Task 去处理；

Step 3：Bolt Task 执行 execute 方法中的逻辑处理该 Tuple 数据，并生成新的 Tuple，然后调用 emit 方法将 Tuple 发送给下一个 Bolt Task 处理（这里，实际上是 Main Thread 将新生成的 Tuple 放入到该 Executor 的 Outgoing Queue 中）；

Step 4：属于该 Executor 的 Send Thread 从 Outgoing Queue 中读取 Tuple，并传输到下游的一个或多个 Bolt Task 去处理。

图 2-18 是 Storm 集群的软件和硬件架构图，Hadoop、Zookeeper 集群是 Strom 的基础软件环境，Zookeeper 用来协调 Nimbus 和 Supervisor，如果 Supervisor 因故障出现问题而无法运行 Topology，Nimbus 会在第一时间内感知到，并重新分配 Topology 到其他可用的 Supervisor 上运行。

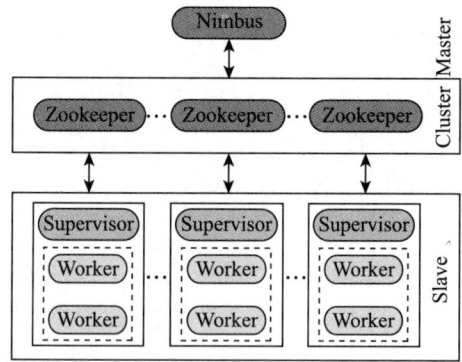

图 2-18 Storm 集群的软件和硬件架构图

Storm 的数据交互如图 2-19 所示，可以看出两个模块 Nimbus 和 Supervisor 之间没有直接交互。状态都保存在 Zookeeper 上，Worker 之间通过 Netty 传送数据。重要的一点，Storm 所有的元数据信息保存在 Zookeeper 中。

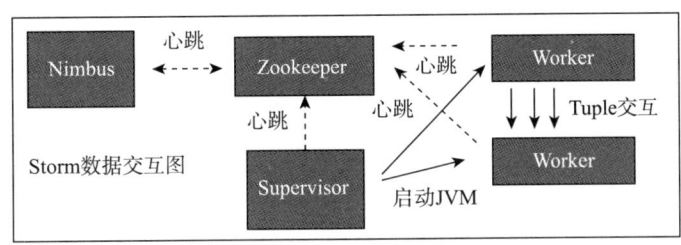

图 2-19　Storm 数据交互关系

（三）Spark

Apache Spark 是一个快速的、多用途的集群计算系统。Spark 是 Hadoop 的升级版本，Hadoop 作为第一代产品使用 HDFS，第二代加入了 Cache 来保存中间计算结果，并能适时主动执行 MapReduce 任务，第三代就是 Spark 倡导的流 Streaming。Spark 兼容 Hadoop 的 API，能够读写 Hadoop 的 HDFS 和 HBase 顺序文件等，在 Apache Spark 官方网站上，其特点被概括为如下四点。①

（1）速度快，Spark 使用最先进的 DAG 调度策略、优化的查询方案和物理执行引擎，在批数据处理和流数据处理方面都有极大的提升，比 MapReduce 快 100 倍。

（2）使用简单，Spark 提供了 80 多种高级运算符，可以非常容易地创建并行应用程序，而且可以交互式地使用 Scala、Python、Java、R 和 SQL 等语言进行开发。

（3）通用性强，Spark 支持一系列的函数库，包括 SQL、DataFrames，用于机器学习的 MLlib、GraphX 和 Spark Streaming。开发者可以在同一个应用程序中无缝地组合使用这些数据库。

（4）运行平台通用，Spark 可以运行在 Hadoop Yarn、Apache Mesos、Kubernetes 等平台上，也可以独立运行在自己的集群上，或者运行在云端。可以访问不同的数据源，如 HDFS、Alluxio、Apache Cassandra、Apache HBase、Apache Hive 以及上百种其他数据源。

---

① ［美］Bill Chambers，Matei Zaharia. Spark：The Definitive Guide Big Data Processing Made Simple［M］. New York：O'Reilly Media，Inc.，2018.

小结与展望

自"大数据"一词从数据挖掘、数据分析等术语中脱颖而出以来,其被社会各行各业赋予了太多的含义,也背负了众多的历史使命,如对技术革新、产业变革、经济推动等,似乎无所不能。而"生态"一词,则从系统论的视角,梳理了大数据产业、大数据技术、大数据应用等不同的生态系统中的要素,分析了各要素间的联系和制约关系。此外,从多个视角梳理大数据生态系统,有利于大数据从业人员更清楚地认识大数据生态,明确自己在大数据生态中可以扮演的角色,为大数据从业人员确定自身及行业发展目标提供帮助。

第三章 教育信息化数字踪迹

人类教育活动过程中产生的教学活动信息、教师和学生的基本信息等，伴随着信息技术的发展，孵化出数字化的信息资源，被誉为人类教学活动的"第三只眼"。在信息化在教育领域不断普及和发展的过程中，教育者通过追踪教育教学活动的"踪迹"，有效地去建构并实施信息化建设工程。

导读：

教育信息化实践

教育信息化系统与数据模型

教育大数据图景

第一节 教育信息化实践

人类活动在信息空间留下了诸多的数字足迹,教育信息化平台、物联网等基础设施建设运用的同时,也成为无处不在的"第三只眼",记录了教育的方方面面,为教育大数据研究、实践提供了数据支撑。

一、教育信息化概述

伴随着《教育信息化2.0行动计划》的颁布,教育信息化正式从1.0时代迈向了2.0时代。改革开放的前40年,国家教育部门大力倡导的教育信息化遵循基础建设和设备配套在应用探索中不断迭代更新的发展路径,主要关注硬件的建设,重在加强信息化基础设施和配套设备的部署。

继互联网、云计算之后,人工智能、虚拟现实等新技术席卷而来,给教育的发展带来了巨大的冲击,也为教育信息化的进程提供了更多的启示和要求。技术对教育的作用已经不仅仅是帮助教师教学和学生学习,而是直接成为变革教育教学模式,拓宽教学空间,实现教学过程的精确化记录、智能化管理的根本性力量。因此,教育信息化2.0时代从人的本位出发,更加注重人的发展。《教育信息化2.0行动计划》中明确提出建立大资源观,实现从"专用"向"共享"转变,从而推动教育教学方式的改变。在教育系统网络学习空间全覆盖的基础上,实现"人人用空间"的个性化、终身化学习。各个地区努力推进"三通两平台"建设,构建数字教育资源公共服务体系,消除"信息孤岛",实现数字化资源的开放共享。

二、"三通两平台"建设

为推进教育信息化的发展,教育部2012年颁布了《教育信息化十年发展规划(2011—2020年)》。同年9月,刘延东在全国教育信息化工作电话会议中提出:确定基于"三通两平台"模式的教育信息化发展导向,实现"宽带网络校校通""教学资源班班通""网络学习空间人人通";加强数字教育资源公共服务平台、教育管理公共服务平台的建设。2015年底,我国教育信息化发展的第一阶段接近尾声,全国各地区都积极推进"三通两平台"建设,基本实现了教育信息化的普及,取得了显著成效。

(一)校园信息化——"校校通"

2000年,教育部就决定在中小学实施"校校通"工程,目标是用5到10年时间,使全国90%左右的独立建制的中小学学校能够上网，使中小学师生都能共享网络教育资源。早期的"校校通"工程主要围绕硬件设施建设展开，没有将"通"有效地结合于"用"。而"三通两平台"提出的"校校通"则强调宽带网络的畅通，相较于之前的"校校通"工程，要求以校为本，立足于学校自身的物理环境、人文环境，合理、有效、充分地建设和利用软硬件基础设施。

（二）课堂信息化——"班班通"

"班班通"以"校校通"工程为基础，是我国教育信息化从校园信息化建设走向课堂信息化建设的一个重要标志。"班班通"工程是一个融合了基础设施、软件资源以及信息技术与课堂教学等内容的系统工程。"班班通"让每一个学校的每一个班级都和外界进行不同程度的信息沟通和交流，实现了集资源获取、应用和信息展示为一体的软硬件结合的智能环境。在一定程度上，"班班通"工程加快了信息技术和学科的有效整合，直接引发了教师教学方式和学生学习方式的变革，真正促进了优质资源的广泛传播。

（三）学习过程信息化——"人人通"

"人人通"工程是"三通"工程的建设核心。实名制的教与学的网络环境，支持教师的网络教学；支持教师、学生、家长之间的互动；能帮助制定学生个性化的学习和服务措施；实时推送丰富的资源和开发工具等信息；监控教学和学习进程，量化统计教学活动、资源数量；管理教师空间和学习空间，并最终致力于教学效益最大化和学生发展个性化。

（四）资源共享和系统化——两平台

教育资源共享是教育信息化规划中教育可持续发展的一项重要任务，其要求建立公共平台，不断丰富资源，建设资源共享机制，最终构建汇聚优质数字教育资源的公共服务大数据平台。总体而言，这是一个基于公有云资源进行二次开发的教育云平台，通过整合各类云应用和云资源，并结合用户的需求来提供各种基础环境服务。数字教育资源公共服务平台以优质的教育资源为支撑，资源具有多样化和有效性等多重优质特点，为学生个性化的学习和教师创造性的工作提供了有力保障。

教育管理公共服务平台建设的提出是为了更加规范和系统化地对学校基础信息进行管理。国家教育管理信息系统主要有三大核心任务：其一，建设三大教育基础数据库，包括全国学生数据库、全国教师数据库、全国学校数据库；其二，建立五大教育管理信息系统，包括全国学生管理信息系统、全国教师管理信息系统、全国学校管理信息系统、教育规划与决策系统、教育专项业务管理信息系统；其三，建设"两级建设，五级应用"体系，"两级建设"是指国家和省两级建设教育数据中心，以实现系统和数据的集中部署和统一运维[①]，"五级应用"是指在国家、省、市、县和学校五

---

① 罗方述. 中国国家教育管理信息系统建设实践与展望[J]. 中国教育信息化，2016(1)：7-8.

级建设应用和技术服务体系，以保障系统在全国各级教育部门和各类学校的全面覆盖和深入应用。

三、数字校园和智慧校园

随着互联网普及和校园软硬件设备日益完善、人工智能和虚拟现实技术的不断发展，教育信息化迈向了新高度，全国各地陆续开展基础教育数字校园建设，建设了数字图书馆、虚拟专网、远程教学网、校园计算机网、综合信息管理平台、网上办公平台等校园信息化项目。① 数字校园的起源需要追溯到1990年美国克莱蒙特大学教授凯尼期·格林（Kenneth Green）发起的名为"信息化校园计划"（The Campus Computing Project）。② 1998年，美国前副总统戈尔发表关于"数字地球"的演讲，随后，数字化概念在全球普及，并引发教育工作者对"数字校园"的关注，从而开辟了一个全新的研究领域。事实上，数字校园就是对教师教学、学生学习和学校管理的信息化，是一个伴随技术应用不断发展变化的概念。对数字校园，理解的层次和内涵不尽相同，经历了由"平台观""空间观"到"环境观""过程观"等发展变化的过程，从重点关注系统平台本身，发展到关注学生个性化有效学习以及教学方式的创新和转变，最终确定建设以服务教育教学为基本理念，支持丰富的学与教资源，集成多种应用系统，整合相关业务，拓展学校的时空维度，丰富校园文化的信息化校园。③

智慧校园是在数字校园发展的基础上延伸而来的产物，是对数字校园的补充、优化和拓展。它们的区别在于：数字校园强调的是统一的信息编码和标准，通过单点登录获得授权后获取服务，是互联网上的信息交流与互动；而智慧校园是在数字校园基础之上，将服务扩展到物，实现人与物之间的互联互通并提供智能化解决方案。④ 两者的比较如表3-1所示。

表3-1 数字校园和智慧校园的比较

	比较内容	数字校园	智慧校园
区别	核心	数字化	智能化
	对象	人	人、物
	技术基础	计算机和网络技术	云计算和物联网技术
	互动方式	人与人之间的互联	人与人、人与校园、人与物、物与物之间的互联互通

---

① 田子雷. 教育信息化新方向：从"数字校园"到"智慧校园"[J]. 信息通信，2016(11)：281-282.
② The Campus Computing Project[EB/OL].[2018-12-02]. https://www.campuscomputing.net/
③ 孙永强，钟绍春，郭军梅，等. 基于教育云的数字校园设计研究[J]. 中国电化教育，2014(4)：94-97.
④ 陈孜迪. 从数字校园向智慧校园的转型发展研究[J]. 山东工业技术，2017(24)：213.

续表

比较内容		数字校园	智慧校园
区别	数据呈现	校园信息数据化呈现，被动接收结果	校园数据智能化分析与应用，主动预测
	信息传递方式	信息传递方式单一	统一通信形式多样，操作便捷
	系统关系	应用系统单独建设，系统独立不互通	应用系统互通互联，用户身份统一认证，信息数据智能推送
联系		数字校园是智慧校园的基础，智慧校园是数字校园的延伸	

近些年，数据中心的建设受到云计算、海量存储等信息技术的冲击，数字校园建设遇到了信息技术和业务融合的问题，面对迫切的应用需求和挑战，教育信息化建设也由数字校园向智慧校园转型。智慧校园的概念源于《浙江大学"十二五"信息建设规划》，其中提出了"无处不在的网络学习、融合创新的网络科研、透明高效的校务治理、丰富多彩的校园文化、方便周到的校园生活"的智慧校园规划蓝图。① 由此可见，智慧校园的核心是利用物联网、云计算等技术服务于教学和学习，拓宽学习空间，通过处理海量数据实现趋势的分析和预测，最终实现教育教学的最优化，体现了教育大数据的深度应用。

一般情况下智慧校园平台的总体架构规划如图 3-1 所示，其总体架构共分为四层，分别是基础设施层、基础平台层、应用层和展示层。②

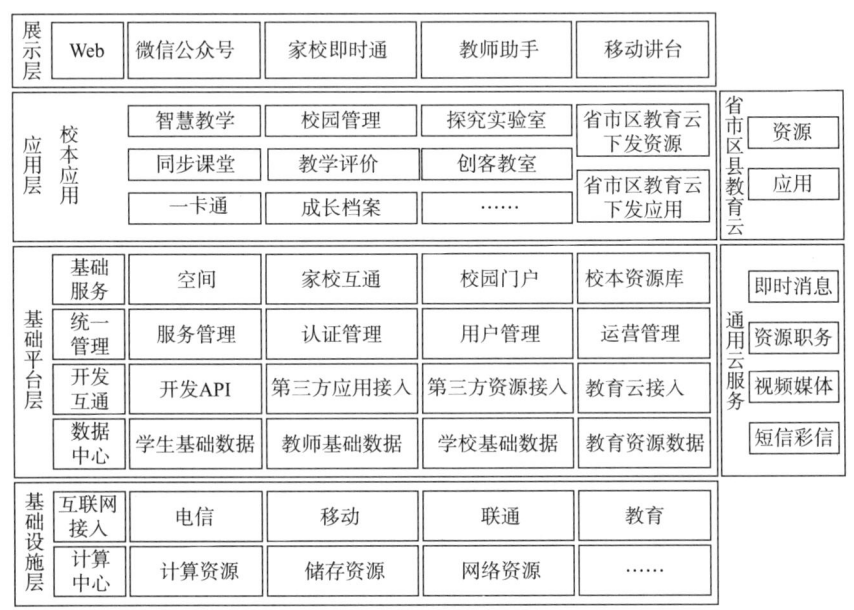

图 3-1 智慧校园总体架构

---

① 程艳旗. 浙江大学"十二五"信息建设规划[R]. 2011.
② 智慧校园解决案例[EB/OL]. [2019-01-18]. http://www.whzc2008.com/case-show.aspx?categry-id=19&id=132

基础设施层：智慧校园的建设需要软硬件设施的共同支撑。不同于数字化校园的网络构成，智慧校园构建依靠大型通讯公司提供的 3G/4G/5G 的通信网络，并基于 IPV4/IPV6 计算机网络和 RFID/WSN/ZIGBEE 的物联感知网络，最终形成智能稳定的网络体系结构。

基础平台层：主要涉及数据中心、统一管理、基础服务等。数据中心是智慧校园的重要组成部分，综合学生、教师、学校和教学的基础数据，能够对各类行为特征进行分析和预测，并通过第三方接口的接入，对数据资源进行统一的管理，为教学智能化的实施和管理提供保障。

应用层和展示层：进行应用和展示是智慧校园建设的最终目的。教学和管理中智能应用的开展体现了智能校园的智能化水平，主要的校本应用和展示包括基础门户网站、微信公众号、家校即时通、教师助手、资源云服务等。

第二节 教育信息化系统与数据模型

一、教育信息化系统概述

教育信息化系统是教育信息化项目建设过程中产生的一系列软件系统，为实现学校管理系统的整体架构、教务的综合管理、学校人力资源管理、网络教学平台一体化，以及协同办公、智慧后勤和高效服务提供了一系列校园软硬件产品，包括统一身份认证平台、统一信息门户平台、统一数据交互平台、自主招生系统、网络教学平台、教务综合管理系统、网上办事大厅、智慧校园 APP、实验实训管理、迎新管理系统、党建管理系统、学校网站群管理系统、学生公寓管理系统、学校科研管理系统、行政办公 OA 系统、财务管理系统、人力资源管理系统、智慧后勤管理系统、资产管理系统、学生综合管理系统、毕业就业管理系统、学校大数据平台、教学资源库系统、网络考试系统等。教育信息化系统主要有如下特点。

（1）教育信息化系统是由一系列相互联系的个体要素组成的，在一定环境背景中能够发挥其功能的群体。

（2）教育信息化系统作为一个软件系统，包括支撑系统和应用系统。支撑系统从技术上和资源上支撑系统运行，应用系统则通过交互操作实现各项功能。

（3）教育信息化系统主要以师生为主，把教授知识、行政管理、科学研究作为主要活动，使学校能够实现资源共享、信息流动、数字化教学，创建教学活动、科研和管理相结合的良好环境。

（4）教育信息化系统在传统校园的基础上，以网络为基础，实现从环境、资源到活动的全部信息数字化，实现网上办公、网上管理和网上服务。

（5）教育信息化系统能够帮助学校运用网络实现教学的数字化和信息化。

（6）教育信息化系统是对校园内的教学、科研、管理和生活服务有关的全部信息进行归纳、总结，再结合计算机技术、网络技术和良好的管理，把这些信息组合成一致的用户管理、资源管理和权限控制，通过项目软件管理，实现学校的制度规范化和管理科学化。

表 3-2 教育信息化系统及案例

系统分类	举 例	说 明
门户集群管理系统	江苏省教育厅 鼓楼教育天地	各级门户网站
办公管理系统	办公管理：公文管理、收发文登记、签报管理、会议管理、档案管理、人事管理、考勤管理等 个人工具：电子邮件、电子传真、日程管理 公共信息：公告板、热点话题、组织机构、政务信息	公文流转与短信平台结合
资源管理系统	江苏省基础教育云计算服务平台	基础教育资源库，资源上传、下载、推送
教师专业发展系统	南京市浦口区教师发展中心	教师在线研修平台
数字化教学系统	优课数字化教学应用系统	课程教学过程管理，课堂学情分析与评价
人人通网络空间	江苏省职教网络学习空间人人通	主要针对教师的教学和学生的学习
在线学习系统	eFront Learning 在线学习管理系统 Moodle 开源课程管理系统	主要针对学生的自主学习
师生成长档案系统	江阴市中小学生成长档案信息管理系统	记录教师、学生的成长轨迹，建立师生档案管理系统
家校即时交流系统	家校通系统	为学生、家长和教师构建互动交流平台

续表

系统分类	举例	说明
国家虚拟仿真实验教学项目共享平台	该平台以统一、开放的技术接口和数据标准，无差别汇聚各学科专业、覆盖各个层次高校、直接服务于学生和社会学习者的实验教学公共服务平台，共享虚拟实验环境与资源。平台以开放共享的形式服务于用户，设置了评分、收藏、点赞以及评论的公众评审功能，真正做到了重共享、重应用、重社会影响力，切实服务于教学	

二、数据模型

数据模型是抽象表示现实数据特征的一种方法，从抽象层面上描述数据库的管辖范围，以及数据的静态、动态特征的组织形式，从而为数据库系统表示和操作信息提供了抽象框架。数据从产生、加工到使用是一个不断转化的过程，经历了现实世界到信息世界的抽象、概念模型到计算机世界的数据模型的转换，最终形成了便于计算机处理的数据表现形式（见图3-2）。数据模型主要由三个部分组成，分别是数据结构、数据操作和数据约束，其中数据结构指数据的静态特征，包括数据的类型、内容、性质和数据之间的关系，是数据模型的基础，也是我们在设计数据库系统时，需要着重关注的内容。数据操作是数据动态特征的表示，即基本的查找、增加、删除、修改操作；数据约束实质上是一组规则的集合，是为了限定数据模型中一些数据的类型和状态，例如课程的序号不能重复，课程名不能为空，等。

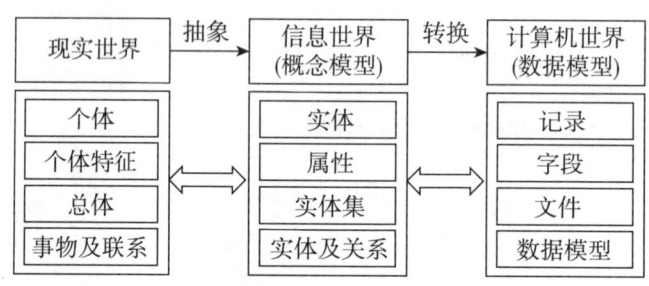

图3-2 数据的转换过程和术语对应关系

数据模型是教育信息系统中数据的统一表现，在系统设计开发范围内得到普遍的认可和应用，提供了数据的完整视图和详细描述，同时也方便数据的存储、定制和封装。如图3-3所示，数据模型可以从数据实体层、数据融合层、数据应用层三个层次进行描述，这三个层次从具体到抽象，从计算机存储到现实世界应用，全方面展示了数据从产生、加工到使用的全过程。

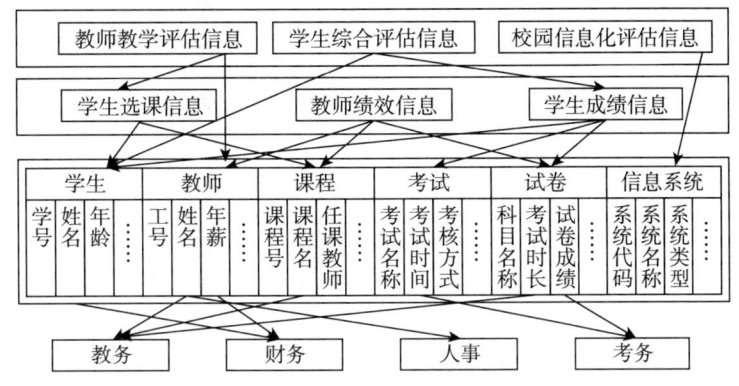

图3-3 教育信息系统数据模型示例①

三、门户集群管理系统

在教育信息化的进程中最先崛起并高速发展的就是门户集群管理系统,一个良好的门户网站是一个学校形象展示和信息发布的重要平台。相对于传统的信息展示途径,门户网站有着高便利性、高互动性、高实时性等明显的优势。学校通过门户网站对现有的各类系统和资源进行有效的整合,发布日常教学管理信息,提供各种应用系统,公布各类教学科研成果,以此来展示学校整体发展情况,提高学校的信息化水平和核心竞争力。教师、学生、家长以及教务管理人员根据各自的需求在门户集群管理系统中可以非常便捷地找到所需信息和资料。门户网络对校园的人、物、电子资源等进行了全覆盖的控制和管理。

各类学校的门户网站的主要功能如图3-4所示,分为前端的信息显示、后台管理以及衔接两者的账号登录。"信息显示"是面向教师、学生、教学管理人员的,直接为用户提供信息展示和服务,用户可以根据导航栏的下拉菜单,以及相应的分类栏目的链接,快速找到所需的资料和服务。门户网站界面设计的科学性和实用性直接决定了用户体验。一般情况下,校园门户网站中首页主要显示用户经常性访问的内容,以及实时性较高的公告,以便用户每次登录系统都能快速获取内容信息,以免错过重要的通知。门户网站的导航主要包括系统的内容分类,其中公共服务相当于整个系统的"小窗口",可以快速链接到对应的子系统和其他服务系统,包括教务系统、精品课程、教学评估等。

每一位教师和学生都分配到唯一的身份账号,通过账号登录到系统中进行个人信息维护、选课等个性化操作和服务,系统记录用户的行为,对用户进行统一管理。后台管理根据网站内容含有的数据信息的类别进行数据信息分类管理,有效地提升了对

---

① 邸瑞华,王虎. 基于SOA的远程开放教育信息系统业务数据模型的研究[J]. 计算机与信息技术,2007 (5):82-84,88.

数据的管理效率,在整个系统中具有举足轻重的作用。

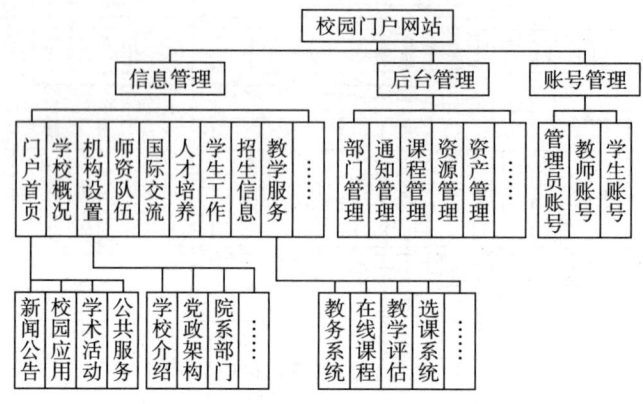

图 3-4 校园门户系统整体功能模块设计图

校园门户网站的建设服务于学生和教师,用于提升教师的教育教学效率和学生的学习效率,为学校的发展带来了积极意义。作为对学校信息和资源进行管理、展示和分享的大平台,立足于学生和教师的需求。如图 3-5 所示,基于校园门户网站,教师、学生和管理员维系了整个网站的运行和管理,他们既是网站的使用者,也是网站运行的管理者和监督者。教师需要完成教学评估和学生成绩录入等主要工作;学生通过网站进行选课、精品课程的学习等;管理员需要对公告、资源和文档等进行管理,每一项工作都展示了学校个性化服务、信息化管理的发展水平,是教育信息化最直观的表现形式。

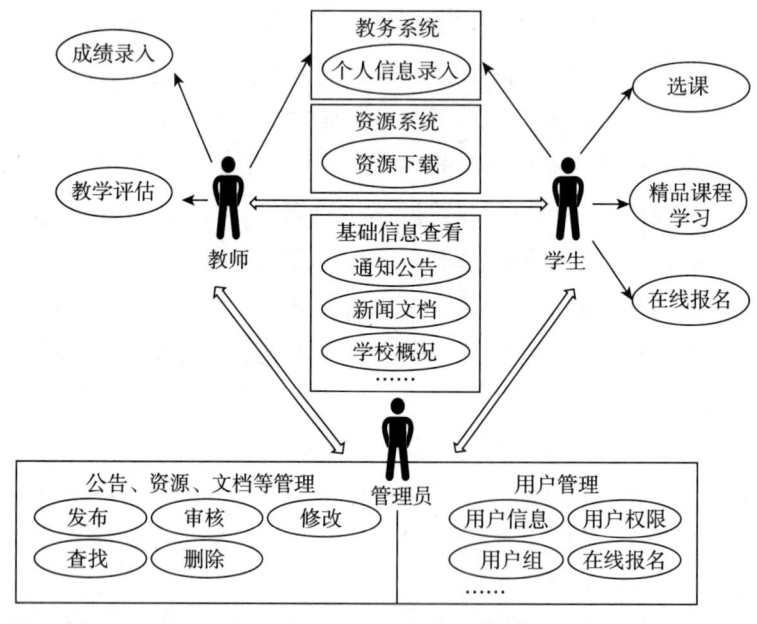

图 3-5 校园门户网站用户活动情况

四、课堂数字化教学系统

伴随教育信息化建设的不断深入,以计算机多媒体技术、物联网技术和网络技术为支撑的课堂数字化教学系统的建设成为学校信息化建设的主阵地,各类学校都在结合以往的经验基础以及自身的教学特点和条件,系统化地构建智能化、数字化的教学系统。课堂数字化教学系统是基于数字化教学软件,支持教师数字化教学和学生个性化学习的平台,它能充分利用教室的硬件和软件设备,通过网络向学习者提供学习所需的资料、测评工具等,帮助学生完成课堂的教学任务和目标,实现以班级为单元的自主学习。系统的主要架构如图 3-6 所示。

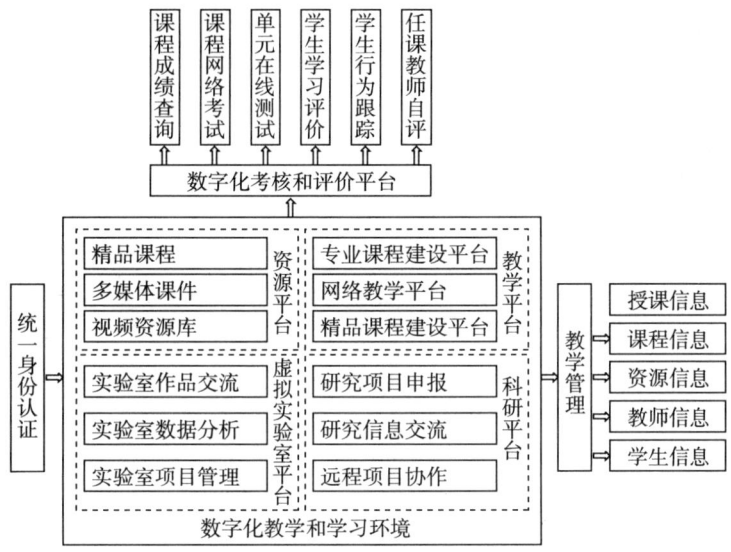

图 3-6 数字化教学系统架构

数字化教学系统建设是数字化教学实施的重要保障,重点在于环境建设和资源建设,环境主要由硬环境和软环境构成。数字化教学系统硬环境是指基础的硬件设备,包括校园网、多媒体投影网络教室、录播教室、数字图书馆、电子白板、平板电脑等。而软环境主要指软件环境,即各类应用软件和数字化教学资源。环境建设是数字化教学系统的基础,而系统建设的最终目的是应用,因此资源建设更为重要。学校需要尽可能多地吸收高质量的教学和学习资源,致力于资源建设,这样才能充分利用数字化教学系统开展教与学活动。从系统架构图可以看出,教师和学生通过统一的身份认证进入系统,根据需求进入相应的子系统进行教学、学习和管理活动,主要的子系统包括资源平台、教学平台、虚拟实验室平台、科研平台、数字化考核和评价平台以及教学管理平台。

从用户活动角度而言,整个课程的教学和学习都围绕着数字化教学系统展开。在课程开设之前，教师和教学管理人员需要在系统中录入基本的授课信息、课程信息、学生和教师信息等；教师根据资源平台提供的精品课件、视频教程等进行针对性的备课，并将课件资源上传到教学平台上供学生进行学习；学生在课前、课中和课后都可以进入到教学系统中进行学习，并利用平台中的讨论区进行交流、讨论和探究。在实际课堂教学中，数字化教学系统同样是一把教学利器，它为课堂提供了丰富的多媒体资源、虚拟实验室和科学研究平台，增加了课堂的趣味性、科学性和生动性，同时也方便了师生之间的交流讨论，及时为学生答疑解惑；与此同时，平台提供了学生学习的阶段性和终期性检测，实时记录学生的学习效果，轻松实现对学生、教师、课程教学的过程性和总结性评价。当然，数字化教学系统并不是封闭式系统，它允许用户访问其他的教育信息化应用系统，对本系统的资源进行阶段评价和更新，力争成为优质的一体化教与学系统。系统中，教师、学生等用户与系统交互活动如图3-7所示。①

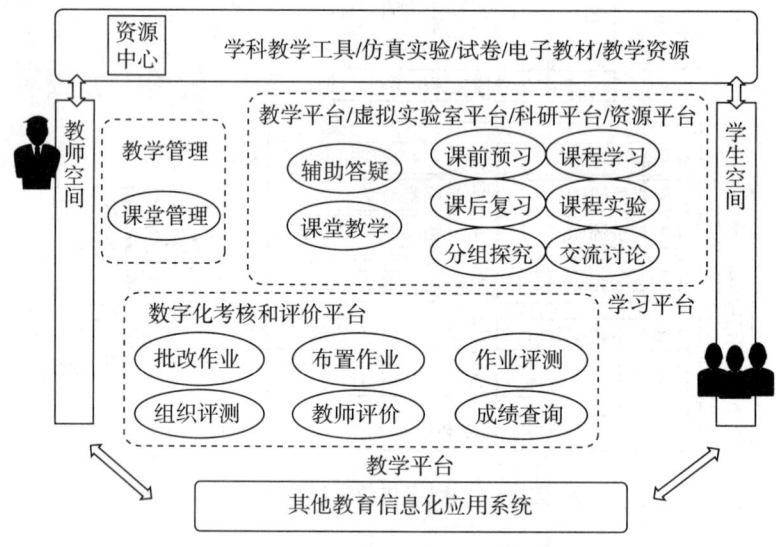

图3-7 数字化教学系统用户活动图

五、网络学习空间

网络学习空间是网络数字化校园建设中产生的新形态，是未来学校教育和终身学习不可或缺的组成部分。网络学习空间的建立，打破了传统课堂中时间和空间的限制，创新改革了教学方式和学习方式，满足了学习者随时随地个性化学习的需求。国外最初提出网络学习空间的主要目的是满足数字原住民的学习需求，创设网络化的学习环境，让学习者能在非正式化的学习空间中得到发展。随着研究的深入和技术的更

---

① 尹瑞新，赵海涛．"一对一"数字化教学中软件系统适应性研究——以电子书包环境下小学数学教学应用为例[J]．中小学数字化教学，2018(2)：55-58．

新发展，在网络学习空间中催生出了一系列与之相应的学习活动。如图 3-8 所示，从网络学习空间的整体架构而言，网络学习空间主要包括网络学习区、网络生活区和网络管理区三大版块，是以学习者为主体的学习区。

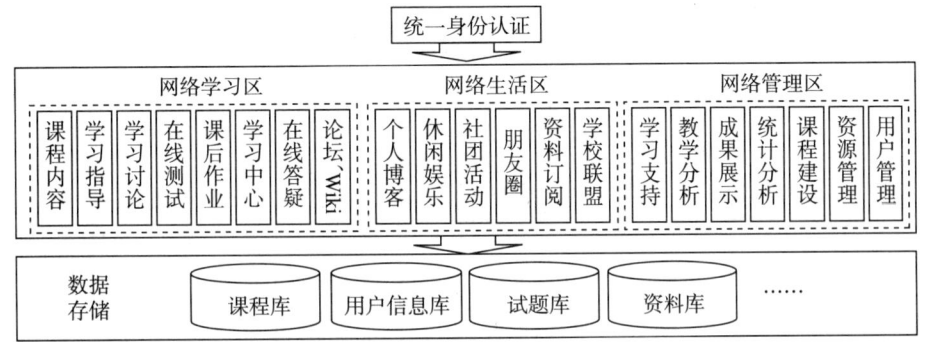

图 3-8　网络学习空间的架构①

网络学习区是学习者自主学习的主要板块，其主要功能面向所有的学习者。网络学习空间是个虚拟的学习社区，每一位用户都有唯一的身份认证 ID，用以记录学习者的学习行为。网络学习区的功能模块包括课程内容、学习指导、学习讨论、在线测试、在线答疑等，满足学生自主学习的全过程需求，提高了学习者在网络学习空间中的参与度，更好地激发了他们的学习热情。网络生活区主要是由个人博客、休闲娱乐、朋友圈、资料订阅等功能模块组成。学习者根据个人的兴趣爱好、学习任务寻找志同道合的学习者共同学习，分享资源和学习心得，形成了"从生活中来，到生活中去"的学习模式，与网络学习区形成了无缝对接。网络管理区一方面是为了管理整个平台，保证网络学习空间的有效运行，另一方面为了实现对学习者个人行为的统计，例如统计个人的登录状况、学习进程、测试成绩、论坛发帖量、博客活跃度等，从而更好地对学生的学习效果进行评价，也为学习者自主学习提供参考。

六、家校即时交流系统

尽管对于家校即时交流系统的认识不尽相同，但各种认识大同小异。其最早的雏形是 2002 年北京电化教育研究年会上提出建设"家校通"工程，主要目的是寻求教师、家长和学生之间沟通交流的一种有效方式，提高学校的管理效率，方便家长及时了解学生在校信息。随着"互联网+教育"战略的提出，教育信息化建设成为家校即时交流系统开发和应用的加速器，实用型的家校即时交流平台得到了很多中小学校的青睐，尤其是 Web 结合 Android 终端的平台架构设计，用户数不断增加，功能不断完

---

① 王华东，李亚娟. 一种云网络学习空间的设计与实现[J]. 郑州轻工业学院学报（自然科学版），2014，29(4)：96-99.

善，使得家校即时交流系统不断走向成熟。综观使用率较高的家校即时交流系统，其主要系统结构如图3-9所示。

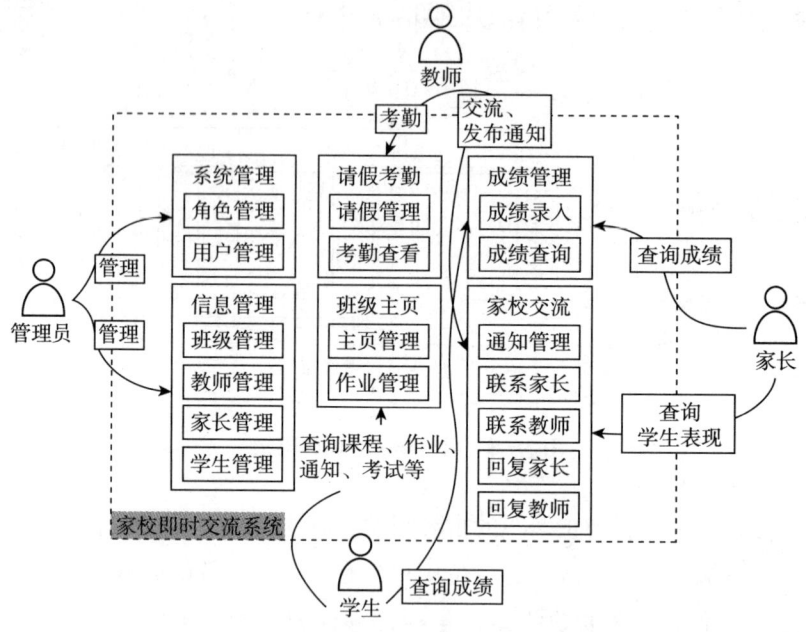

图3-9 家校即时交流系统结构图①

家校即时交流系统共有六个子系统，分别是系统管理子系统、信息管理子系统、请假考勤子系统、成绩管理子系统、班级主页子系统、家校交流子系统。整个系统按照主要的业务类型进行划分，每个子系统具有相对独立的业务功能。系统管理员主要负责系统管理和信息管理，系统管理模块主要是进行角色分类和权限管理，对用户实现增、删、改等功能；在信息管理模块中，主要对班级教师、学生、家长的基本信息进行管理和维护；请假考勤模块可以进行考勤签到和请假销假，家长和学生可以在该模块中向教师提交请假申请，学生返校后，教师可以对该请假信息进行销假处理操作；成绩管理模块主要包括成绩录入和成绩查询两个子模块，主要实现教师对学生成绩的录入和家长对学生成绩的查询等功能；班级主页是教师用户创建的，展现班级特色、文化、内容的主要模块，学生可以在首页中查看相应的课程内容、家庭作业、考试安排等信息，它用于辅助教师教学和学生学习；家校交流是家校即时交流系统的核心功能，主要实现家长与教师之间的交流，通过这项功能，家长可以轻松针对学生在校表现情况等问题和教师进行沟通，及时获得反馈。除此之外，教务管理人员和教师可以发送各类通知，实现信息的沟通。

家校即时交流系统的运行在学校、教师、家长和学生之间架设起了实时沟通交流的桥梁。教师和家长之间的联系更加紧密和频繁，家长随时可以获得学生进出校园的

---

① 孙祥玺. 某中学"家校通"信息管理系统的分析与设计[D]. 北京：北京邮电大学，2017.

信息，它也方便了学校的安全管理，让学生获得最大限度的保护，使教学工作也得到了有效的改善，实现了多方互利的目标。

第三节 教育大数据图景

一、教育新走向

教育信息化发展推动教育信息系统的广泛应用，上述以"三通两平台"为代表的信息化工程建设，在正常的教学、学习和管理过程中，每天都产生着大量的数据。大数据在改变我们学习方式的同时，也影响着整个教育行业，给学校教育和在线教育带来了前所未有的发展和挑战。大数据通过大量的信息收集、分析和处理，为教学改革和创新提供了新的机遇。[①] 大数据时代，学习者可以从慕课（MOOC）平台、视频公开课等系统中方便地获取课程其他学习者的评价、课程受欢迎度和在学人数等信息，并以此判断该课程是否是自己所心仪的课程，这是传统的远程学习平台所无法比拟的。[②] 在这种教育大数据的背景之下，教育将何去何从，引发了人们的普遍思考。

（一）大数据时代，学生如何学习

伴随着大数据分析体系中数据的飞速增长，数据时代学生的学习过程正发生着日新月异的变化。学生通过数据的分析，可以知道课程的重点、难点，学习的效率如何，是否已经掌握该门课程的前置知识，何时可以继续往下学习及对这门课的课程总结等。学生通过在线学习系统，可以更方便地与教师和其他在线学习者进行交流。大数据时代，学生需要熟练掌握基于大数据的学习系统，通过大数据分析自己课程学习的每个环节、知识点，把握自我学习状态，挖掘自己的学习潜能，给予自己最大的学习动力和自信。

（二）大数据时代，教师怎么教学

在大数据时代，教师需要充分利用网络资源，运用基于任务的教学方法和多元化的教学策略，以创新技术和变革教学模式激发学生的学习兴趣，充分利用团队合作的

[①] 卫平东. 教育信息化项目管理研究[D]. 北京：中央民族大学，2013.
[②] Jianbo W, Wei Z, Wanneng S. A Cognitive Learning Model in Distance Education of Higher Education Institutions based on Chaos Optimization in Big Data Environment[J]. Journal of supercomputing, 2019(75)：719-731.

方法让学生学会合作。利用大数据平台,能够有效地提高教学效率。① 大数据技术只是一个工具、一个平台,它不会破坏教学。教育中的某些部分被计算机所代替,教师需要熟练地将计算机所提供的分析数据转化为对学生的学习评价和下一步教学方式方法的评估。

(三)大数据时代,学校怎么管理

大数据优化了教育管理,为教育管理者提供了一个较为开放的平台,教育管理者可以有针对性地获取大量数据,并对数据进行实时添加、修改、分享。与此同时,大数据平台也包含了大量多变的底层数据及社会数据资源,可以对教育过程中的教育主题、活动、结果等数据进行及时处理,使教育管理变得更加有效和具体。大数据时代,学校的教育管理更加多元化,教育管理系统不仅作为教育数据的远程存储仓库,更作为一个专业平台进行数据处理,过程处理更为简洁、专业。②

二、数据图景架构

计算机和互联网技术的发展推动了数字化信息资源环境的构建,使得传统的教育时间和空间得到了拓展,从而实现了学校的教学、科研、公共服务和管理等相关信息流的收集、处理和整合。现今教育领域主要运营和管理的系统包括官方门户网站、学院网站和部门网站、教务管理系统、电子邮件系统、一站式事务中心、图书馆系统、就业创业系统、信息化建设管理系统、校医院系统、财务系统、后勤服务保障中心等,各个系统之间既相互独立也相互联系,轻松实现数据的统一和管理,也使教育资源得到了充分的共享,为实现一体化的管理提供了良好的基础平台。面对教育信息化进程中高速增长的数据量,传统的教育资源存储方式已经难以满足现今的存储要求,各教育部门也致力于在教育领域推广云计算技术等,实现海量数据的存储和处理。以下从教育大数据建设总体架构、系统数据采集、数据存储模型和运营评估模型四个角度对教育领域数据图景架构进行阐述。

(一)大数据建设总体架构

大数据建设总体架构主要由三个部分组成:数据治理层、数据存储层和数据服务层。数据治理层主要完成标准制定和数据规范等工作,包括根据业务需求采集结构化数据、半结构化数据以及非结构化数据,制定数据的相应规定,检测数据质量,筛选各类数据,实现数据的安全管理,等。数据存储层是基于硬件架构层构建的平台,主要包括传统的关系型数据库以及当前热门的 Hadoop 分布式数据存储,支持海量数据的存储和计算。数据服务层是在数据治理和存储的基础上,建设数据服务平台,满足

---

① Lei Z, Xiaopeng Y, Yuewei Z. Research on Cloud Platform Construction of Mathematics Education Curriculum under Big Data Background[C]. Hongkong: International Workshop on Advances in Social Sciences, 2018.
② 童威,黄启萍. 大数据时代教育的新图景与挑战[J]. 黑龙江科学,2018,9(7):132-133.

数据使用者对数据的各类操作，包括数据提取、展示、管理、决策等。

（二）系统数据采集

数据采集是信息系统建设的重中之重，信息系统数据采集主要包括数据抽取、转换、装载和清洗等，从数据产生之初到使用分析，需要进行一系列操作，从而构建教学管理数据仓库。然而，教育信息系统数据具有流动性大的特点，因此建立小规模且具有时间节点的数据采集工具，形成数据集市，成为教育数据采集的关键。① 图3－10是移动学习平台对学习者学习行为进行跟踪后形成的班级学情分析、学习报告。

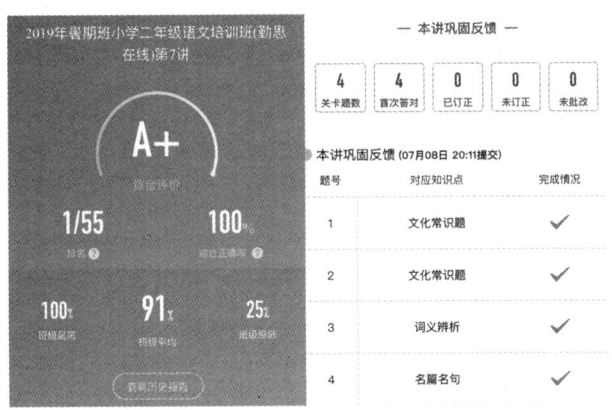

图3－10　移动学习平台学习行为跟踪与学情分析

（三）数据存储模型

早期，绝大多数学校采用集中式的服务器来存储资源，但随着资源和数据量的增大，逐渐出现了存储成本高昂、基础设施浪费、人员工作复杂等问题，传统的方式无法满足存储需求，因此教育信息化进程中面临的主要困难就是如何高效且低成本地对海量数据进行存储、管理和利用。伴随云计算、云存储概念的提出，关于大数据存储的研究如火如荼地展开了。现有的关于海量数据存储模型的研究主要是结合Hadoop集群技术，将数字化的资源和数据存储模型部署在Hadoop平台上，通过云计算的核心算法MapReduce对数据进行分类处理，并将其存储在HDFS分布式文件系统中，这种存储模型克服了资源分散和利用率低的问题，提高了存储效率。

（四）运营评估模型

运营的信息化系统是教育领域教学管理的重要组成部分。对学校而言，它是发布、管理、应用各类信息的主要平台；对于教师和学生而言，它是连接学校和自己的重要纽带。因此正确评估信息化系统，对改进教学工作和提高教学质量具有重要作用。对于系统运营评估模型，主要是利用系统论的观点，在分析系统结构的基础之上，建立评估模型。杨建民等人在教学系统评估模型的构建中强调教学系统是一个多

---

① 余鹏，李艳．大数据视域下高校数据治理方案研究[J]．现代教育技术，2018，28(6)：60－66．

层次、多属性、多标准、多变化的复合总体，评估指标体系不是简单、并列、无序地累加各因素的量值，而是按各因素的重要程度及联系、互动程度及各因素对教学工作的影响与作用，予以科学的定性定量，再进行综合。[①]

三、大数据治理

随着信息系统的应用和数据采集、数据存储技术的发展，学校不断打破数据孤岛，积累了大量的数据。教育行业在享受信息化建设和发展带来的丰厚成果的同时，也面临着数据准确度不高、标准不明确、数据来源不规范、数据应用不充分等诸多问题，这给教学、科研和管理带来了诸多不便，因此开展数据治理工作，使数据有序且规范化地存储和应用，是信息系统数据中心需要完成的核心任务。

"数据治理"通常归结为某种形式的数据控制和使用。其中"控制"通常采取"限制、拓展、状态"三种形式中的一种或多种形式。如今，对数据使用、质量、隐私和安全的严格监管要求越来越高，许多组织正在转向数据治理研究来解决这些问题。国外对于数据治理的研究最早始于 2004 年，H. Watson 等在实践过程中提出了"数据仓库治理"概念，拉开了数据治理研究的序幕。[②] 之后，陆续有学者投入到数据治理的研究中，主要典型的代表有 L. K. Cheong、Wende、Weber 等人，他们分别提出了数据治理的基本步骤、治理模型、决策模型，在医学、企业管理学等多个领域进行实验，取得了显著成效。与国外数据治理取得普遍关注不同，国内对于数据治理的研究非常少，大数据的兴起才打开了数据治理探索的新局面。2015 年，我国颁布《数据治理白皮书》国际标准研究报告，提出了数据治理的模型和框架，为数据治理的研究提供了规范性的文件，各领域专家学者也不断地与时俱进，结合领域的数据特点，提出了数据治理的新思路。教育领域要对信息化系统中产生的数据充分进行深度处理并实现数据的融合，当务之急是要做好数据的治理工作。综合各种数据治理的研究，校园数据治理的实施思路主要包含以下几个方面。

（一）数据潜在问题的分析

随着教育信息化数十年的稳步推进，现今不少学校可运行的系统达几十个，它们在实施过程中，累积了大量的数据，而这些数据分散在各个系统中，数据质量不高，维护成本却很高，无法实现精细管理，难以满足学校教学和管理的分析需求。因此，学校需要分析原始数据存在的问题，筛选历史数据，提高数据质量。

（二）主数据管理

教育数据包括实体数据和业务数据，实体数据描述的是具体的对象，而业务数据

[①] 杨建民，夏延斌，胡茂丰. 高校系级教学系统评估模型的构建与初步实践[J]. 高等农业教育，1999（2）：36-38.

[②] Watson H, Fuler C, Ariyachandra T. Data Warehouse Governance: Best Practices at Blue Cross and Blue Shield of North Carolina[J]. Decision support systems, 2004, 38(3): 435-450.

描述的是实体发生的业务活动，本质上讲，是多个业务实体之间的活动关系。主数据是整个数据治理中最核心的内容，主数据管理的目的是从学校的多个业务系统中抽取主数据并进行整合，进行数据治理，并以统一、完整的方式分发给其他业务系统应用。其主要实施步骤如图3-11所示。

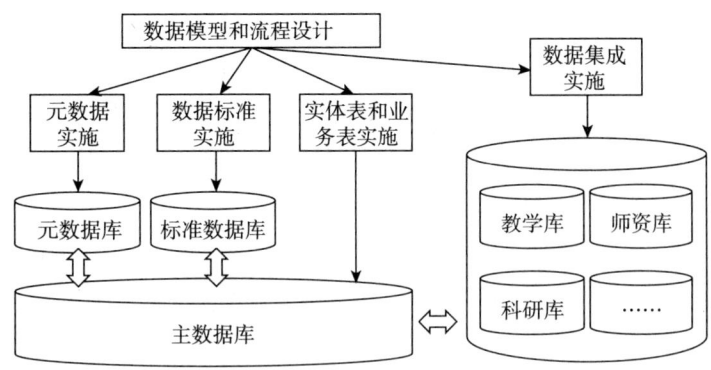

图3-11 主数据管理实施步骤①

（三）数据标准制定

数据治理需要以一定的数据标准为依据，数据标准作为杠杆则贯穿于整个数据运营的过程中，从而形成以完整性、有效性、一致性、规范性的数据为核心的大数据治理生态圈，数据标准的制定包括数据标准体系和数据标准内容的制定，如图3-12所示。

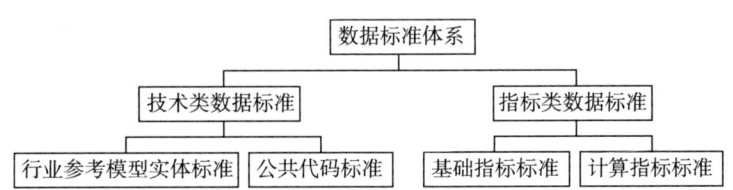

图3-12 数据标准体系结构图②

（四）数据质量管理

数据质量的优劣程度直接决定了数据的可用性，数据质量的审核工作主要是制定数据质量标准、完善审核机制以及加强数据质量跟踪过程，为数据平台的分析和决策提供整洁清晰的高质量数据。提升数据质量的方式和案例诸多，徐峰等人在教育数据治理实践中提出，以数据的深入应用、共享应用、跨域应用等方式来提高数据的质

---

① 李林，钱丹丹，黄婷婷，等．高校信息化数据治理探讨［J］．中国教育信息化，2017（9）：66-68．
② 余鹏，李艳．大数据视域下高校数据治理方案研究［J］．现代教育技术，2018，28（6）：60-66．

量。① 余鹏等人认为,数据质量管理需要贯穿于数据产生到数据使用的全过程,监控平台中非结构化和半结构化数据,为数据的广泛应用提供了一面"保护墙"。②

四、数据共享

数据治理规定数据筛选标准,保证数据的质量,然而教育信息系统在建设之初,缺乏统一的规划和标准,不可避免地会出现"数据孤岛"现象。例如系统之间的数据利用率低,各个部门信息共享不紧密,数据重复建设和数据浪费现象尤为突出。因此,在教育大数据和教育信息化背景下,无论是学校还是教育部门、政府、企业等都已经将数据共享作为教育大数据图景下重点实施的内容。

数据共享是在教育信息和数据的支撑下,利用现有的系统对数据进行整合,实现各个信息系统的互联互通,形成统一的数据封装,为校园的信息化管理和高效运营提供数据支持,为教育教学决策提供保障。关于教育大数据共享理念、现状、规范、平台和技术支持等,已经有了较为全面的研究,详见第四章。

小结与展望

当今世界,各国以经济和科技实力为基础的综合国力的竞争日趋激烈,且必将长期存在。这种竞争在很大程度上取决于人才的数量和质量,而人才竞争归根到底是教育的竞争。教育要与我国经济社会发展的战略目标和战略步骤相适应,才能为我国社会主义现代化建设提供足够的人才支持。为了实现这一目标,就必须深化教育改革,更新教育观念,改革教育内容和方法,逐步建立适应21世纪经济社会发展和现代化建设需要的新的教育体系。

教育信息化为我们展示了未来教育的美好前景,但是,我们必须清醒地意识到,信息技术的应用不会自然而然地创造教育奇迹。它可促进教育革新,也可强化传统教育,任何技术的社会作用都取决于它的使用者。教育技术发生变化,教学方法也得到相应变革,而教学方法的选择是由教师的教育观念所支配的。如果说信息技术是威力巨大的魔杖,那么教师就是操纵这魔杖的魔法师。因此,对于我国广大教师来说,面对正在迅速到来的教育信息化浪潮,认清教育改革的大方向,更新教育观念,并且懂得如何利用信息技术来支持教育改革和促进教育发展是十分必要的。

我国教育领域的发展与改革正面临前所未有的挑战,大数据与教育的结合成为时

---

① 徐峰,吴旻瑜,徐萱,等. 教育数据治理:问题、思考与对策[J]. 开放教育研究,2018,24(2):107-112.
② 余鹏,李艳. 大数据视域下高校数据治理方案研究[J]. 现代教育技术,2018,28(6):60-66.

代发展的必然要求。教育大数据是指整个教育活动过程中所产生的以及根据教育需要采集到的，一切用于教育发展并可创造巨大潜在价值的数据集合。本章在对教育信息化发展概述和信息化工程建设介绍的基础上，结合具体教育信息化系统，分析学校产生的数据模型，勾画教育大数据图景，浅析数据治理，构建理想化的异构数据融合和数据共享，在教育信息化工程中追寻数字踪迹。运用收集到的数据，可以对多种教学现象或教学对象进行分析，例如成绩关联分析，即利用阶段成绩和参与度回归分析筛选出临界生、学习方法差生、学习习惯差生；精准教研，即分析参与度波动诱因，结合经验给出课堂设计的改进建议；学科教学对比，即教学设计、课堂教学、课堂辅导教学技能表现性分析；教师成长曲线，即判断哪种教学模式下，采用哪种教学行为有利于或不利于课堂效率提升；学科常模，即区域、学校、学段、学科的教学水平差异等。诸如上述的数据分析都是教育信息化的具体表现。

教育信息化是实现教育现代化的基础和条件，是教育现代化的重要内容和主要标志，以教育信息化带动教育现代化是当今世界教育改革与发展的共同趋势。本章通过探寻教育信息化过程中的数字踪迹，从宏观的角度描绘了教育大数据的美好蓝图，然而进一步的优化与细节的实现还需要深入研究。

第四章　教育大数据安全与共享

　　教育大数据是我国教育现代化建设的必然要求，其核心价值体现在驱动国家教育决策科学化、驱动区域教育资源均衡发展、驱动学校教育质量提升等各个方面。教育大数据只有通过共享才能得到最大化利用，那么如何实现教育大数据的共享？如何解决教育大数据共享的机制和安全问题？本章将结合教育大数据实例，探讨安全与共享问题。

导读：

共享——教育大数据的灵魂

教育大数据共享现状

教育大数据共享与安全政策

第一节 共享——教育大数据的灵魂

随着信息技术的飞速发展,其他一些科学技术也在加速更新换代。数据共享可以使更多的人更充分地利用已有数据资源,减少资料收集、数据采集等重复劳动和相应费用,从而把精力重点放在开发新的应用程序及集成系统上。教育大数据发展新时代的到来给教育的形式带来了巨大的改变,也给教育部门提供了新的启示。[①]

一、共享理念

早在先秦时期,共享理念就已出现。荀子有言,"天下之人,唯各特意哉,然而有所共予也"。他认为,尽管社会中每个成员各自的想法和追求不同,但也有许多共通和能共享的东西。党的十九大报告明确提出要"打造共建共治共享的社会治理格局","推进国家治理体系和治理能力现代化",这不仅对我国新时代下国家治理提出了新要求,更体现出共建共享的思想。共享是社会成员思想和利益表达的本质特征,也是实现和谐相处的社会基础。

共享作为一种社会现象,首先表明了一种关系。共享关系一般联系着有特定目标和任务的人群,他们关注有价值的共有资源,相互之间协调行动,形成或松或紧的组织结构,在此基础上进行资源的重新分配。所以共享总是伴随着这样一些活动:分担、协作、所有成员共同参与。随着社会化程度的提升,社会成员的共享活动也越来越频繁,因此资源的利用程度也水涨船高。[②] 在大数据时代,社会个人排斥共享、独占资源已变得不切实际。数据共享成为现代教育科研、社会生活的常态。

二、数据共享

自20世纪以来,云计算和物联网等新技术渐次登上历史舞台,使得计算机、手机、平板电脑等智能设备时时生成海量数据并进行高效交换共享,由此大数据共享时代逐渐来临。数据共享的逻辑起点是它的资源属性,数据具有显著的价值并可以通过广泛应用以获得巨大的社会财富,从根本上满足科学进步与创新、社会发展与安全等

[①] Shang, Juanye. Analysis on the Security Policy of Education Big Data Based on the Cloud Environment[C]. Tokyo, Japan: Advances in Social and Behavioral Sciences, 2015.

[②] 罗志勇. 知识共享机制研究[M]. 北京:北京图书馆出版社, 2003:11.

多种需求，构成信息爆炸时代最基本的战略资源。①

数据共享是数字时代和知识经济时代的重要内容，让在不同地方使用不同计算机、不同软件的用户能够读取他人数据并进行各种操作运算和分析。数据信息的共享必须建立在具有广泛性和约束力的组织的基础之上，并且参与各方均能从中获取回报，以使得这种共享关系可以长期化。2016年，习近平总书记在主持召开的网络安全和信息化工作座谈会中肯定了数据共享是当今乃至今后一段时期我国经济社会发展的总趋势和总要求。数据共享是公众获取数据的基础，是不同主体在同一公共平台平等获取数据资源权利的保证。数据共享能实现数据资源的重复利用，降低数据收集成本，实现同类数据效益的最大化。在大数据环境下，各主体可以更便捷地共享数据资源，这样既能节省成本，又能创造更大的社会效益。认识一个概念或者是某种事物一般从两个方面展开，一是探究事物的本质，二是从多角度进行综合分析。数据共享从宏观到微观可从如下三个层面进行理解。②

（1）宏观层面上的数据共享是国家层面的数据共享。从宏观层面上，国家对基础数据的大规模汇集和整合进行统筹，促进跨地区、跨行业的数据共享与融合。

（2）中观层面上的数据共享是行业和机构的数据共享。对这一层面的行业和机构而言，数据共享意味着合作与共赢，在数据的利用效率、数据的重用性提高和社会成本的节约上起到了举足轻重的作用，并为行业发展和机构营利创造了更多的可能。

（3）微观层面上的数据共享是个体层面的数据共享。社会成员的一系列活动累加成庞大的数据，对个体而言，上传和下载数据是数据共享的主要形式。此后通过对数据进行加工和整理形成个人知识，再对这些知识进行分析，最终实现决策和目标。同时通过个体的数据共享，便可获得群体的信息和知识。

共享的思想本质就是开放，在许多领域，开放数据便能够产生价值。前面已经简单提过数据共享能创造更大的社会效益，比如在19世纪，通过将黑死病死亡率数据和饮用水井的地理分布信息联系起来，斯诺博士发现了饮用水和黑死病之间的关系，此后伦敦在此基础上建造了全新的排污系统，并大幅度改善了公众卫生状况。我们期待在数据共享后，类似的社会进步能够再次发生，期待数据在开放共享中不断创造新的价值。

三、教育大数据共享

对大数据的理解有很多，通常而言大数据的核心特征常被概括为4V特征，即数据量大、输入和处理速度快、数据多样、数据具有潜在价值。在学校的教育、教学、科研、管理等各种教育活动中都会产生大量的数据，我们称之为"教育大数据"。一

---

① 黄鼎成. 科学数据共享的理论基础与共享机制[J]. 中国基础科学, 2003(2): 22-27.
② 赵阳, 文庭孝. 大数据共享及其障碍分析[J]. 高校图书馆工作, 2017, 37(4): 44-48.

般对教育大数据的定义是整个教育活动过程中产生的以及根据教育需要采集到的、一切用于教育发展并可创造巨大潜在价值的数据集合。[①] 数据表达事实属性的度量，数据的组合即信息表达事物存在的属性，当人们增加对信息的理解和应用时，信息就转化成了知识。著名知识管理专家达文波特认为，我们以多种增值的途径将信息转变为知识，如果人的理解、行动或者应用停止，知识就会反过来蜕变为信息和数据。[②]

大数据从概念推广到技术落地，在教育领域中逐渐与业务相结合，成为驱动教育发展的主要动力，促使我们以一种全新的角度看待与教育数据相关的技术和价值。教育大数据的发展趋势呈现出教育开放程度不断提升、数据规模逐渐壮大、非结构化数据不断增加、数据分类更加精细化和数据创新应用的成效初步显现等特点。教育数据作为公共数据的一个重要内容，无论是在数据开放数量、质量、粒度，还是数据创新应用程度上，都有着明显的开放成效。[③] 大数据的本质就是获取知识，而教育大数据的本质就是相互获取知识的能力。从这个层面上来说，教育大数据反映了一种共建共享的开放思想。教育大数据共享是一个动态的过程，而不是一个静止的状态，因此它没有一个确定的静态的定义。理解教育大数据共享可从共享的完整过程入手，教育大数据共享分为共享主体、共享客体、共享载体和共享环境四个方面。[④]

（1）教育大数据共享主体是指对于学校的教育大数据进行开放共享的主体。主体可以是教育团体、科研团队以及创新团队等，也可以是作为个体的人，如学生、教师等，还可以是组织机构，如学校及其各职能部门、企业、政府机关等。

（2）教育大数据共享客体是指由学生学习行为大数据、教师教学行为大数据、学校教育资源大数据和政府教育管理大数据共同构成的资源集合。

（3）教育大数据共享载体是指主体和客体之间充分共享必须借助的一定形式的、可操作的、实践性的载体，这个载体可简单理解为共享平台和保障共享的技术。平台在满足共享主体的资源需求、促进共享客体的最大化利用等方面将发挥着关键作用，而恰当的共享技术的使用则是保障共享进行的基础。

（4）教育大数据共享环境是指影响教育大数据顺利开展共享的因素，以及全面保障教育大数据共享的制度和政策。

大数据时代，教育数据成为变革教育的战略资产和科学力量，而实现教育大数据的共享，有望突破和解决教育发展和改革的瓶颈。教育大数据共享对一个单位或者区域的教育发展，特别是对于消灭数字鸿沟，推动欠发达地区教育发展具有重要意义。大而言之，教育大数据共享能够促进教育公平，推动教育均衡发展，提高教育整体质

---

① 杨现民，王榴卉，唐斯斯. 教育大数据的应用模式与政策建议[J]. 电化教育研究，2015，36(9)：54-61，69.
② 方海光. 教育大数据：迈向共建、共享、开放、个性的未来教育[M]. 北京：机械工业出版社，2016.
③ 胡摆. 教育大数据开放和共享的安全战略研究[D]. 天津：天津大学，2017.
④ 赵阳，文庭孝. 大数据共享及其障碍分析[J]. 高校图书馆工作，2017(4)：44-48.

量,推动全国教育与社会科学快速发展。2012年5月28日,教育部在全国教育信息化试点工作座谈会上明确提出:"十二五"期间国家教育信息化的核心目标和标志工程就是建设"三通工程",即"宽带网络校校通、优质资源班班通、网络学习空间人人通","三通工程"是一个有机整体,"三通"之间有着深刻严密的内在联系,我们必须从整体上去把握。"教育资源云平台"和"教育管理服务云平台"都是为"三通工程"服务的,运用信息化手段为教育提供优质资源、提供优质的管理与服务,直接落脚点还是资源共建共享。由此可见,教育大数据共享的最终目的是推动教育更好更快发展。①

第二节 教育大数据共享现状

一、大数据共享的时代背景

当今世界上很多国家都已认识到大数据共享对于未来的意义,并开始在国家层面进行相应的战略部署。如美国白宫启动总统长期专项"美国全球变化研究"项目,旨在建设"全球变化数据信息网络",达到建造世界上最强大的科学数据共享体系的目的。英国于2012年6月发布《开放数据白皮书:释放潜能》,推进公共服务数据的开放,后又发布了《把握数据带来的机遇:英国数据能力战略》,制定了提升数据分析技术、加强国家基础设施建设、推动研究与产业合作、确保数据安全存取和共享等举措。2013年,日本安倍内阁正式公布了新IT战略——"创建最尖端IT国家宣言",要求尽快建立跨政府部门的信息检索网站,以便于企业利用政府的大量信息资源。关于个人信息、隐私保护等问题,日本政府成立研究机构针对法律措施的必要性问题等展开讨论。

2013年以来,我国遭遇了国家顶级域名".CN"被攻击而致网络瘫痪、宽带接入路由器劫持等事件,这些事件都是重大信息安全问题,是互联网业务发展带来的新风险。国家采取了相应措施,2013年11月,十八届三中全会决定成立国家安全委员会。2014年2月,中央网络安全和信息化领导小组成立,习近平总书记亲自担任组长。2014年5月22日,国家互联网信息办公室发布消息称,为维护国家网络安全、保障中国用户合法利益,将启动网络安全审查制度。至此,我国对大数据的共享发

---

① 张再富. 教育资源共建共享建设的几点思考[J]. 中国教育信息化,2012(22):81-85.

展也逐渐重视起来。

《国家中长期教育改革和发展规划纲要（2010—2020年）》中明确指出：一是合理配置教育资源，切实缩小校际差距、城乡差距和区域差距，把促进公平作为国家基本教育政策，形成惠及全民的公平教育，同时到2020年基本实现义务教育区域内均衡发展；二是加强优质教育资源开发与应用，不断扩大优质教育资源总量，更好满足人民群众接受高质量教育的需求。2015年，国务院印发《促进大数据发展行动纲要》，提出要"大力推动政府部门数据共享"。2016年，国务院发布《"十三五"国家信息化规划》，在重点任务分工方案中明确要求"推动信息跨部门跨层级共享共用"。2017年，国务院办公厅印发《"互联网+政务服务"技术体系建设指南》，用大量篇幅对"互联互通与信息共享"进行了规范。在推进政务服务深化改革的过程中，研究探索如何摸清现状、排除障碍，保证政务服务数据的高效共享，对进一步优化办事流程、提升服务质量、落实信息惠民，具有重要的现实价值与理论意义。

二、大数据共享关键技术

大数据技术的发展，为教育大数据的共享开创了快捷的通道，扩大了教育大数据共享的范围并降低了共享的成本。数据共享一般要遵循四大原则：① 科学性原则，数据共享方式要科学合理，满足数据使用方的应用需求；② 统一性原则，同一数据提供方的分享方式要统一，公共数据的代码应参考国家相关标准（GB）或推荐标准（GB/T）；③ 扩展性原则，数据共享设计时需充分考虑数据范围扩充、时间增量等问题；④ 安全性原则，数据应在双方约定的权限范围内分享。①

当前教育大数据共享技术主要采用两种方法：一种是将存储在硬盘上的数据进行拷贝进而共享；另一种则是依赖于计算机网络进行共享。目前国际上教育大数据共享的管理和应用的发展趋势是充分发挥计算机与网络的功能。传统数据共享技术有数据库技术、FTP技术、P2P技术、邮件技术、Web Service技术等。大数据背景下，数据量大且种类多，既有结构化数据，也有半结构化数据和非结构化数据，因此在共享过程中对数据传输量、传输速度、传输容错率以及数据接口的处理要求也就更高。因此新的数据共享技术如基于云环境和云计算的数据共享技术、基于Hadoop架构的数据共享技术日益成为主流手段。下面对几种常用技术进行简述。

1. 分布式数据库技术

随着计算机网络技术的发展和应用，传统集中式的数据库系统已无法满足分散的管理系统要求，分布式数据库以及分布式存储建设成为数据管理的趋势。分布式数据库具有物理上的分布性和逻辑上的统一性的特点。用户只与一个服务器连接，就可以用访问本地数据库一样的命令同时访问不同地点甚至异构的数据库，使得分布在不同

---

① 邓灵斌，余玲. 大数据时代数据共享与知识产权保护的冲突与协调[J]. 图书馆论坛，2015(6)：62-66.

地理位置上的计算机能够实现数据的通信和资源共享。

2．网格技术

网格技术是动态多机构虚拟组织中的资源共享和协同问题解决技术。网格技术作为中间的黏合剂来实现系统的用户管理、资源信息管理、作业管理和安全认证管理等功能，保障计算系统的可靠运行。网格必须满足三个条件：① 协调使用非集中控制的资源；② 使用标准的、开放的和通用的协议和接口；③ 提供非平凡的服务质量，网格允许它的资源被协调使用，使得联合系统的功效比其他各部分的功效综合要大得多。

3．互操作技术

分布式数据库、信息系统和网格技术为信息共享创造了条件，而互操作就是实现共享的关键技术之一。如在地理信息的互操作之中，WebGIS 和 ComGIS 是针对同构系统，即相同的软件平台的分布式信息系统的数据和硬件资源的共享和互操作。不同的软件平台之间，可使用 OpenGIS 规范来实现。

4．元数据技术

元数据是一种用于描述数据的数据，主要用于计算机系统之间共享数据时对数据进行说明，实现不同系统对同一数据的处理的一致性。通过元数据，人们能够对数据的适用性进行详细、深入的了解，包括数据的内容、用途、格式、质量、处理方法和获取方法等各方面的细节，从而确定它们是否符合自己的需要，并可使用元数据中提供的获取方法最终取得数据。因此，元数据是实现数据共享特别是实现网络数据共享的重要技术。①

5．信息安全技术

现代意义上的信息安全技术发展总是跟计算机的发展紧密结合在一起。当前安全技术研究着眼于密码基础研究、基础设施安全、安全协议、安全服务等方面。在信息安全技术中，身份认证和访问控制对保证教育大数据共享过程中的信息安全具有突出意义。身份认证的研究主要集中在认证的凭证和认证协议上，比如口令、证书和智能卡等，而访问控制是和身份认证紧密结合的技术，用户通过身份认证后，访问控制授权该用户相关系统的使用权限。

三、教育大数据共享规范与平台

教育大数据共享平台的构建是为了满足共享主体的资源需求、促进共享客体的最大化利用。建构教育大数据共享平台，将数据整合到统一的数据共享平台上能有效地解决"数据孤岛"问题，并且为数据的共享提供更好的服务。建设数据共建共享平

---

① 王国复，涂勇，王卷乐，等．科学数据共享中的元数据技术研究[J]．中国科技资源导刊，2008，40（1）：30-37．

台,不影响、不妨碍数据建设者个人或机构获得一定的利益。但是数据共建共享平台中大量的资源应当是免费的、公开的、带有公益性的。一个互联互通、共建共享的网络资源平台,不管出于何种目的,让更多人参与资源共建共享是主要目标。建好一个数据共享平台除了要有上述好的技术支撑之外,还需要相应的数据共享规范支持。下面对几种常见的数据共享规范框架和平台进行介绍。

(一)常见的数据共享规范框架

1. xAPI 规范

xAPI 由美国"高级分布式学习"组织发布,是一种用来存储和访问学习经历的技术规范。其中学习经历跟踪部分定义了如何跟踪学习者的学习经历数据和允许采集到的学习经历数据在获得授权的系统间实现共享。xAPI 通过对数据的检索、读取和写入功能的提供,使得其他系统能够在网络环境下链接并使用这种服务,实现数据的共享。即 xAPI 规范定义了如何记录学习经历数据和学习经历数据存储、检索的规则。开发者只要实现了这些规则,便可以创建基于 xAPI 的学习经历跟踪服务,这种服务可以安全地存储并能被传输到其他特定的系统中,实现数据共享。[1]

2. SCORM 规范

SCORM 全称为 Shareable Content Object Reference Model,翻译为共享内容对象参考模型(或共享组件引用模式)。和 xAPI 一样由"高级分布式学习"项目制定。该项目的主旨是促成美国联邦政府各个部门、企业、军事、教育和培训机构之间的协同合作。SCORM 的核心概念是"教材的再用与共享",强调教材可以通过统一的格式跨平台,真正达到可重复使用,成为更符合学习者需要的标准规范。SCORM 规范描述了一个调配模型,提供了一些能够被广泛接受和贯彻执行的数字化学习标准,包括关于学习者和学习对象之间的信息交流的应用程序编程接口、一个描述这些信息的定义数据模型、一个实现学习内容互操作的内容包装规范、一些描述学习内容的标准元数据元素以及一些用于组织学习内容的标准的排序规则。

3. CELTS 体系

CELTS 为中国网络教育技术标准体系,是我国教育部通过全国信息技术标准化技术委员会教育技术分技术委员会颁布的标准体系。CELTS 体系是由指导性、教学资源、教学环境、学习者和教育管理等标准项目组成的加强教育资源的标准化项目,有效地促进了数据共享和数据的再利用。CELTS 体系的标准组成项目如图 4-1 所示。[2]

---

[1] 顾小清,郑隆威,简菁. 获取教育大数据:基于 xAPI 规范对学习经历数据的获取与共享[J]. 现代远程教育研究,2014(5):13-23.

[2] 方海光. 教育大数据:迈向共建、共享、开放、个性的未来教育[M]. 北京:机械工业出版社,2016.

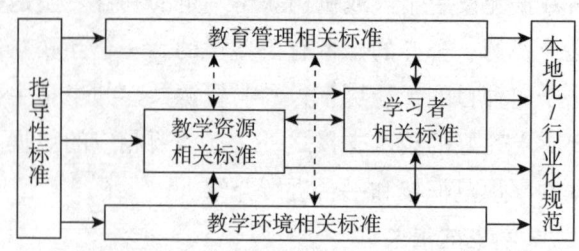

图 4-1 CELTS 体系的标准组成项目

（二）常见的教育大数据共享平台

1. 世界大学城云平台

世界大学城云平台是经我国工业和信息化部批准的致力于打造全球一体化的远程教育平台。平台以云计算、Web 2.0 理念与技术为基础，以机构平台和用户空间为构建元素，力求实现平台空间互联互通、共建共享。在世界大学城云平台下又包含如中国小学云平台、中国初中云平台、中国高中云平台、中国高等院校云平台、中国中职院校云平台、中国高职院校云平台等各个子云平台。世界大学城云平台是一个实名制的、组织化的、可控可管的体系，是一个专业从事教育教学工作及管理的平台，可以有效促进教育均衡发展，提高教学质量和教学水平，也是教师开展教学、教研、学习、互动的平台，是教师工作、学生学习、家长互动的帮手。世界大学城云平台的核心理念是"大家帮大家，找到你想学习的一切"，建设全面符合教育部推动的高标准和督查要求。所有的资源都可以让大家来分享，学会分享不仅是一种个人美德，也会使个人不断展现自己、提高自己。

2. 中小学教育联盟网

中小学教育联盟网是依托于国家基础教育资源共建共享联盟而创立的一个教育资源站点。该平台涵盖了小学到高中各学科的课件、教学视频、试卷和题库等资源。网站进驻的中小学学校已达到 4 300 多所，所有学校开通网络节点。网站实名注册的教师和学生人数为 73 万余人，审核通过的优质中小学教育资源 6 万余条，其中视频课件 1.5 万余课时，其中包含中国人民大学附属中学、北京师范大学附属中学、山东实验中学、哈尔滨市第三中学、太原市第五中学等学校的精品资源。中小学教育联盟网以基础教育资源中心建设为抓手，努力架起跨区域、跨校际的教育资源共建共享平台，推动优质教育资源共享。

3. 区域教育大数据共享平台

全国性的教育大数据共享平台的建设并非一朝一夕可以完成的，然而区域教育大数据共享平台的建设是建设全国性教育大数据共享平台的基础。优质区域教育大数据共享平台建设的目的是使优质教育数据在全社会的教育群体中得到广泛、充分和深入的应用，发挥其最大的效益和效能，从而有效地提升教育教学质量。目前我国许多城市建设了基于云计算的教育大数据共享平台,实现了区域优质教育数据的共建共享。下面以浙江省和西安市为例进行简要介绍。

浙江省根据《浙江省中长期教育改革和发展规划纲要(2010—2020年)》和《浙江省教育信息化"十二五"发展规划》的基本要求,开通了浙江教育资源网,为社会各界教育人士提供各类优质教育资源,实现教育数据共享。西安市以出台的《西安市教育局关于大学区优质教育资源共享平台建设与应用的实施意见》为指导意见,在西安教育网的基础上建设了基于云计算的"西安市优质教育资源共享平台",有效破除了区域、校际资源壁垒,通过对各类教育教学资源平台的整合实现数据共享。①

四、教育大数据共享存在的问题

教育大数据共享的效率和共享程度受多层次、多维度因素的共同影响。目前国内虽然已有很多关于教育大数据共享的研究,但这些研究未成体系,并且在具体的实施过程中还存在诸多问题。下面将从四个方面对教育大数据共享中存在的问题进行讨论和分析。

(一) 缺乏共享意识

共享意识包含共享观念和共享行为,教育大数据共享活动受共享意愿、共享动机、共享风险等约束,使资源拥有者不愿意轻易将手中资源共享,同时需求者也不敢轻易使用共享资源。具体表现可归纳为以下两种情况。第一种情况,教育大数据共享后的预期利益具有不确定性。教育大数据作为资源,是否可获得共享活动后的认可以及互利互惠,是拥有者对教育大数据是否进行共享的基本判断条件。第二种情况,教育大数据共享活动本身或将带来风险。共享教育大数据本身存在敏感性、隐私性等问题,拥有者可能考虑到资源被使用者误用等因素而不愿共享。共享动机匮乏,使得教育大数据共享活动从源头上得不到保障。

因此,有关机构需完善与共享活动相关的政策法规,明确共享各方的权益和共享层次,打造规范的共享环境,保障共享数量和质量,共同塑造完善的教育大数据共享观。②

(二) 缺乏对数据标准化的重视

对数据标准化重视程度不够是导致目前教育数据难以共享的另一个主要原因。由于早期教育数据建设缺少统筹规划,教育数据标准化问题没有引起足够的重视,数据互操作不易,即一个系统输入输出的数据流及数据格式难以被其他系统所识别、整合和交换,因而不便用于数据分析。数据格式缺乏标准、数据服务难以扩展等都会造成

---

① 王静. 基于智慧教育云平台的区域教育资源共享建设研究[J]. 教育现代化,2018,5(22):119-121,149.

② 欧阳秋梅,吴超. 安全大数据共享影响因素分析及其模型构建[J]. 中国安全生产科学技术,2017,13(2):27-32.

"数据孤岛"现象的产生。数据交汇时要求遵守一定的标准,数据提供方的分享方式要统一,各类型数据参考其通用标准、国家标准或专用标准。数据的保管和使用是数据共享的主要环节和主要内容,要对数据进行持续的维护以确保其在技术层面的可读取性、可理解性和可持续性。

（三）缺乏数据安全意识

安全与隐私的问题自大数据概念诞生以来便一直伴随其左右。要真正实现教育大数据共享,除了有强大的数据处理和分析等关键技术外,在开放的数据共享中出现的电信诈骗、网络黑客以及计算机病毒的攻击等安全问题成为制约教育大数据共享发展的另一大方面。首先,数据拥有者和使用者的安全意识相对淡薄,数据的拥有者对数据安全的重要性认识不够,自觉维护数据安全的观念不强,无意间造成数据的泄露。其次,数据使用者缺乏对数据信息安全的相关政策、法律法规和标准规范的了解,肆意地乱用数据,甚至做出违法的举动。

总体上看,教育大数据安全处于被动的封堵漏洞状态,从上到下普遍存在侥幸心理,没有形成主动防范、积极应对的全民意识,更无法从根本上提高网络监测、防护、响应、恢复和抗击能力,留下了诸多的安全隐患。所以我国在运用和推广教育大数据的同时,必须重视教育数据的安全和个人隐私的保护,以此保障我国教育数据的合法运用。

（四）缺乏有效的共享机制

制约教育大数据共享发展的另一个主要原因是缺乏数据共享机制。教育大数据共享机制指的是教育大数据共享的内在方式和途径,同时也包含调控的手段和方法,即共享中各个要素之间相互作用的过程和需要遵循的各种政策和制度,因此教育大数据共享机制包含了教育大数据的技术和平台,也包含了共享过程中应该遵循的政策和制度。就全国而言,各个学校和地区之间互相隔离封闭,没有连成一片,缺乏统一的调配和管理,只能在本校或某一地区实现教育大数据共享。同样,在数据汇集时需要建立统一的标准与规范。同时大数据的来源多样,数据类型繁杂,所以需要对共享的各个方面进行规范。

五、教育大数据共享机制

共享是一种观念,教育大数据共享活动受共享意愿、共享动机、共享风险等约束,资源拥有者不愿将手中资源共享,同时需求者不敢轻易使用共享资源,以及一些相关政策、制度等,无不制约着教育大数据共享前进的步伐。同时我国教育资源大多不均衡地分布在各个省份,有的省份教育资源多,而有的省份则比较稀少,并且就全国而言各单位教育资源相互隔绝,没有形成一个统一的调配共享机制。因此构建一个教育大数据共享机制的重要意义不言而喻。

"机制"一词从机械构造理论中产生并逐渐应用于其他领域。在社会科学领域中,机制指的是事物运动变化的内在联系。从 20 世纪开始我国社会各界就对机制问题表现出了极大的关注，经济运行机制是较早的关于机制的有关概念，与经济体制相对立，指的是实现目标的调节手段、运行方式、实现形式。教育大数据共享机制指的是教育大数据共享的内在方式和途径，同时也包含调控的手段和方法，即共享中各个要素之间相互作用的过程和需要遵循的各种政策和制度。

教育大数据共享是在一个机制框架内进行的，机制建设的状况直接影响着共享的成效，机制的作用就是保证教育大数据的有效共享，降低数据的搜索与交易成本。所以探究一种内在的、有效的教育大数据共享机制成为一项非常必要的工作。

首先，教育大数据共享与人际协作密不可分，因而需要依赖相关的技术和载体。构建教育大数据共享机制的基础就是技术构建，而技术构建中又包括相关的共享技术、共享规范和共享平台。其次，能动的共享平台在一定的社会环境中起作用，教育大数据的共享主体的规范构建成为必然要求，即对于政府、学校和个人等进行组织的建构有利于教育大数据共享的有效进行，利用组织间的协同工作可减少数据共享的阻力。最后，文化观念属于意识形态中具有相当大的能动作用的存在，文化观念渗透到教育大数据共享中的各个方面，尤其影响着组织的工作方式和人们的行为，文化建设对教育大数据共享的建设起到正面支持的作用。

上面已经介绍了教育大数据共享机制中的多种构成部分，虽然不够完备，但足以说明教育大数据共享机制的复杂性。教育大数据共享机制还是一个新生事物，尚未形成统一的体系，本节在总结前人研究的基础上对教育大数据共享机制做了一个简要的阐述，以期推动教育大数据共享机制更为深入的研究。

第三节 教育大数据共享与安全政策

大数据时代的来临在教育资源的提升和传播方面起到了很重要的作用，云计算的有效性和可信度使得大数据在教育资源中的挖掘和分析变得更高效。但是随着大数据在教育领域中的进一步应用，越来越多的安全问题暴露出来，比如数据泄露、安全分类不清晰、未知许可等等。[①]

---

① 李青，李莹莹. 大数据时代学习者隐私保护问题及策略[J]. 中国远程教育，2018(1):29-36.

一、教育大数据共享中存在的安全问题

在教育领域，随着教育信息化的发展和教育大数据共享思想和平台的推广，越来越多的教育数据为各种系统所获取和利用，其中也包含一定数量的隐私信息。近年来，随着互联网技术在全球的飞速发展，人类社会已被裹挟进大数据时代，个人隐私问题也正日益困扰着日新月异的中国。早前，顺丰斗菜鸟，华为搏腾讯，行业巨头纷纷陷入用户数据之争的新闻亦曾引爆舆论圈。不同于一般的消费领域，数据隐私的保护在教育领域更加重要，不仅涉及孩子成长、家庭希望，也关系到社会发展甚至国家安全，其影响不可小觑，值得我们关注和深入探究。教育大数据共享的过程涉及数据的采集、存储和使用，有学者将大数据隐私分为两大类别：监视带来的隐私和披露带来的隐私。

在教育大数据共享过程中，教育大数据的重组、分析、挖掘很有可能引发一系列涉及学习者隐私的问题。如美国的 inBloom 公司与盖茨基金会在内的多个机构和全美九个州的教育机构进行合作，进行数据共享，该公司收集了学习者各个方面的信息，既包括家庭住址、经济状况、考核成绩，也包括健康状况和纪律处分等信息。这些被收集的信息涉及许多个人隐私，并且这些数据可以被学区和学校分享给第三方公司。inBloom 公司的这种数据共享方式遭到了家长和隐私权维护组织的强烈反对，最终公司破产倒闭。其失败原因在于数据使用方在未获得合法授权的情况下使用信息，大数据资源的公开与共享诉求与学生的数据隐私保护存在冲突。

总的来说，在教育大数据共享中存在的安全问题可以从以下两个方面讨论。

第一，个人数据的保护机制不成熟。个人数据是大数据的主要来源，其价值在于被共享之后的充分整合和挖掘利用。关于个人数据保护的观点一般采用隐私权的理念，其目的在于保护数据主体拥有决定对其相关的数据是否共享和在多大的范围内进行共享的权利。但是大数据时代讲究的是数据之间的关联性，零散的数据经过个人同意被取得后进行整合依旧有可能产生消极的后果。数据共享时代的来临，数据主体不仅丧失对自身所产生数据的绝对性的所有权和支配权，而且对于产生与自身相关的数据信息的事实全然不知。数据的共享性使数据能够有机整合与分析，将看似并不相干的数据放在一起，从而精确定位数据主体。这种数据利益最大化严重忽视了政府以及学校对个体一般人格权的尊重与保护。个人隐私数据往往能产生巨大的商业价值，所以对于个人隐私数据的保护是防止个人数据被乱用的前提。对于个人用户来说，要想保护自己的隐私数据需要注意以下几个方面。首先，注意网络应用对于个人信息的采集。网络应用对于个人数据的采集一定要引起足够的重视，对于不是必须提供的内容，要尽量谨慎对待。其次，选择信誉好的大型网络平台。大型网络平台往往都有较为完善的安全防护措施，对于个人隐私数据的保护也会更加全面，所以尽量选择大型互联网平台进行各种网络操作。再次，掌握一定的网络安全知识。掌握一定的网络安

全知识能够提升对自身隐私数据的保护，比如定期清理电脑上的历史文件、安装必要的防护软件等等。

第二，数据跨境流动带来安全隐患。随着现代科技的迅猛发展，经济社会各领域信息化程度不断提高，其所赖以存在的载体数据之重要性亦随之日益凸显。尤其是互联网下的共享经济，数据变得愈发重要。然而，静态的数据拥有并不能产生人们所期待的效益，唯有在交易流动中方能凸显数据在现代经济生活中的作用并促其效益最大化。发达的互联网为数据的流动和共享带来巨大便利，互联网的无国界也为数据的跨境流动提供了可能性。因此，与数据流动相关的规则与治理面临更多挑战，暴露或诱发更多的安全隐患，继而需要国家依法对此予以回应并采取相应措施。数据的跨境流动和共享导致了个人数据的保护难度加大与泄露风险进一步扩大，同时更强化了国家安全层面对于数据的有效控制。以跨国公司为代表，母子公司之间会进行跨境的数据流动与数据共享，然而跨境的数据储存与传输往往会涉及国家的信息安全与主权稳定等诸多因素。教育大数据中包含的学生信息关乎国家未来的发展，因此明确国家数据主权的归属以及制定相应的数据安全法律法规对任何国家而言都是至关重要和迫在眉睫的。

二、教育大数据安全政策

目前国内外关于教育大数据中隐私安全保护的政策法律等较少，因此本节就一般的大数据中存在的个人数据安全问题和数据跨境流动两个方面的法律法规进行介绍，通过对以下政策的梳理，以有力推动国内教育大数据共享中安全保护的实践进程。

（一）大数据安全标准

就大数据环境下个人数据保护的法律制度来看，目前欧盟模式和美国模式是全球最具影响力的两种模式。欧盟一直是数据保护领域的立法先驱，从启动时间到法律文件数量、领先概念和自我更新，欧盟都为其他司法辖区的数据保护立法工作提供了蓝本和榜样，其影响不仅局限于其各个成员国，还扩展到了其他国家和地区，如日本、韩国等。美国则是行业自律模式的倡导者，其成文立法常见于联邦、各州的各行业规定之中，辅之以行业内部的行为规则、规范、标准和行业协会的监督，充分保证在个人数据自由流动的基础上保护个人数据，实现行业内个人数据保护自律和行业利益保护的平衡。因此本小节主要介绍欧盟、美国最新法律标准和我国的相关法律标准。如表4-1所示。

表4-1 大数据安全标准

组织/国家	出台年份	标准名称
欧盟	2016年	欧盟《通用数据保护条例》
美国	2015年	《网络安全信息共享法案》

续表

组织/国家	出台年份	标准名称
中国	2013年	《信息安全技术公共及商用服务信息系统个人信息保护指南》
	2016年	《中华人民共和国网络安全法》

1. 欧盟《通用数据保护条例》

此条例是欧盟在1995年颁布的《数据保护指令》的基础上修订后的新的替代法律，在2016年通过并于2018年正式生效。相较于1995年《数据保护指令》，该条例突出了个人信息数据权利保护的立法宗旨。第一，该法律规定了无论企业的成立地、设立地、营业地、登记地是否在欧盟境内，只要被处理的数据的主体是欧盟成员国的公民，那么该数据处理者、控制者以及该处理行为都要受欧盟《通用数据保护条例》的约束，这也是该条例之所以被全世界广泛关注的原因。第二，该条例对数据的主体权利进行了细致划分，如知情权、访问权、反对权和被遗忘权等，对数据主体的权利提供了更加完善的保护。第三，该条例强化了数据控制者和数据处理者的法律责任。如在个人数据泄露时，数据控制者应当在自获悉起72小时内向监管部门报告，同时应该通知数据处理主体。第四，该条例完善了跨境数据传输机制，在保护自然人权利的原则下设置了跨境数据流动的条件，在"充分性"决定的基础上进行有保障的传输。[①]

2. 《网络安全信息共享法案》

此法案于2015年通过并在美国实施，明确规定了个人隐私、自由等权利的保护标准。此外，针对金融、医疗、电信、教育、娱乐、消费者保护和儿童隐私保护等，美国立法也遵循"公平信息实践法则"，采取"告知与同意"框架，对个人数据进行保护。

3. 《信息安全技术公共及商用服务信息系统个人信息保护指南》

此法案是中国首个个人信息保护国家标准，它明确要求处理个人信息应有特定、明确和合理的目的，并在个人信息主体知情的情况下获得个人信息主体的同意，在达成个人信息使用目的之后删除个人信息。其中，该指南最显著的特点是将个人信息分为个人一般信息和个人敏感信息，并提出默许同意和明示同意的概念。对于个人一般信息的处理可以建立在默许同意的基础上，只要个人信息主体没有明确表示反对，便可进行收集和利用。对于个人敏感信息，则需要建立在明示同意的基础上，在收集和利用之前，必须首先获得个人信息主体明确的授权。此外，该指南还提出了处理个人信息时应当遵循的八项基本原则，即目的明确、最少够用、公开告知、个人同意、质量保证、安全保障、诚信履行和责任明确。但是该指南只是作为一种推荐性

---

① 王融.《欧盟数据保护通用条例》详解[J]. 大数据，2016，2(4)：93-101.

标准，该标准的实施需要相关行业主体的自愿配合，因此政府还应该采取进一步的激励机制。

4.《中华人民共和国网络安全法》

此法案是我国为了保障网络安全，维护网络空间主权和国家安全、社会公共利益，保护公民、法人和其他组织的合法权益，促进经济社会信息化健康发展而制定的法律，是于2016年公布的关于网络数据安全共享方面的政策。《中华人民共和国网络安全法》的第三十七条规定："关键信息基础设施的运营者在中华人民共和国境内运营中收集和产生的个人信息和重要数据应当在境内存储。因业务需要，确需向境外提供的，应当按照国家网信部门会同国务院有关部门制定的办法进行安全评估，法律、行政法规另有规定的，依照其规定。"本条款虽然在一定范围内保障了国家的数据主权，但仅仅强化对网络运营者的法律规制，并没有真正解决数据共享的不确定性问题。

相较于欧盟的《通用数据保护条例》和美国的分行业保护来看，我国个人信息保护的立法仍然寄居于网络安全和国家安全保护立法的大框架之下，并没有针对公民个人和隐私进行专门的立法保护。如2017年全国人民代表大会第五次会议通过的《中华人民共和国民法总则》第一百一十一条规定："自然人的个人信息受法律保护。任何组织和个人需要获取他人个人信息的，应当依法取得并确保信息安全，不得非法收集、使用、加工、传输他人个人信息，不得非法买卖、提供或者公开他人个人信息。"《中华人民共和国未成年人保护法》第三十九条规定任何组织或者个人不得披露未成年人的个人隐私。

中国电子技术标准化研究院发布的《大数据安全标准化白皮书》（2018版）中提到，要建立健全数据交换共享相关安全管理办法，加快数据交易安全相关标准的制定，规范数据交易市场，从数据交易主体、交易对象、交易过程等方面规范数据交易服务，加强对大数据交易服务提供商的监管；有效解决数据共享中的各种安全问题，为数据流通过程提供有效的安全支撑环境，保障数据供应链相关方的合法权益，促进大数据产业的安全和健康发展。这些是近期我国根据全国标准化工作要点和正在研究的相关标准需要展开的重要工作。[①]

（二）教育大数据安全标准

关于教育大数据安全的相关标准，国内的相关规定依旧在国家立法的规定之下，有关教育领域大数据安全的相关规定暂时缺乏，因此有关教育大数据安全标准我们主要介绍国外的相关法律。相关的标准如表4-2所示。

---

① 全国信息安全标准化技术委员会大数据安全标准特别工作组.大数据安全标准化白皮书（2018版）[R].北京：中国信息通信研究院，2018.

表4-2 美国学生隐私保护相关法规

生效年份	标准名称
1974年	《家庭教育权力和隐私法案》
2000年	《儿童在线隐私保护法》
2015年	《学生数字隐私和家长权利法案》

1.《家庭教育权利和隐私法案》

《家庭教育权利和隐私法案》(Family Educational Rights and Privacy Act, FERPA)是美国的联邦法律,用以保护学生的个人验证信息的安全。此法案于1974年颁布后经过两次修订,最后一次修订是在2011年,该法案规定未满18岁学生的家长或符合条件的学生(18岁以上或那些被高中以上教育机构录取的学生)的家长有权利检查和审核教育记录和修改侵犯隐私的信息的权利,同时法案授权学校等教育机构可以发布学生通讯类信息,学校在管理各类资助项目、开展学业测试和学术研究、办理学生转学或升入高一级学校就读等要达到"合法教育目的"时,可以使用或共享学生信息。

2.《儿童在线隐私保护法》

《儿童在线隐私保护法案》(Children's Online Privacy Protection Act, COPPA)是美国第一部关于网络隐私保护的联邦法律,该法律于1998年获得通过,2000年生效,2012年修改了部分规定。该法律规定在网络上搜索13岁以下儿童个人信息的行为被视为违法。该法案的要点是:要求那些面向13岁以下儿童或向儿童收集信息的网站和在线服务者,向父母发出有关信息收集的通知,并在向儿童收集个人信息之前得到父母的同意;要求网站保证父母可以修改和更正这些信息。除了保护儿童隐私外,该法还保证儿童的言论、信息搜索和发表的权利不受到负面影响。

3.《学生数字隐私和家长权利法案》

《学生数字隐私和家长树利法案》(Student Digital Privacy and Parents Rights Act, SDPPRA)于2015年由美国联邦贸易委员会负责落实。该法案规定了K-12年级学生网站、在线学习、应用软件等,禁止利用学生数据从事广告或者商业活动;除非特定情况下,禁止将学生数据与第三方共享;使用学生数据的第三方必须遵守严格的数据保护标准。任何在线服务公司在学校和家长要求下必须在45天内删除学生信息;除非学校或家长有特殊要求,在线服务公司必须在一年后清除相关信息。[①]

以美国的学生隐私保护为例,美国的隐私保护更多地注重行业自律,相关的协会和运营商都出台了隐私保护政策,如美国最有影响力的数字化内容开发行业协会发布的"学生隐私倡议书",要求微软在内的会员公司签名同意"不出售学生信息,或者

---

① 王正青. 大数据时代美国学生数据隐私保护立法与治理体系[J]. 比较教育研究, 2016, 38(11): 28-33.

出于广告目的使用信息，学生信息只在授权的教育目的内使用"。美国的教育大数据安全标准体系，可为我国教育大数据安全标准的制定提供参考。

小结与展望

不管我们是积极认同大数据的作用和功效，还是消极质疑大数据的价值，不管我们是否愿意或有没有做好准备，大数据时代已然到来。客观地分析大数据在教育领域中可能的作用路径和方式，有利于我们更加清晰和客观地认知大数据，并在大数据时代立足于教育研究和实践去分析和运用大数据。大数据在教育中的应用带来了新的机遇和研究范式，甚至有人将大数据作为科学研究的"第四范式"，但是，对于大数据在教育中的应用，我们要持理性和谨慎的态度。大数据是教育或社会科学研究所面临的一个新的机遇，但这些研究同时还面临大数据的低密度价值、研究伦理问题、个人隐私保护和数据安全等挑战，在看到大数据巨大价值的同时我们还应该清醒地意识到其缺点和局限。

本章主要对教育大数据的安全与共享进行阐述。先是介绍了共享理念和数据共享，进而引出教育大数据共享，又通过对教育大数据现状的分析，阐释了教育大数据共享存在的问题。教育数据既是一笔宝贵的教育资产，同时也涉及教育者和受教育者的隐私，保护不当则会引发严重的安全事故。美国的教育大数据存储机构 inBloom 仅仅运行了 15 个月便关闭，主要原因便是教育数据开放过程中引发了安全问题。公共数据开放运动已是国际趋势，教育是一项公益性事业，教育大数据也应适度向社会开放。国家在推进教育数据开放的同时，必须高度重视教育数据的隐私保护与安全管理，不断努力采取更先进、安全系数更高的措施来确保教育隐私数据不外泄，不被恶意使用。

大数据时代，信息资源共享平台承载着档案行业的应用服务，而教育大数据作为大数据当中的一类，有其特殊性，教育大数据对于一个国家、地方的教育发展来说，是极其重要的，教育大数据的流失、被篡改将影响整个国家的教育发展。保护教育档案大数据，是保护档案信息资源的一个典型应用，有利于大数据安全保障功能的更稳定发展。本章最后提出了教育大数据共享与安全政策，它们为将来的数据共享提供了一定程度上的保障。但是随着教育大数据的不断发展，不可避免地还会出现一些新的问题，而彼时教育大数据共享和安全政策也需要做出一定的改进，因此需要我们具有与时俱进的思想。

第五章　常用数据分析算法

算法是计算机科学领域最重要的基石之一,也是了解大数据技术的重要知识。随着计算机的发展,编程语言层出不穷,但万变不离其宗的是算法的思想和理论。有人形象地把算法比喻成编程的"内功",把新的语言、技术、标准等比喻成编程的"外功",只懂外功的人空有招式,没有内在的功力是不可能成为高手的。也有人会说:"今天计算机运算速度这么快,算法还重要吗?"运算再快的计算机都不可能永远满足人们的新应用和新需求。计算机的计算能力飞速增长,数据量更是达到了前所未有的程度,而海量数据处理、机器学习、语言识别等都需要极大的计算量,这些问题和挑战都需要依靠卓越的算法来解决。

导读:

五大算法思想

文本计算基础算法

常用数据分析算法模型

第一节 五大算法思想

如果说算法是程序设计的灵魂,那么算法思想就是算法的灵魂。算法思想是算法模型的由来,在算法的使用过程中,常常会涉及一些算法思想,常见的算法思想有分治法、动态规划法、回溯法、分支限界法及贪心法,它们都是解决不同问题的思想体现。接下来我们将介绍五大常用算法思想[①]。

一、分治法

在计算机科学中,分治法是一种很重要的算法。字面上的解释是"分而治之",就是把一个复杂的问题分成两个或更多个相同或相似的子问题,再把子问题分成更小的子问题……直到最后子问题可以简单到直接求解,合并子问题的解,从而得到原问题的解。[②] 这些技巧是很多高效算法的基础,如排序算法、傅立叶变换等。

二、动态规划法

动态规划法的基本思想与分治法类似,也是将待求解的问题分解为若干个子问题(阶段),按顺序求解子问题,前一子问题的解,为后一子问题的求解提供了有用的信息。在求解任一子问题时,列出各种可能的局部解,通过决策保留那些有可能达到最优的局部解,而丢弃其他局部解。依次解决各子问题,最后一个子问题的解,就是初始问题的解。动态规划法每次决策依赖于当前状态,又随即引起状态的转移。一个决策序列就是在变化的状态中产生出来的,所以这种多阶段最优化决策解决问题的过程就被称为动态规划[③]。动态规划法可以解决 0/1 背包问题、最长公共子序列、维特比算法等。

[①] 红脸书生. 五大常用算法[EB/OL]. [2018-05-22]. http://www.cnblogs.com/steven_oyj/category/246990.html.

[②] Watson2016. 最常用的五大算法[EB/OL]. [2018-06-28]. https://blog.csdn.net/watson2016/article/details/77857224

[③] changyuanchn. 动态规划解决 0/1 背包问题[EB/OL]. [2018-06-28]. https://blog.csdn.net/changyuanchn/article/details/51429979

三、回溯算法

回溯算法实际上是一个类似枚举的搜索尝试过程，主要是在搜索尝试过程中寻找问题的解，当发现已不满足求解条件时，就"回溯"返回，尝试别的路径。它是一种选优搜索法，按选优条件向前搜索，以达到目标。当搜索发现原先选择并不优或达不到目标时，就退回一步重新选择，这种走不通就返回再走的技术被称为回溯法，而满足回溯条件的某个状态的点称为"回溯点"。许多复杂、规模较大的问题都可以使用回溯法，故享有"通用解题方法"的美称。回溯法常见的应用有装载问题、批处理作业调度、n 皇后问题等[①]的解决。

四、分支限界法

采用广度优先产生状态空间树的结点，并使用剪枝函数的方法被称为分支限界法。所谓"分支"是采用广度优先的策略，依次生成扩展结点的所有分支（即子结点）。所谓"限界"是在结点扩展过程中，计算结点的上界（或下界），边搜索边减掉搜索树的某些分支，从而提高搜索效率[②]。

五、贪心算法

贪心算法（又称贪婪算法）是指在对问题求解时，总是做出在当前看来是最好的选择。也就是说，不从整体最优上加以考虑，它所做出的仅是在某种意义上的局部最优解。贪心算法不是对所有问题都能得到整体最优解，但它能对范围相当广泛的许多问题产生整体最优解或者是整体最优解的近似解。

贪心算法在解决最优子结构的问题中尤为有效。最优子结构是指局部最优解能决定全局最优解。简单地说，问题能够分解成子问题来解决，子问题的最优解能递推到最终问题的最优解。其算法思想是从问题的某一个初始解出发逐步逼近给定的目标，以尽可能快地求得更好的解。当达到某算法中的某一步不能再继续前进时，算法停止。Dijkstra 算法、Prim 算法和 Kruskal 算法都属于典型的贪心算法[③]。

---

① changyuanchn. 回溯算法（BackTracking）——八皇后问题［EB/OL］.［2018 - 06 - 28］. https：// blog. csdn. net/ changyuanchn/article/details/17354461.
② pi9nc. 分支限界法［EB/OL］.［2018 - 05 - 8］. https：//blog. csdn. net/pi9nc/article/details/9750235.
③ changyuanchn. 贪心算法［EB/OL］.［2018 - 06 - 28］. https：//blog. csdn. net/changyuanchn/article/details/51417211.

第二节　文本计算基础算法

目前在自然语言处理、数据分析及机器学习中,相似度算法是一种常用的工具,是文本计算的基础。这一节我们将介绍部分距离计算和常见的相似度算法。

一、距离计算

在数据分析中,我们经常需要知道个体间差异的大小,进而评价个体的相似性和类别。常见的比如相关分析、分类聚类(K-Means 等)算法、学习资源推荐等。相似度就是比较两个事物的相似性,一般通过计算事物特征之间的距离来获得,如果距离小,则相似度就大;如果距离大,则相似度就小。比如两种水果,可以从颜色、大小、维生素含量等特征进行比较相似性。常用的距离计算有以下几种方法[①]。

(一) 欧氏距离

欧氏距离也称欧几里得度量,是一个通常采用的距离定义,指在 m 维空间中两个点之间的真实距离,或者向量的自然长度(即该点到原点的距离)。在二维和三维空间中的欧氏距离就是两点之间的实际距离。例如,对于二维平面上的两点 $P_1(x_1, y_1)$ 与 $P_2(x_2, y_2)$ 间的欧氏距离见公式 5-1,我们生活中大部分事物的距离都可以通过类似的方式进行计算。

$$d = \sqrt{(x_1 - x_2)^2 + (y_1 - y_2)^2} \qquad (5-1)$$

(二) 曼哈顿距离

曼哈顿距离也称为"城市街区距离"(City Block Distance),是 19 世纪由俄国赫尔曼·闵可夫斯基所创词汇,是一种用于几何度量空间的几何学用语,用于标明两个点在标准坐标系上的绝对轴距总和。它表示的不是直线距离而是实际距离,也就是相当于一个城市中两个地点。如果我们步行,我们就需要按照街道走向先横向走再竖向走,这就是曼哈顿距离;而如果我们飞行就可以两点一线,直接跨越建筑物到达目的地,这就是欧氏距离。对于平面上两点 $P_1(x_1, y_1)$ 与 $P_2(x_2, y_2)$ 的曼哈顿距离见公式 5-2。

$$d = |x_1 - x_2| + |y_1 - y_2| \qquad (5-2)$$

(三) 切比雪夫距离

切比雪夫距离是向量空间中的一种度量,两个点之间的距离定义为其各坐标数值

---

① 尼小摩. 距离计算方法总结[EB/OL].[2018-6-29]. https://www.jianshu.com/p/aa9ea73eaf2d.

差的最大值。以 (x_1, y_1) 和 (x_2, y_2) 两点为例，其切比雪夫距离为 $\max(|x_2-x_1|, |y_2-y_1|)$。对于两个 n 维变量 $A(x_1, x_2, x_3, \cdots, x_n)$ 及变量 $B(y_1, y_2, y_3, \cdots, y_n)$ 之间的切比雪夫距离见公式 5-3。

$$d = \lim_{k \to \infty} \left(\sum_{i=1}^{n} |x_i - y_i|^k \right)^{1/k} \qquad (5-3)$$

（四）闵氏距离

闵氏距离又称作闵科夫斯基距离。对于两个 n 维的变量 $A(x_1, x_2, x_3, \cdots, x_n)$ 及变量 $B(y_1, y_2, y_3, \cdots, y_n)$ 之间的闵科夫斯基距离的定义见公式 5-4。

$$d = \sqrt[p]{\sum_{k=1}^{n} |x_k - y_k|^p} \qquad (5-4)$$

其中，p 是一个参数，当 $p=1$ 时，实质就是曼哈顿距离；当 $p=2$ 时，则它是欧氏空间中的一种测度，被看作欧氏距离的一种推广，欧氏距离是闵氏距离中 $p=2$ 的一种特殊情况；而当 p 趋近于无穷大时，则可以视为切比雪夫距离。曼哈顿距离和欧式距离是特殊的闵氏距离，而其他存在有不同量纲的特征参数的闵氏距离常常是无意义的，同时闵氏距离没有考虑特征参数间的相关性，而马氏距离解决了这个问题。

（五）马氏距离

马氏距离是由印度统计学家马哈拉诺比斯（P. C. Mahalanobis）提出的，表示数据的协方差距离。它是一种有效的计算两个未知样本集的相似度的方法，与欧式距离不同的是它考虑到各种特性之间的联系。例如，一条关于身高的信息会带来一条关于体重的信息，因为两者是有关联的，并且是与尺度无关的，即独立于测量尺度。

（六）海明距离

在信息论中，两个等长字符串之间的海明距离（Hamming Distance）是两个字符串对应位置的不同字符的个数。也就是说，它就是将一个字符串变换成另外一个字符串所需要替换的字符个数。例如，1011101 与 1001001 之间的海明距离是 2。至于我们常说的字符串编辑距离则是一般形式的海明距离。

二、相似度分析

在数据分析过程中，我们经常想知道和一个事物或者对象联系紧密的另一个事物，如同我们使用搜索引擎，希望获取到和自己需求相关的事物或者信息，类似的系统还有很多，例如，自动问答系统、文档分类与聚类、论文查重等。而这些系统都会用到的关键技术就是相似度计算。

（一）相关系数

相关系数衡量两个随机变量的变动方向与程度大小以描述其相关性，也可作为两变量的相似度测量。皮尔逊相关系数就是其中一种，该相关系数是判断两组数据与某一直线拟合程度的一种度量。① 皮尔逊相关系数也称作皮尔逊积差系数，其计算公式如 5-5 所示。

$$r_{xy} = \frac{\sum_{i=1}^{n}(x_i - \bar{x})(y_i - \bar{y})}{\sqrt{\sum_{i=1}^{n}(x_i - \bar{x})^2 \sum_{i=1}^{n}(y_i - \bar{y})^2}} \quad (5-5)$$

由公式 5-5 可知相关系数与单位无关，且相关系数的取值范围为[-1, 1]。当 r 小于零时，这表明 x 和 y 负相关，即随着 x 的增加，y 则减少。反之当 $r>0$ 时，y 则随着 x 的增加而增加。一般而言 $0 \leq r_{xy} < 0.3$ 表示两个变量低相关，$0.3 \leq r_{xy} < 0.7$ 表示两个变量中相关，$0.7 \leq r_{xy} \leq 1$ 表示两个变量高相关。这里有四个人对相同的八部电影的评分如下。

$x_1\{2.5, 3.5, 2.5, 3.5, 1.5, 3.0, 1.5, 1.8\}$；$x_2\{3.0, 3.5, 3.0, 4.0, 2.2, 3.5, 2.0, 2.5\}$；

$x_3\{2.5, 3.5, 3.0, 4.5, 2.1, 4.0, 4.3, 2.0\}$；$x_4\{3.0, 3.5, 3.5, 2.1, 2.5, 3.0, 2.7, 2.3\}$；

我们通过欧氏距离计算 x_1 和 x_2 的相似度结果是 1.49，通过 $1/(1+1.49)$ 转换为 0~1 之间的值，其结果约为 0.40，而皮尔逊相关系数结果为 0.97，两者高相关。从图 5-1(a)我们可以看出，x_2 对电影的评分总是倾向于比 x_1 更高的分数，但最终的直线仍然是拟合的，这是因为他们对电影有着近似的喜好。而欧氏距离则会因为一个人的评分始终比另一个人更为"严格"而导致两者的相似性较低。但皮尔逊相关系数如果接近于零，是否又代表了两者不相关呢？当然不是。如果在已知两个变量属于线性相关时，皮尔逊相关系数越高，说明两者越接近；系数越低，说明两者越不相近。如图 5-1(b)所示，x_3 和 x_4 两者有比较明显的关系，而通过计算 x_3 和 x_4 皮尔逊相关系数为-0.002，接近于0，但这并不意味着两者不相关，而有可能存在更复杂的关系，即非线性相关。

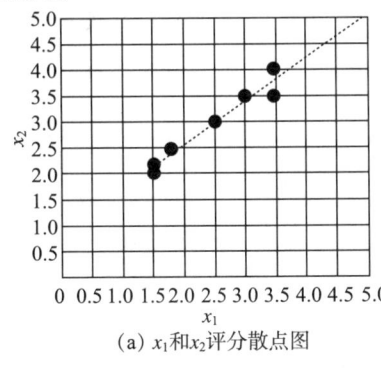
(a) x_1和x_2评分散点图

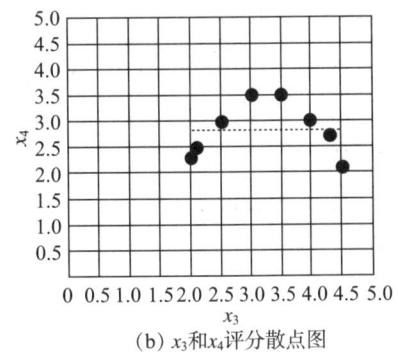
(b) x_3和x_4评分散点图

图 5-1　散点分布图

---

① 相似度算法原理及 python 实现[EB/OL].[2018-06-30]. https://www.jianshu.com/p/5e49160735ae

(二) 向量空间模型

在自然界中,任何事物都可以用一些最基本的元素加以表示,每一个构成事物的基本元素都对应着 n 维空间中某个坐标系,事物则可通过各个基本元素表示为坐标系向量的形式。向量空间模型(Vector Space Model)就是基于此思想,由 Salton 等人于 20 世纪 70 年代提出,该模型把对文本内容的处理简化为向量,并且以向量空间上的相似度表达语义的相似度,直观易懂,该模型已被广泛应用到自然语言处理、文本分析等领域。

1. 词袋模型

词袋模型(Bag of Words Model),对于一个文本忽略其词序和语法、句法,将其仅仅看作是一个词的集合。该模型被广泛应用于自然语言处理和信息检索等领域,也是向量空间模型(Vector Space Model,VSM)、潜在语义分析(Latent Semantic Analysis,LSA)、潜在狄利克雷分布(Latent Dirichlet Allocation,LDA)等算法的理论基础。[①] 例如两个文本文件 A、B 的内容如表 5-1 所示。

表 5-1 两个文本内容示例

文件名	文本内容
A 文件	小明喜欢学习物理和数学
B 文件	小张喜欢学习数学和物理,也喜欢学习生物

将表 5-1 中的两个文件内容分别进行分词得到"小明,喜欢,学习,物理,和,数学"和"小张,喜欢,学习,数学,和,物理,也,喜欢,学习,生物"两组词,合并后去掉重复的词语得到"小明,喜欢,学习,物理,和,数学,小张,也,生物",这个混合起来的词汇即可成为词袋。使用该词袋来分别表示这两个文件,即文件 A 表示为"小明(1),喜欢(1),学习(1),物理(1),和(1),数学(1),小张(0),也(0),生物(0)",文件 B 表示为"小明(0),喜欢(2),学习(2),物理(1),和(1),数学(1),小张(1),也(1),生物(1)"。简化后,文件 A 表示为"1 1 1 1 1 1 0 0 0",文件 B 为"0 2 2 1 1 1 1 1 1"。这样两个文件就可以通过这两个向量来表示了,也可以进行其他进一步的操作。

2. TF-IDF 算法

TF-IDF(Term Frequency-Inversed Document Frequency),也叫作词频-逆文档频率,是一种基于统计方法来评估一个字词对于一个文件集或者一个语料库中其中一个文件的重要程度。该算法的基本思想是字词的重要性随着它在文件中出现的次数增加而增加,但同时会随着它在其他文件或者语料库中出现的频率增加而减小,即一个词语在

[①] 从离散到分布,盘点常见的文本表示方法[EB/OL].[2018-06-30]. https://flashgene.com/archives/9201.html.

一篇文章中出现次数越多,同时在所有文档中出现次数越少,越能够代表该文章。[1]

词频(Term Frequency,TF)是指某一个给定的词语 W 在该文件中出现的次数。这个数字通常会被归一化处理(一般是词频除以文章总词数),以防止它偏向长的文件。TF 的计算如公式 5-6 所示。

$$\mathrm{TF}_W = \frac{W \text{在文章中出现次数}}{\text{该文章的总词数}} \quad (5-6)$$

逆向文件频率(Inverse Document Frequency,IDF)是指包含某一个给定的词语 W 的文档数,包含该词的文档越少,其 IDF 越大,则说明该词具有很好的类别区分能力。某一特定词语的 IDF,可以由所有文件的数目除以包含该词语的文件数目,再将得到的商求对数。IDF 的计算公式如 5-7 所示。

$$\mathrm{IDF}_W = \log\left(\frac{\text{总文档数}}{\text{包含 } W \text{ 的文档数}}\right) \quad (5-7)$$

权重的设计要满足:一个单词越能够代表文章的主题,其权重越大,反之越小。而在一篇文章中,一些通用的词汇出现的频率很高,但对表达文章主题没有太大的作用,反而是一些出现频率低的词更能够表达文章的主题,因此需要把 TF 和 IDF 的值综合起来考虑,即最终 TF-IDF=TF×IDF 就是一个词的权重值。

3. 余弦相似度

余弦相似度是通过计算两个向量的夹角余弦值来评估它们的相似度,见图 5-2。通过两个向量的夹角 θ 可以求出它们的余弦值,此余弦值就可以表征两个向量的相似性,夹角越小,余弦值越接近 1,它们的方向也越吻合,则越相似[2]。

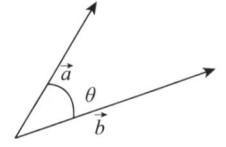

图 5-2 二维空间余弦夹角示意图

在二维空间中,我们有两个向量 $\boldsymbol{a}(x_1, y_1)$ 和 $\boldsymbol{b}(x_2, y_2)$ 的余弦值,其计算如公式 5-8 所示。

$$\cos\theta = \frac{\boldsymbol{a} \times \boldsymbol{b}}{\|\boldsymbol{a}\| \times \|\boldsymbol{b}\|} = \frac{(x_1, y_1) \times (x_2, y_2)}{\sqrt{x_1^2 + y_1^2} \times \sqrt{x_2^2 + y_2^2}} \quad (5-8)$$

但对于我们实际工作中的特征项,一般都是多维的,这里假设其为 n 维,公式如 5-9 所示。

$$\cos\theta = \frac{\boldsymbol{a} \times \boldsymbol{b}}{\|\boldsymbol{a}\| \times \|\boldsymbol{b}\|} = \frac{\sum_{i=1}^{n}(x_i \times y_i)}{\sqrt{\sum_{i=1}^{n} x_i^2} \times \sqrt{\sum_{i=1}^{n} y_i^2}} \quad (5-9)$$

对上面我们得到的两个向量,即文件 A 表示为"１１１１１１０００"和文件 B 为"０２２１１１１１１",套入公式进行计算为

---

[1] 施聪莺,徐朝军,杨晓江. TF-IDF 算法研究综述[J]. 计算机应用,2009,29(C1):167-170.
[2] Salton G, Wong A, Yang C S. A Vector Space Model for Automatic Indexing[J]. Communications of the Acm, 1975, 18(11): 613-620.

$$\cos\theta = \frac{0+2+2+1+1+1+0+0+0}{\sqrt{1^2+1^2+1^2+1^2+1^2+1^2+0^2+0^2+0^2} \times \sqrt{0^2+2^2+2^2+1^2+1^2+1^2+1^2+1^2+1^2}} \approx 0.76$$

通过计算最后结果约等于 0.76,说明文件 A 和文件 B 的相似度为 0.76。

上述案例简单地对文件 A 和文件 B 通过余弦相似度算法进行了计算,没有加入权值。而在实际应用中,我们如果要使用余弦相似度算法时,需要经过分词处理、特征项选择、合并成向量集、词频计算或者是权重计算、生成特征向量、相似度计算等步骤。特征项选择也可以通过 TF-IDF 算法或者 TextRank 算法来提取关键词作为特征项,这样特征项更精准,但也会增加计算的复杂度。

(三)语义主题模型

在前面的模型中,我们假设文本中的单词都是相互独立的,忽略了单词出现顺序和文本结构的影响,也就是说我们忽略了语义层次的信息。想要做到语义层次的度量,我们需要建立一些更复杂的模型,但我们首先都需要找到一种方法把自然语言的符号数学化。在自然语言处理领域中,有两大理论方向,一种是基于统计的经验主义方法,另一种是基于规则的理性主义方法。目前自然语言处理领域更多的是使用基于统计的经验主义方法。语义主题模型常用的方法有 N-Gram、LDA 主题模型等。

第三节 常用数据分析算法模型

大数据通常有几个特点:(1)数据量大,这是我们每个人都能感受到的,互联网上的网页、视频等,甚至自己的各类聊天记录都是一个庞大的数据量;(2)维数高,在实际分析中,数据的维数可能高达几十万维;(3)类型复杂,数据格式可以是网页、视频、图片等;(4)噪音大,数据来源、产生方式等多种多样,这也导致了数据的噪音非常大。这些特点里面最难解决的就是维数高,因为维数越高,参数越多,模型越复杂,计算量更是呈指数级增长,而解决这些问题的关键就是算法模型,一个好的算法模型能够高效地解决这个难题。

一、SVM 算法

支持向量机(Support Vector Machine,SVM)算法是 Cortes[1] 等人于 1995 年提出的,它在解决小样本、非线性及高维模式识别中表现出许多特有的优势,并能推广应用到

---

[1] Cortes C, Vapnik V. Support-Vector Networks[J]. Machine Learning, 1995, 20(3): 273-297.

函数拟合等其他机器学习问题中。① 简单来说,SVM 是一个分类器,并且是二类分类器,支持向量机从含义上来讲是通过支持向量运算的分类器,而在求解过程中根据部分数据就可以确定分类,这些数据就成为支持向量。Vector 就是指点或者数据,而 Machine 就是分类器,即分类函数。

(一)算法原理

1. 线性可分

有两类数据,一类是三角形,一类是圆形,它们在二维的坐标系中的位置如图 5-3(a)所示,我们在中间任意画一条线就把这两类数据简单地分开了,因此我们说这两类数据线性可分。在二维空间里我们可以通过一条直线把数据分开,三维空间里就是一个平面,而 n 维空间里就是通过 $n-1$ 维的超平面来分开数据。无论是一条直线还是一个平面,又或是 $n-1$ 维的超平面,我们都统称为超平面,其数学公式如 5-10 所示。

$$w^T x + b = 0 \tag{5-10}$$

其中 $w(w_1, w_2, w_3, \cdots, w_n)$ 为法向量,决定了超平面的方向,b 为位移项,决定了超平面在方向上的"位置"。既然两类数据之间可以画那么多条线,我们应该选择哪一条呢?直觉告诉我们,当然选择那个粗一点的更为合适一些,因为它不偏向任何一类,也就是通过这条直线能够更"公正"地将数据分类。但图 5-3(b)中的两条实线都可以"公平"等距离地把两类数据分开,那我们应该如何选择呢,看来只是"公平"地把数据分开是不够的,SVM 算法的核心思想是尽最大努力使分开的两个类别有最大间隔,② 这样才使得分隔具有更高的可信度。而且对于未知的新样本才有很好的分类预测能力(在机器学习中这叫泛化能力)。也就是除了"公平"的分开之外还要让离分隔面最近的数据点具有最大的距离,因此 H_1 比 H_2 有更好的鲁棒性。

现在我们用数学语言来描述我们刚才说的分类问题,我们的目标就是让图 5-3(c)中 H_2 和 H_3 的距离最大化。我们假设 H_1 为 $w^T x + b = 0$,该直线把数据一分为二,而这两部分可以分别用 $w^T x + b > 0$ 和 $w^T x + b < 0$ 来表示,如图 5-3(d)所示,H_1 把空间分为两部分。我们设图 5-3(c)中的 H_2 和 H_3 分别为 $w^T x + b = -1$ 和 $w^T x + b = 1$,对应的数据分类见公式 5-11。

$$\begin{cases} w^T x_i + b \geqslant +1, & y_i = +1 \\ w^T x_i + b \leqslant -1, & y_i = -1 \end{cases} \tag{5-11}$$

公式 5-11 指出,当第 i 个样本的特征 x_i 带入公式大于等于 1 的时候分为圆形类,当第 i 个样本的特征 x_i 带入公式小于等于 -1 的时候分为三角形类。两边乘以 y_i 就可

---

① 汪海燕,黎建辉,杨风雷. 支持向量机理论及算法研究综述[J]. 计算机应用研究,2014,31(5):1281-1286.

② 史忠植. 知识发现(第二版)[M]. 北京:清华大学出版社,2011:80-82.

以把两个式子合并为一个公式，在训练集中所有样本都需要公式 5-12。

$$y_i(w^T x_i + b) \geqslant +1 \tag{5-12}$$

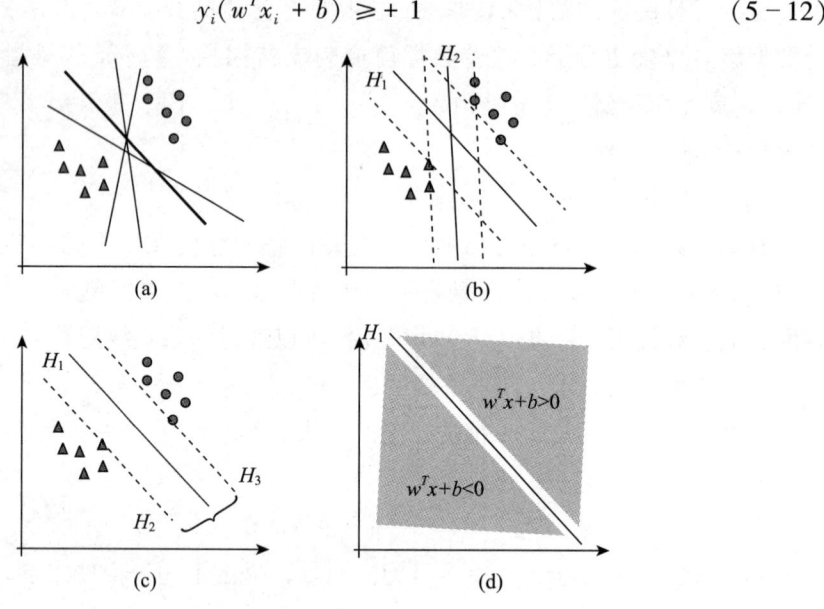

图 5-3 线性划分示例图

图 5-3(c)中的两条虚线即 H_2 和 H_3 之间的距离 $\gamma = \dfrac{2}{\|w\|}$，这个距离是通过两条直线间的距离公式得来的，即两条直线公式分别为

$$\begin{cases} Ax+By+C_1=0 \\ Ax+By+C_2=0 \end{cases}$$

这两条直线的距离见公式 5-13。

$$d = \dfrac{|C_1-C_2|}{\sqrt{A^2+B^2}} \tag{5-13}$$

其中 $|C_1-C_2|=2$，而下面的 $\|w\| = \sqrt{A^2+B^2}$，即假设 w 为一个向量 $(w_1, w_2, \cdots, w_n)$，公式 5-14 为 w 的范数。

$$\|w\| = \sqrt{w_1^2 + w_2^2 + w_3^2 + \cdots + w_n^2} \tag{5-14}$$

我们的目标就是让 $\gamma = \dfrac{2}{\|w\|}$ 最大，即求 $\dfrac{1}{2}\|w\|^2$ 的最小值，于是就得到了支持向量的基本模型，见公式 5-15。

$$\min \dfrac{1}{2}\|w\|^2 \\ s.t.\ y_i(w^T x_i + b \geqslant 1),\ i=1,2,\cdots,m \tag{5-15}$$

我们接下来就可以通过拉格朗日乘数法去求解这个最优化问题，当维数比较高时，还需要引入 SMO 算法，对此我们就不再做详细介绍了。

2. 线性不可分

当然不是所有的数据都是线性可分的，如图 5－4 所示，我们不能画出一条可以将两类数据分割的直线，只能画出类似于图中那样的曲线才可以达到分类的效果，因此这个时候就需要引入核函数了。核函数的思想是寻找一个函数，这个函数使得在低维空间中进行计算的结果和映射到高维空间中计算内积的结果相同。这样就避开直接在高维空间中进行计算，而最后的结果却是等价的。常用的核函数有多项式核函数、高斯核函数、线性核函数、字符串核函数等。

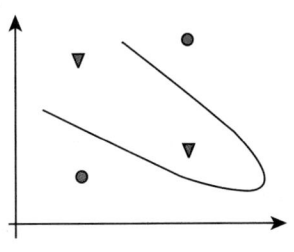

图 5－4　线性不可分实例

（二）实例详解

我们已经介绍过 SVM 原理，下面通过实例介绍如何在 Python 中使用 SVM。Python 中已经把 SVM 的算法封装在 sklearn 库中，sklearn 在 Windows 上的安装过程、执行如下。[①]

sklearn 在 Windows 上的安装及操作

安装步骤：
Step1：首先下载 WHL 文件
　　numpy 文件 https：//www.lfd.uci.edu/~gohlke/pythonlibs/# numpy
　　scipy 文件 http：//www.lfd.uci.edu/~gohlke/pythonlibs/# scipy
Step2：执行下载的 WHL 文件
　　pip install numpy-xxx.whl
　　pip install<scipy-xxx.whl>
　　pip install sklearn
执行步骤：
Step1：导入我们需要的库
　　from sklearn import svm
　　import numpy as np
　　import pylab as pl
Step2：生成随机点数集及数据分类
　　np.random.seed(0)# 固定随机值
　　x＝np.r_［np.random.randn(20，2)-［2，2］，np.random.randn(20，2)+［2，2］］
　　y＝[0]*20+[1]*20
Step3：采用线性核函数训练数据
　　clf2＝svm.SVC(kernel＝'linear')
　　clf2.fit(x，y)

到此模型就已经建立完成了，当然我们也可以通过该模型去预测新的数据，现在我们可以通过 pylab 画出其二维形状，绘制结果如图 5－5 所示。

[①] 马瑞强. Python 机器学习 SVM 简单应用实例[EB/OL].[2018－05－20]. https：//www.k2zone.cn/? p=944.

(三) 算法相关介绍

SVM算法初衷是寻求一种处理两类数据分类问题的方法，即寻找一个超平面，使得训练样本集中不同类别的数据正好落在超平面的两侧，同时还要求超平面两侧的空白区域达到最大。它是建立在统计学习理论VC维理论和结构风险最小化原理基础上的机器学习方法，在解决小样本、非线性和高维模式识别问题中表现出许多特有的优势。

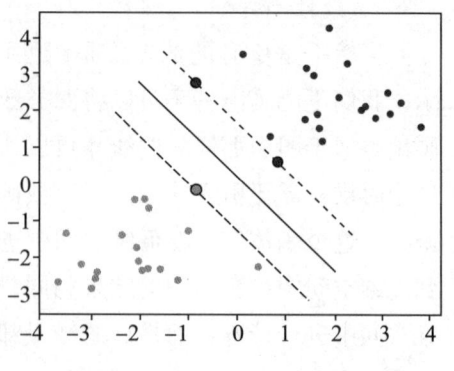

图5-5 SVM线性分割示意图

随着SVM的发展，产生了一些新型的SVM模型，例如，通过数据的粒化可以将一个线性不可分问题转化为一系列线性可分问题，从而获得多个决策函数的粒度支持向量机(Granular Support Vector Machines，GSVM)；为了克服噪声和野值点对支持向量机的影响，将模糊数学和支持向量机相结合的模糊支持向量机(Fuzzy Support Vector Machines，FSVM)等。

支持向量机方法在理论基础上有较强的优势，它能够保证找到的极值解就是全局最优解而非局部最小值，这也就决定了SVM方法对未知样本有较好的泛化能力。正因为这些优点，使得SVM在很多领域得到了相关学者的广泛重视。例如，奥苏纳(Osuna)等人最早将SVM方法用在人脸检测技术；约阿希姆(Joachims)和迪迈(Dumais)证明SVM方法在文本分析中的应用比其他方法如贝叶斯、决策树更有效，也有较好的泛化能力，并且克服了高维表示中的困难等。①

二、决策树算法

决策树算法是一个经典的算法，它既可以作为分类算法，也可以作为回归算法，同时还特别适合集成学习，如随机森林。对于决策树来说，主要有两种算法：ID3算法和C4.5算法。我们将以ID3为例介绍决策树算法。ID3算法即Iterative Dichotomiser 3，迭代二叉树3代，是罗斯·昆兰(Ross Quinlan)发明的一种决策树算法，这个算法的基础就是奥卡姆剃刀原理，越是小型的决策树越优于大的决策树。在信息论中，期望信息越小，那么信息增益就越大，从而纯度就越高。ID3算法的核心思想就是以信息增益来度量属性的选择，选择分裂后信息增益最大的属性进行分裂。② 该算法采用自顶向下的贪婪搜索遍历可能的决策空间。

(一) 算法原理

决策树是一种依托决策而建立起来的树。在机器学习中，决策树是一种预测模

---

① 丁世飞，齐丙娟，谭红艳. 支持向量机理论与算法研究综述[J]. 电子科技大学学报，2011，40(1)：2-10.
② 史忠植. 知识发现(第二版)[M]. 北京：清华大学出版社，2011：26-28.

型,代表的是对象属性与对象值之间的一种映射关系,每一个节点代表某个对象,树中的每一个分叉路径代表某个可能的属性值,而每一个叶子节点则对应从根节点到该叶子节点所经历的路径所表示的对象的值。决策树仅有单一输出,如果有多个输出,可以分别建立独立的决策树以处理不同的输出。下面一组对话。

妈妈:你准备报考哪所高校呢?
女儿:离家近一些的吧,省内高校就挺好。
妈妈:省内有很多高校,你倾向于综合还是专科院校呢?
女儿:我想当老师。
妈妈:那就选择师范类院校吧。
女儿:省内有哪些有名的师范类高校呢?
妈妈:南京师范大学、南京晓庄学院……
女儿:那我报考南京师范大学吧。

在妈妈和女儿对话的这个过程中,女儿的报考决策过程可以用图 5-6 表示,其中离家的距离、师范院校和学校名气都是决定她最终选择高校的特征,即属性。而每一个节点就对应不同的值,即每一个特征都会影响她最终的决定,即报考哪一所高校,从根节点到叶子节点所经历的路径就是决定这个对象最终值的属性判断。

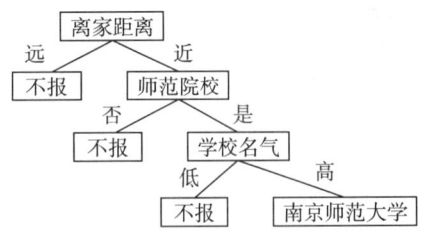

图 5-6 报考决策过程

看到这个例子有人可能会认为,这个决策的过程本质上就是对数据集的每一个数据做 if-else 的判断,这不是很简单吗?那为什么还要专门设计一个算法出来呢?为什么这么复杂?有这么多条件,用哪个特征条件先判断,哪个特征条件后判断呢?这也就是条件的先后顺序。如何准确地量化选择这个标准,是决策树机器学习算法的关键。19 世纪 70 年代,罗斯·昆兰(Ross Quinlan)找到了用信息论中的熵来度量决策树的决策选择过程①,方法一提出,它的简洁和高效就引起了轰动,罗斯·昆兰(Ross Quinlan)把这个算法叫作 ID3。下面我们就看看 ID3 算法是怎么选择特征的,不过我们可能要先了解一些概念。②

1. 信息熵

熵这个概念最早起源于物理学,在物理学中是用来度量一个热力学系统的无序程

---

① 史忠植. 知识发现(第二版)[M]. 北京:清华大学出版社,2011:26-28.
② Npupengsir. ID3(Iterative Dichotomiser 3)算法原理详解[EB/OL]. [2018-07-18]. https://blog.csdn.net/u012897374/article/details/74505024.

度，而在信息学里面，熵是对不确定性的度量。1948 年，香农引入了信息熵，将其定义为离散随机事件出现的概率，一个系统越是有序，信息熵就越低，反之一个系统越是混乱，它的信息熵就越高，所以信息熵可以被认为是系统有序化程度的一个度量。[①]

假设变量 X 的随机取值为 $X = \{x_1, x_2, \cdots, x_n\}$，每一种取到的概率分别是 $\{p_1, p_2, p_3, \cdots, p_n\}$，则变量 X 的熵定义如公式 5 - 16 所示。

$$H(X) = -\sum_{i=1}^{n} p_i \log p_i \qquad (5-16)$$

其中 n 代表 X 的 n 种不同的离散取值，而 p_i 代表了 X 取值为 i 的概率，log 是为以 2 或者 e 为底的对数。举例说明，比如 X 有两个可能的取值，而这两个取值各为 1/2 时 X 的熵最大，此时 X 具有最大的不确定性。值为 $H(X) = -(\frac{1}{2}\log\frac{1}{2} + \frac{1}{2}\log\frac{1}{2}) = \log 2$。如果一个值概率大于 $\frac{1}{2}$，另一个值概率小于 $\frac{1}{2}$，则不确定性减少，对应的熵也会减少。比如一个概率为 $\frac{1}{3}$，一个概率为 $\frac{2}{3}$，则对应熵为 $H(X) = -(\frac{1}{3}\log\frac{1}{3} + \frac{2}{3}\log\frac{2}{3}) = \log 3 - \frac{2}{3}\log 2 < \log 2$，即一个变量的变化情况越多，那么信息熵越大越不稳定。

2．信息增益

将信息熵的公式推广到多个变量的联合熵，例如两个变量 X 和 Y 的联合熵计算见公式 5 - 17。

$$H(X, Y) = -\sum_{x,y}^{n} P(x, y) \log p(x, y) \qquad (5-17)$$

有了联合熵，又可以得到条件熵的表达式 $H(X|Y)$，条件熵类似于条件概率，它度量了在知道 Y 以后 X 剩下的不确定性。表达式如 5 - 18 所示。

$$H(X|Y) = -\sum_{x,y}^{n} P(x, y) \log p(x|y) = \sum_{y_i \in Y}^{n} p(y_i) H(X|y_i) \qquad (5-18)$$

我们刚才提到 $H(X)$ 度量了 X 的不确定性，条件熵 $H(X|Y)$ 度量了在知道 Y 以后 X 剩下的不确定性，那么 $H(X) - H(X|Y)$ 呢？从上面的描述中，大家可以看出，它度量了在知道 Y 以后 X 不确定性减少程度，这个度量在信息论中称为互信息，记为 $I(X, Y)$。在决策树 ID3 算法中叫作信息增益。ID3 算法就是用信息增益来判断当前节点应该用什么特征来构建决策树。信息增益大，则越适合用来分类。

信息增益针对单个特征而言，即看一个特征 t，系统有它和没有它时信息熵之差。下面是 Weka 中的一个数据集，是关于不同天气是否打球的例子。特征是天气，label 为是否打球。

[①] 百度百科．信息熵[EB/OL]．[2018 - 07 - 19]．https：//baike．baidu．com/item/信息熵．

表 5-2 Weka 数据集

outlook	temperature	humidity	windy	play
sunny	hot	high	FALSE	no
sunny	hot	high	TRUE	no
overcast	hot	high	FALSE	yes
rainy	mild	high	FALSE	yes
rainy	cool	normal	FALSE	yes
rainy	cool	normal	TRUE	no
overcast	cool	normal	TRUE	yes
sunny	mild	high	FALSE	no
sunny	cool	normal	FALSE	yes
rainy	mild	normal	FALSE	yes
sunny	mild	normal	TRUE	yes
overcast	mild	high	TRUE	yes
overcast	hot	normal	FALSE	yes
rainy	mild	high	TRUE	no

上面的表达式的意思是以属性 outlook 作为总的分类条件的信息熵，则该属性的信息增益为图 5-7 所示。

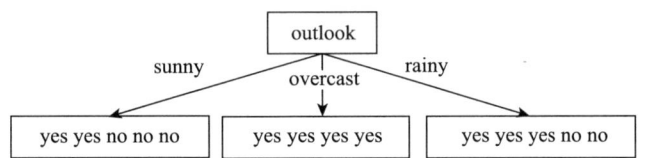

图 5-7 按 outlook 进行划分的示意图

为了更清楚地表述上面的概念，我们通过一个在条件概率中经常用的图来表示，如图 5-8 所示。左边的椭圆代表 $H(X)$，右边的椭圆代表 $H(Y)$，中间重合的部分就是互信息或者信息增益 $I(X,Y)$，左边的椭圆去掉重合部分就是 $H(X|Y)$，右边的椭圆去掉重合部分就是 $H(Y|X)$。两个椭圆的并集就是 $I(X,Y)$。

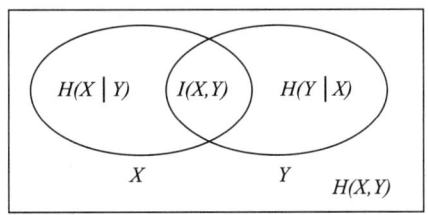

图 5-8 信息增益和信息熵关系图

（二）实例详解

我们已经介绍了决策树的原理，下面通过实例介绍如何在 Python 中使用决策树。同样在 Python 中，决策树算法也是不需要我们进行编写的，在 scikit-learn 工具包中已经包含了这个算法。这次我们依然运用表 5-2 的数据集来训练模型。

算法 5-1　决策树算法

输入：表 5-2 Weka 数据集
输出：决策树 CLF，保存 CLF 到 ALL.DOT

Step1：首先我们导入一些我们可能用到的库
　　from sklearn.feature_extraction import dictvectorizer
　　import csv
　　from sklearn import preprocessing, metrics
　　from sklearn import tree
Step2：加载数据
　　ALLS = OPEN(R"./DATA/DATA.CSV")　　　　　　# 将表 7-2 中的数据放到 DATA.CSV 中
　　READER = CSV.READER(ALLS)　　　　　　　　　# 将数据存到 READER
Step3：读取数据
　　HEADERS = READER.NEXT()　　　　　　　　　　# 取出第一行数据，也就是头
　　FEATURELIST = [ ]　　　　　　　　　　　　　# 存储特征向量
　　LABELLIST = [ ]　　　　　　　　　　　　　　# 存储分类标签
　　FOR ROW IN READER：
　　　　# 将每一行的 LABEL 标记存到 LABELLIST
　　　　LABELLIST.APPEND(ROW[LEN(ROW)-1])
　　　　ROWDICT = { }
　　　　FOR I IN RANGE(1, LEN(ROW)-1)：
　　　　　　ROWDICT[HEADERS[I]] = ROW[I]
　　　　# 将每一行的特征向量存到 FEATURELIST
　　　　FEATURELIST.APPEND(ROWDICT)
Step4：转换数据集
　　VEC = DICTVECTORIZER()　　　　　　# 将数据集装换为 0 和 1 的格式
　　DUMMYX = VEC.FIT_TRANSFORM(FEATURELIST).TOARRAY()　　　# 对特征向量进行转换
　　LB = PREPROCESSING.LABELBINARIZER()
　　DUMMYY = LB.FIT_TRANSFORM(LABELLIST)　　　　　　　　　　# 对标记进行转换
Step5：训练数据建模
　　CLF = TREE.DECISIONTREECLASSIFIER(CRITERION = 'ENTROPY')　　# ENTROPY 使用信息熵
　　CLF = CLF.FIT(DUMMYX, 　　DUMMYY)　　　　　　　　　　　　# 建模
Step6：存储决策树
　　WITH OPEN("ALL.DOT","W") AS F：# 保存 CLF 到 ALL.DOT
　　　F = TREE.EXPORT_GRAPHVIZ(CLF, FEATURE_NAMES = VEC.GET_FEATURE_NAMES(), OUT_FILE = F)

上面的代码执行之后决策树模型就建立好了，并且已经保存到了 all.dot 文件中。我们可以看一下建立之后的决策树，我们需要下载安装 Graphviz：http://www.graphviz.org/，然后配置好环境变量，使用命令 dot-T pdf[dot 文件]-o [输出文

件］就可以将 dot 文件转换为可视化的 pdf 文件。转换结果如图 5-9 所示。

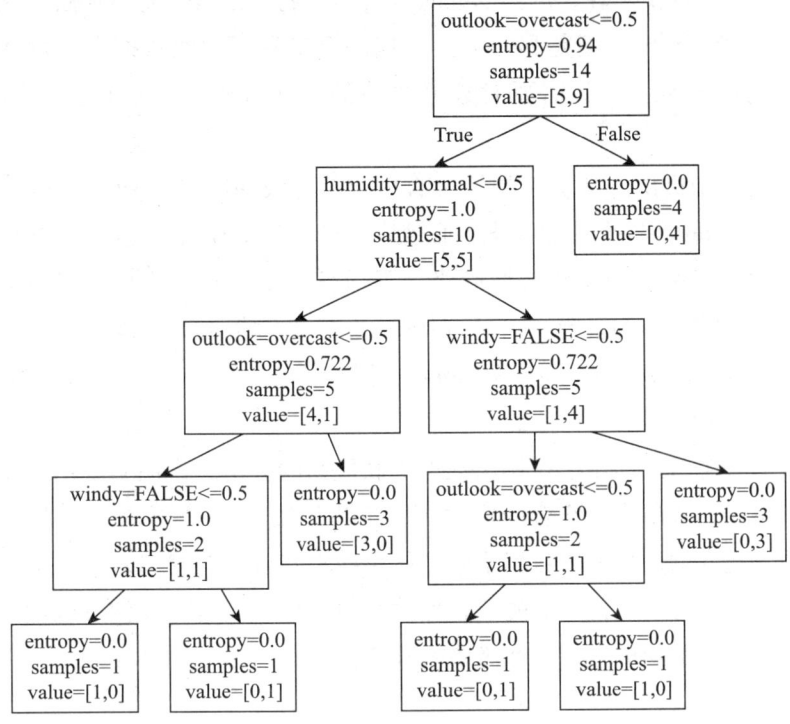

图 5-9 生成的决策图示例

（三）算法相关介绍

决策树算法起源于概念学习系统 CLS（Concept Learning System），这个算法是由 Hunt E. B. 等人在 1966 年第一次提出用决策树进行概念学习。在各种决策树分类的算法中，早期的 CLS 算法和 CART 算法是最有影响的，就是我们前面介绍的由 Quinlan 提出的 ID3 算法，在 ID3 算法的基础上，他又提出了 C4.5 算法。为了适应处理大规模数据集的需要，后来又提出了若干改进的算法，如 SLIQ 算法、SPRINT 算法、PUBLIC 算法等。

决策树算法已经有了广泛的应用，并且已经产生了许多成熟的系统，这些系统广泛应用于各个领域，如语音识别、医疗诊断、客户关系管理、模式识别、专家系统等。决策树各类算法各有优缺点，在实际工作中，必须根据数据类型的特点及数据集的大小，选择合适的算法。

三、关联规则

在一家超市中，人们发现了一个特别有趣的现象：将尿布与啤酒这两种风马牛不相及的商品摆在一起后，这一奇怪的举措居然使尿布和啤酒的销量大幅增加了，这可不是一个笑话，而是一直被商家所津津乐道的发生在美国沃尔玛连锁超市的真实案例。原来,美国的妇女通常在家照顾孩子,所以她们经常会嘱咐丈夫在下班回家的路上为孩子买尿布,而丈夫在买尿布的同时又会顺手购买自己爱喝的啤酒。这个发现为商家带来了大量的利润,但是如何从浩如烟海且杂乱无章的数据中,发现啤酒和尿布销售之间的联系呢?这就需要对数据之间的关联规则进行分析,对购物篮进行分析。

关联规则最初提出的动机就是针对购物篮分析(Market Basket Analysis)问题提出的。1993年,Agrawal等人首先提出关联规则概念,同时给出了相应的挖掘算法AIS,但是该算法性能较差。1994年,他们建立了项目集格空间理论,并依据上述两个定理,提出了著名的Apriori算法,至今Apriori算法仍然作为关联规则挖掘的经典算法被广泛讨论。[①] 接下来我们详细介绍Apriori算法。

(一) 算法原理

Apriori算法是常用的用于挖掘出数据关联规则的算法,它用来找出数据值中频繁出现的数据集合,找出这些集合的模式有助于我们做决策。[②] 比如在常见的超市购物数据集,或者电商的用户消费数据集中,如果我们找到了频繁出现的数据集,那么对于超市而言,我们可以优化产品的位置摆放;对于电商而言,我们可以优化商品所在的仓库位置,达到节约成本,增加经济效益的目的。

1. 频繁项集

什么样的数据才是频繁项集呢?也许有人会说,这还不简单,一起出现次数多的数据集就是频繁项集。的确是这样,但是有两个问题值得注意,第一个问题是当数据量非常大的时候,我们没法直接发现频繁项集,这就需要用到Apriori算法了;第二个问题是缺乏一个频繁项集的标准。比如在表5-3里尿布和葡萄酒同时出现了三次,那么能不能说尿布和葡萄酒一起构成频繁项集呢?因此我们需要一个评估频繁项集的标准。常用的频繁项集的评估标准有支持度、置信度和提升度三个方面。

表5-3 某食品店的简单交易清单

交易号码	商品
0	豆奶,莴苣
1	莴苣,尿布,葡萄酒,甜菜
2	豆奶,尿布,葡萄酒,橙汁
3	莴苣,豆奶,尿布,葡萄酒
4	莴苣,豆奶,尿布,橙汁

---

① 史忠植. 知识发现(第二版)[M]. 北京:清华大学出版社,2011:146-148.
② 胡淑新,李长云,吴岳忠. 改进Apriori算法在高校学生信息系统中的应用研究[J]. 电子设计工程,2015,23(23):16-19.

(1) 支持度。

支持度就是几个关联的数据在数据集中出现的次数占总数据集的比重,或者说几个数据关联出现的概率。从表 5-3 中可以看出项集{豆奶}的支持度为 $\frac{4}{5}$;而在 5 条交易记录中 3 条包含{豆奶,尿布},因此{豆奶,尿布}的支持度为 $\frac{3}{5}$。如果我们有两个项分析关联性的数据 X 和 Y,则对应的支持度如公式 5-19 所示。

$$\text{Support}(X, Y) = P(XY) = \frac{\text{number}(XY)}{\text{number}(\text{All Samples})} \tag{5-19}$$

以此类推,如果我们有三个项分析关联性的数据 X、Y 和 Z,则对应的支持度如公式 5-20 所示。

$$\text{Support}(X, Y, Z) = P(XYZ) = \frac{\text{number}(XYZ)}{\text{number}(\text{All Samples})} \tag{5-20}$$

(2) 置信度。

置信度也叫可信度,即一个数据出现后,另一个数据出现的概率,或者说数据的条件概率。例如:对"尿布→葡萄酒"这条关联规则来说,这条规则的置信度被定义为"支持度({尿布,葡萄酒})/支持度({尿布})"。在表 5-3 中可以发现{尿布,葡萄酒}的支持度是 3/5,{尿布}的支持度为 4/5,所以关联规则"尿布→葡萄酒"的置信度为 3/4 = 0.75,意思是对于所有包含"尿布"的记录中,该关联规则对其中的 75%记录都适用。如果我们有两个项分析关联性的数据 X 和 Y,X 对 Y 的置信度如公式 5-21 所示。

$$\text{Confidence}(X \Leftarrow Y) = P(X \mid Y) = P(XY)/P(Y) \tag{5-21}$$

也可以以此类推到多个数据的关联置信度,比如对于三个数据 X,Y,Z,则 X 对于 Y 和 Z 的置信度如公式 5-22 所示。

$$\text{Confidence}(X \Leftarrow YZ) = P(X \mid YZ) = P(XYZ)/P(YZ) \tag{5-22}$$

对于"尿布→葡萄酒"这条规则,也就是葡萄酒对应尿布的置信度为 75%,支持度为 60%,则意味着在表中总共有 60%的用户既买了尿布也买了葡萄酒,同时买尿布的用户中有 75%的用户购买了葡萄酒。

(3) 提升度。

提升度是对支持度、置信度进行综合衡量的指标,很多时候在衡量商品关联关系时只采用这一指标,可见这个指标的重要性。提升度表示含有 Y 的条件下,同时含有 X 的概率,与 X 总体发生的概率之比,如公式 5-23 所示。

$$\text{Lift}(X \Leftarrow Y) = \frac{P(X \mid Y)}{P(X)} = \text{Confidence}(X \Leftarrow Y)/P(X) \tag{5-23}$$

即对于"尿布→葡萄酒"这条规则,其提升度为 Confidence(葡萄酒⇐尿布)/P

（葡萄酒）= 5/4。对于提升度来说，当提升度大于 1 时，表明商品之间可能具有真正的关联关系。提升度数值越大，则商品之间的关联意义越大。如果提升度小于 1 时，表明商品之间不可能具有真正的关联。一个特殊的情况，如果 X 和 Y 独立，则有 Lift $(X \leftarrow Y) = 1$，因为此时 $P(X|Y) = P(X)$。

一般来说，支持度高的数据不一定构成频繁项集，但是支持度太低的数据肯定不构成频繁项集，而且如果要选择一个数据集合中的频繁数据集，则需要自定义评估标准。最常用的评估标准是用自定义的支持度，或者是自定义支持度和置信度的一个组合。

2. Apriori 算法

对于 Apriori 算法，我们使用支持度作为判断频繁项集的标准。Apriori 算法的目标是找到最大的 K 项频繁集。这里有两层意思，首先，要找到符合支持度标准的频繁集，但是这样的频繁集可能有很多。其次，就是要找到最大个数的频繁集。比如找到符合支持度的频繁集 AB 和 ABE，那么我们会抛弃 AB，只保留 ABE，因为 AB 是 2 项频繁集，而 ABE 是 3 项频繁集。那么具体的 Apriori 算法是如何做到挖掘 K 项频繁集的呢？

Apriori 算法采用了迭代的方法，先搜索出候选 1 项集及对应的支持度，剪枝去掉低于支持度的 1 项集，得到频繁 1 项集。然后对剩下的频繁 1 项集进行连接，得到候选的频繁 2 项集，筛选去掉低于支持度的候选频繁 2 项集，得到真正的频繁 2 项集，以此类推，迭代下去，直到无法找到频繁 $k+1$ 项集为止，对应的频繁 k 项集的集合即为算法的输出结果。

我们仍然使用表 5-3 中的数据来作为一个简单的例子，如图 5-10 所示。我们的数据有 5 条记录，现在使用 Apriori 算法来寻找频繁 k 项集，最小支持度设置为 50%。首先生成候选频繁 1 项集，包括所有的 6 个数据并计算 6 个数据的支持度，即图 5-10 中第一步，计算完毕后我们进行剪枝，项集{甜菜}和{橙汁}由于支持度小于 50% 被剪掉。最终的频繁 1 项集，即图 5-10 中第二步，现在我们链接生成候选频繁 2 项集，即图 5-10 中第三步。此时第一轮迭代结束。

进入第二轮迭代，我们扫描数据集计算候选频繁 2 项集的支持度，接着进行剪枝，由于{豆奶，葡萄酒}和{莴苣，葡萄酒}的支持度小于 50% 而被减掉，得到真正的频繁 2 项集，即图 5-10 中第四步。通过计算候选频繁 3 项集的支持度，我们发现没有大于 50% 的频繁 3 项集，如图 5-10 中第五步所示，因此我们最终得到的就是 4 个频繁 3 项集，也就是图 5-10 中的第四步。

（二）实例详解

我们已经介绍过 Apriori 算法的思路及原理，下面通过实例介绍如何在 Python 中使用 Apriori 算法。同样在 Python 中，Apriori 算法我们也不需要编写，在 Apyori 包中已经包含了这个算法。Apriori 算法的使用很简单，其实只需要调用 Apriori 函数即可，接下来我们通过程序使用前面表 5-3 的数据进行测试。

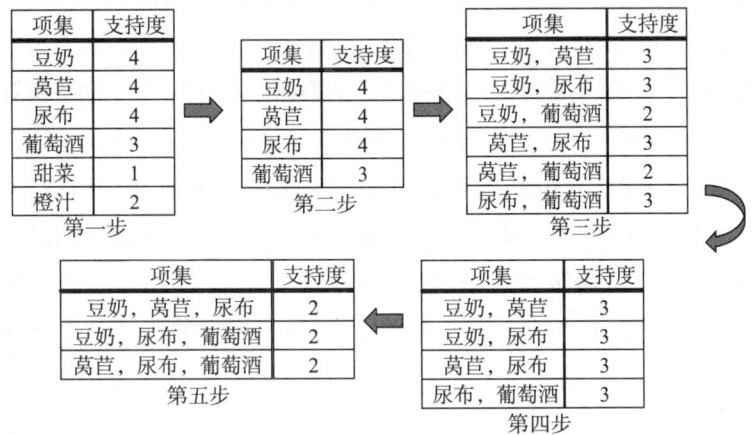

图 5-10 Apriori 算法挖掘频繁集流程图

算法 5-2 Apriori 算法

输入：表 5-3 某食品店的简单交易清单
输出：频繁项集

Step1：首先我们需要安装一下 APYORI 库
　　PIP INSTALL APYORI
Step2：导入我们需要的库
　　FROM APYORI IMPORT APRIORI
Step3：准备数据
　　DATA=[['豆奶','莴苣'],
　　　　　['莴苣','尿布','葡萄酒','甜菜'],
　　　　　['豆奶','尿布','葡萄酒','橙汁'],
　　　　　['莴苣','豆奶','尿布','葡萄酒'],
　　　　　['莴苣','豆奶','尿布','橙汁']]
Step4：执行 APRIORI 算法
　　RESULTS=LIST(APRIORI(TRANSACTIONS=DATA，MIN_SUPPORT=0.5))　　#指定支持度为 0.5
Step5：循环输出频繁项集
　　FOR RESULT IN RESULTS：
　　PRINT(LIST(RESULT.ITEMS))

最终得到的频繁项集如图 5-11 所示。

（三）算法相关介绍

关联规则的目的在于在一个数据集中找出项之间的关系，也称之为购物篮分析（Market Basket Analysis）。例如，购买鞋的顾客，有 10% 的可能也会买袜子；买面包的顾客，60% 的也会买牛奶。这其中最有名的例子就是我们上面说的"尿布和啤酒"的搭配。

随着研究者对关联规则挖掘的深入研究，关联规则挖掘研究有了许多扩展，包

['尿布']
['莴苣']
['葡萄酒']
['豆奶']
['尿布',' 莴苣']
['尿布',' 葡萄酒']
['豆奶',' 尿布']
['豆奶',' 莴苣']

图 5-11 Apriori 算法输出频繁项集

括:事务间关联规则挖掘、空间关联规则挖掘、负关联规则挖掘、序列模式挖掘及正关联规则挖掘,另外,对度量的研究也有所突破。

Apriori 算法是一种最有影响的挖掘布尔关联规则频繁项目集的经典算法。Apriori 算法采取循序渐进的方式,一层一层地组合出候选项目集,并扫描数据库计算出候选项目集支持度与规则强度。虽然该算法已经将许多不可能成立的候选项目集事先删除,以减少庞大的计算量,但是仍然需要大量的计算,而且需要多次扫描数据库,所以对于大型数据库系统,该算法的效率仍然不够高。对它的改进有基于数据分割(Partition)的方法、基于散列(Hash)的方法、基于采样(Sampling)的方法以及 FP-Growth 算法。

四、EM 算法

EM(Expectation Maximization)算法,即期望最大化算法,是一种当观测数据不完整时求解最大似然估计的迭代算法。作为机器学习领域的十大经典算法之一,其基本思想是,首先根据已经观测出来的数据估计出模型参数的值,再根据上一步估计出的参数值来估计缺失数据的值,然后再根据估计中缺失的数据加上之前的已经观测到的数据重新再对参数值进行估计,然后反复地进行迭代,直到最后收敛,迭代结束。[①] EM 算法是一种迭代的优化策略,其计算方法分为期望步(E 步)和极大步(M 步)两类,这个算法的名字也由此而来。

(一)算法原理

EM 算法作为机器学习领域的十大经典算法之一,自有其与众不同的地方。EM 算法可以说既简单又复杂,简单在于它的思想,仅包含了两个步骤就能完成强大的功能,复杂在于它的数学推理涉及比较繁杂的概率公式等。在介绍 EM 算法之前,我们有必要先介绍一下极大似然估计,因为 EM 算法依赖于极大似然估计。

1. 极大似然估计

通俗地说,极大似然估计就是利用已知的样本结果,反推最有可能(最大概率)导致这样结果的参数值,即模型已知,参数未知。那什么是参数?什么又是模型呢?举个简单的例子。例如,我们可以用线性模型根据公司的广告支出来预测公司的收入,我们可以把线性模型写成 $y=mx+c$ 的形式,x 表示广告支出,y 表示产生的收入,m 和 c 则是这个模型的参数。这些参数的不同,使得坐标平面上得到的直线也不一样,如图 5-12 所示。因此,参数为模型定义了一个蓝图。只有将参数选定为特定值时,才会给出一个描述给定现象的模型实例。

极大似然估计是一种确定模型参数值的方法。确定参数值的过程,是找到能最大化模型产生真实观察数据可能性的那一组参数。其实我们可以把数据看成是事实的一

[①] zouxy09. 从最大似然到 EM 算法浅解[EB/OL].[2018-06-30]. https://blog.csdn.net/zouxy09/article/details/8537620.

个表现，也就是"产生的收入"和"广告支出"关系的一个表现。正如我们前面假设 $y = mx + c$，这里面 mx 就是我们假设的"广告支出"和"产生的收入"的关系，而 c 就是误差或者说是其他影响"产生收入"的噪声因素。

现在我们假设已经有了一连串的 x 和 y，也就是"广告支出"和"产生的收入"的观察数据。接下来我们就可以尝试找出

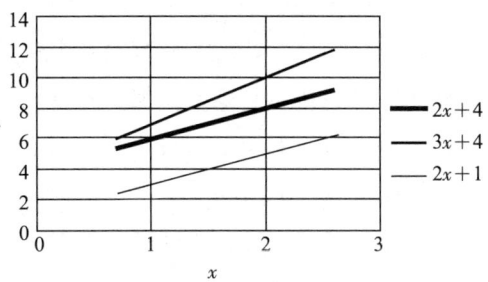

图 5-12 线性模型示例图

一个最有可能的 mx 去拟合数据了，这里的关系我们假设的是线性关系，即 mx 接下来我们使用 $f(x)$ 来代替这个关系，使用 E 代表误差，并把 E 看作一个正态分布 $N(0, 2)$。模型见公式 5-24。

$$y_i = f(x_i) + E \tag{5-24}$$

我们要求最有可能的模型 $f(x)$，其概率表示见公式 5-25。

$$P(Y | X, \theta) = P(y_1, y_2, y_3, \cdots, y_n | x_1, x_2, x_3, \cdots, x_n, \theta) \tag{5-25}$$

其中 Y 和 X 就是一连串的观测数据，即"广告支出"和"产生的收入"的数据，θ 是参数。假设数据之间是独立的（这样计算更容易些），那么观察所有数据的总概率就是单独观察到每个数据点的概率的乘积。就可以得到公式 5-26。

$$P(y_1, y_2, y_3, \cdots, y_n | x_1, x_2, x_3, \cdots, x_n, \theta) = \prod_i^n P(y_i | x_i, \theta) \tag{5-26}$$

这样就得到了似然函数或者说模型，表示产生 X 和 Y 那一连串数据的可能性，表达式如 5-27 所示。

$$\text{Likelihood}(\theta) = \prod_i^n P(y_i | x_i, \theta) \tag{5-27}$$

代入模型就可以表示出来，如 5-28 所示。

$$P(y_i | x_i, \theta) = P(y_i | f(x_i) + E) = P(y_i - f(x_i) | E) \tag{5-28}$$

现在我们要计算产生数据的可能性只需要知道这个模型预测值与实际值之间的误差 $y_i - f(x_i)$ 和 E 的分布就可以了。E 我们已经假设为 $N(0, 2)$ 的正态分布了，那如何求解让产生数据的可能性最大呢，即如何让 $\text{Likelihood}(\theta)$ 达到最大，一般的流程如下。

（1）选择一个模型 $f(x)$ 并初始化参数。

（2）估测噪声随机变量 E 的分布（如高斯分布、均匀分布等），得到 Likelihood 表达式。

（3）计算 Likelihood 函数，并调整使得 Likelihood 达到最大值。

计算和调整的方法一般是通过两边取对数并求导的方式得到极大值或极小值，这边就不再详细描述了。

2. EM 算法

EM 算法是在含有隐变量的模型下计算最大似然的一种算法[①]。所谓隐变量，是指没有办法观测到的变量。比如，有两枚硬币 A、B，每一次随机取一枚进行抛掷，我们只能观测到硬币的正面与反面，而不能观测到每一次取的硬币是否为 A，则称每一次的选择抛掷硬币为隐变量。

因为含有隐变量，使用极大似然无法求解。因此，Dempster 等人提出 EM 算法用于迭代求得近似解。所以 EM 算法是一种特殊情况下的最大似然求解方法。EM 算法分为两步，即 E 步和 M 步。接下来我们通过一个例子来了解一下这两步。

假设现在有两枚硬币 1 和 2，随机抛掷后正面朝上的概率分别为 P_1，P_2。为了估计这两个概率，可进行实验，每次取一枚硬币，连掷 5 下，记录下结果，如表 5-4 所示。

表 5-4 掷硬币的实验结果

硬 币	结 果	统 计
1	正正反正反	3 正 2 反
2	反反正正反	2 正 3 反
1	正反反反反	1 正 4 反
2	正反反正正	3 正 2 反
1	反正正反反	2 正 3 反

这个时候 P_1 和 P_2 非常容易计算，$P_1 = (3+1+2)/15 = 0.4$；$P_2 = (2+3)/10 = 0.5$。现在加入隐变量，假如我们不知道抛的是硬币 1，还是硬币 2，也就是表 5-4 中硬币那一列都是未知的。这个时候我们应该怎么去估计 P_1 和 P_2 呢？

首先我们先假设 $P_1 = 0.2$，$P_2 = 0.7$。这样我们就可以得出每轮抛硬币 1 或硬币 2 的概率，即如果第一轮是硬币 1，得出 3 正 2 反的概率为 $0.2 \times 0.2 \times 0.2 \times 0.8 \times 0.8 = 0.00512$，如表 5-5 所示。

表 5-5 获取每轮硬币的概率

轮 数	若是硬币 1	若是硬币 2
1	0.005 12	0.030 87
2	0.020 48	0.013 23
3	0.081 92	0.005 67
4	0.005 12	0.030 87
5	0.020 48	0.013 23

[①] Milter. 如何感性地理解 EM 算法？[EB/OL]. [2018-06-30]. https://www.jianshu.com/p/1121509ac1dc.

接下来按照极大似然法则,即第 1 轮中最有可能的是硬币 2、第 2 轮中最有可能的是硬币 1 等,得到 z 的估计值即 21121,意思是每轮最有可能的硬币。然后我们利用 z 的估计值使用极大似然法则估计 P_1 和 P_2,$P_1=(2+1+2)/15≈0.33$;$P_2=(3+3)/10=0.6$。然后来和一开始设定的值对比一下,如表 5-6 所示。

表 5-6 初始化概率和估计概率对比

初始化的 P_1	估计出的 P_1	真实的 P_1	初始化的 P_2	估计出的 P_2	真实的 P_2
0.2	0.33	0.4	0.7	0.6	0.5

在表 5-6 中,可以看到,我们估计的 P_1 和 P_2 相比于它们的初始值,更接近它们的真实值了(即一开始的 $P_1=0.4$,$P_2=0.5$)。如果我们继续按照上面的思路,用估计出的 P_1 和 P_2 再来估计 z,再用 z 来估计新的 P_1 和 P_2,反复迭代下去,就可以最终得到 $P_1=0.4$,$P_2=0.5$,此时无论怎样迭代,P_1 和 P_2 的值都会保持 0.4 和 0.5 不变,于是,我们就找到了 P_1 和 P_2 的最大似然估计。

我们是用极大似然概率法则估计出的 z 值,然后再用 z 值,按照极大似然概率法则估计新的 P_1 和 P_2。也就是说,我们使用了一个最可能的 z 值,而不是所有可能的 z 值。如果考虑所有可能的 z 值,对每一个 z 值都估计出一个新的 P_1 和 P_2,将每一个 z 值概率大小作为权重,将所有新的 P_1 和 P_2 分别加权相加,这样的 P_1 和 P_2 应该会更准确一些。

利用表 5-5 我们就可以算出每轮抛掷中使用硬币 1 或者使用硬币 2 的概率。比如第一轮使用硬币 1 的概率为 $0.005\ 12/(0.005\ 12+0.030\ 87)≈0.14$。同样的方法算出硬币 2 的概率,我们就得出表 5-7。

表 5-7 每轮使用硬币的概率

轮 数	$z\_i=$硬币 1	$z\_i=$硬币 2
1	0.14	0.86
2	0.61	0.39
3	0.94	0.06
4	0.14	0.86
5	0.61	0.39

表 5-7 中第一行,0.86 表示从期望的角度看,这轮抛掷有 0.14 的概率是硬币 1,有 0.86 的概率是硬币 2,这样我们就得到了 z 的概率分布,这也是 EM 算法的 E 步。

接着我们按照期望极大似然概率的法则来估计新的 P_1 和 P_2,以 P_1 估计为例,第 1 轮的 3 正 2 反相当于为正的概率是 $0.14×3=0.42$,为反的概率是 $0.14×2=0.28$,依次算出其他四轮,得到表 5-8。

表 5-8 P_1 每轮正反面的概率

轮 数	正 面	反 面
1	0.42	0.28
2	1.22	1.83
3	0.94	3.76
4	0.42	0.28
5	1.22	1.83
总计	4.22	7.98

从表 5-8 中，我们就可以得到新的 P_1 的估计值为 $P_1 = 4.22/(4.22 + 7.98) = 0.35$。我们可以看到 P_1 比之前更加接近 0.4。这步中，我们根据 E 步中求出的 z 的概率分布，依据极大似然概率法则去估计 P_1 和 P_2，被称作 M 步。

（二）实例详解

我们已经对于 EM 算法原理及 E 步和 M 步做了简单介绍，下面我们通过 Python 来简单实现以下 EM 算法的 E 步和 M 步，并验证下我们上面得出的结果。EM 算法的实现相对简单，在 Python 中没有找到相应的库，因此我们需要自己动手写函数了。

算法 5-3 EM 算法

输入：初始化数据
输出：PA、PB 的概率值

```
Step1：首先我们需要导入我们需要的库
    IMPORT NUMPY AS NP
Step2：初始化数据
    N, M=5, 5                # 5 组实验，每组 10 次
    NZS=[3, 2, 1, 3, 2]      # 每组实验，硬币正面的次数
    PA=0.2                   # 待求的概率：使用 PA 代表抛硬币 1 正面向上的概率
    PB=0.7                   # 待求的概率：使用 PB 代表抛硬币 2 正面向上的概率
    N_ITER=10                # 迭代次数
Step3：简单极大似然概率实现估计
    FOR I IN RANGE(0, N_ITER):        # 迭代多次
            SELECTED_COINS=[ ]
            FOR J IN RANGE(0, N):
    # P_A 记录的是，如果第 J 次实验，选择的是硬币 1，那么出现对应的实验结果的概率
            P_A=NP. POWER(PA, NZS[J]) * NP. POWER(1-PA, M-NZS[J])
            P_B=NP. POWER(PB, NZS[J]) * NP. POWER(1-PB, M-NZS[J])
            IFP_A>P_B:
                SELECTED_COINS. APPEND('A')
            ELSE:
                SELECTED_COINS. APPEND('B')
        FENZI=[0, 0]
        FENMU=[0, 0]
```

续表

```
FOR J, X IN ENUMERATE(SELECTED_COINS):
    IF X = = 'A':
        FENZI[0]+=NZS[J]
        FENMU[0]+=M
    ELSE:
        FENZI[1]+=NZS[J]
        FENMU[1]+=M
PA=FENZI[0]/FENMU[0]
PB=FENZI[1]/FENMU[1]
PRINT(PA, PB)
```

通过简单的极大似然概率迭代 10 次求解 $P(A)$ 和 $P(B)$ 的值，其结果如图 5-13 所示。

可以看出，第二次就收敛了。真实的值是 $P(A)=0.4$，$P(B)=0.5$。EM 算法求得的结果与实际结果有差别。

```
0.3333333333333333 0.6
0.3333333333333333 0.6
0.3333333333333333 0.6
0.3333333333333333 0.6
0.3333333333333333 0.6
0.3333333333333333 0.6
0.3333333333333333 0.6
0.3333333333333333 0.6
0.3333333333333333 0.6
0.3333333333333333 0.6
```

图 5-13 使用极大似然法则迭代 10 次概率的结果

通过使用隐变量 z 的概率分布去迭代求解 $P(A)$ 和 $P(B)$ 的值，其结果如图 5-14 所示。

```
0.34654779620869536   0.5287058763827479
0.39956790114440527   0.4797240798101034
0.42188966662347527   0.45808503516200005
0.43178479159111214   0.44821450063200086
0.43626703052799631   0.44373294213244585
0.4383033017237989    0.4416966971249455
0.4392287831760107    0.44077121677496833
0.4396494477937088    0.44035055220419966
0.4398406581716344    0.4401593418282763
0.43992757190402515   0.4400724280959709
```

图 5-14 使用 z 的概率分布迭代 10 次结果

可以看出，第二次最接近真实的值是 $P(A)=0.4$，$P(B)=0.5$。而且要比简单地使用极大似然法则给出的估计值更接近真实值，只不过 EM 算法在数据少时，使用极大似然法会使参数估计产生过拟合，因此后面的值距离真实值反而变得更大。

(三) 算法相关介绍

近年来，统计技术发展迅速，它使许多统计方法，尤其是贝叶斯统计得到广泛的运用。

EM 算法的最大优点是简单和稳定，其主要目的是提供一个简单的迭代算法来计算极大似然估计，在处理不完全数据中有重要应用。EM 算法实现简单，数值计算稳定，存储量小，并具有良好的全局收敛性。但是，EM 算法收敛速度相当慢。为了优化 EM 算法，学者们又提出了 EMB 算法和 MEMB 算法。然而针对 EM 算法计算的局限性，还有一些 EM 算法的推广，如 GEM 和 MCEM 算法。

EM 算法还被应用于医学研究中,临床医学中十分常见的一种数据观测形式为重复观测,其特点是在同一实验上进行多次重复观测,这个过程由于各种原因经常导致实验观测数据缺失,如记录仪器发生故障、被调查者拒绝回答相关调查项目等。EM 算法利用所有的资料信息来进行缺项估计,以"补缺"的方式将含有缺失值的"不完全资料"转化为"完全资料"。

五、人工神经网络

人工神经网络(Artificial Neural Networks,ANNs),简称为神经网络(NNs),是模拟生物神经网络进行信息处理的一种数学模型,它以对大脑的生理研究成果为基础,其目的在于模拟大脑的某些机理与机制,实现一些特定的功能。目前,人工神经网络已应用于很多领域,如语言识别、图像识别与理解、计算机视觉、智能机器人故障检测等。[1][2]

(一)算法原理

人脑中有超过 1 000 亿个神经元,每个神经元皆由许多突触与其他神经元相连,从而形成一个非常复杂的神经网络,这些神经网络以平行交织的方式来分析大量数据。如图 5-15 所示,一个神经元通常具有多个树突,主要用来接收传入信息;而轴突只有一条,轴突尾端有许多轴突末梢可以给其他多个神经元传递信息。轴突末梢跟其他神经元的树突产生连接,从而传递信号。这个连接的位置在生物学上叫作"突触"。

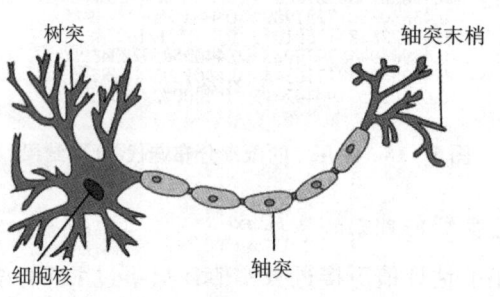

图 5-15 神经元

1. 神经元模型

1943 年,心理学家麦卡·洛克(McCulloch)和数学家皮茨(Pitts)参考生物神经元的结构,发布了抽象的神经元模型 MP。神经元模型 MP 是一个包含输入、输出与计算功能的模型。输入可以类比为神经元的树突,输出可以类比为神经元的轴突,而计算则可以类比为细胞核。

---

[1] 史忠植. 知识发现(第二版)[M]. 北京:清华大学出版社,2011:215-219.
[2] 韩力群,施彦. 人工神经网络理论及应用[M]. 北京:机械工业出版社,2017.

如图 5-16 所示，这是一个典型的神经元模型：包含 3 个输入，1 个输出，以及 2 个计算功能。中间的箭头被称为"连接"，每条线上有一个"权值"。而一个神经网络的训练算法就是让"权值"的值调整到最佳，以使得整个网络的预测效果最好。

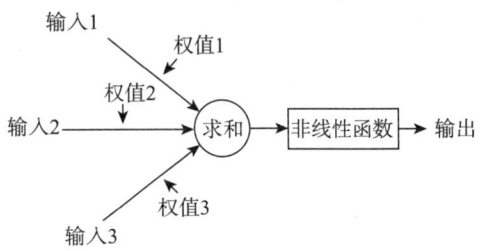

图 5-16 神经元模型

我们使用 a 来表示输入，用 w 来表示权值，用 z 来表示输出，使用 Sgn 函数（在 MP 模型里使用这个函数）代替非线性函数，这个函数当输入大于 0 时，输出 1，否则输出 0，如图 5-17 所示。一个表示连接的有向箭头可以这样理解：在初端，传递的信号大小仍然是 a，端中间有加权参数 w，经过这个加权后的信号会变成 $a*w$，因此在连接的末端，信号的大小就变成了 $a*w$。z 值的计算见公式 5-29。

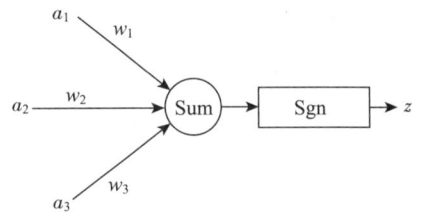

图 5-17 神经元计算表示

$$z = \text{Sgn}(a_1 \times w_1 + a_2 \times w_2 + a_3 \times w_3) \tag{5-29}$$

2．单层神经网络

1958 年，计算科学家罗森布拉特（Rosenblatt）提出了由两层神经元组成的神经网络。他给它起了一个名字——"感知器"（Perceptron）。感知器可以学习识别简单的图像，这在当时引起了轰动，掀起了神经网络的第一次高潮。

在原来 MP 模型的"输入"位置添加神经元节点，标志其为"输入单元"。其余不变，于是我们就有了图 5-18，从本图开始，我们将权值 w_1，w_2，w_3 写到"连接线"的中间，如图 5-18 所示。

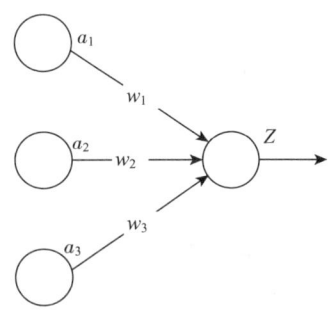

图 5-18 单层神经网络

在感知器中，有两个层次，分别是输入层和输出层。输入层里的"输入单元"只负责传输数据，不进行计算。输出层里的"输出单元"则需要对前面一层的输入进行计算。如果输出不是一个值，而是一个向量，则输出层需要再增加一个输出单元。如图 5-19 所示。

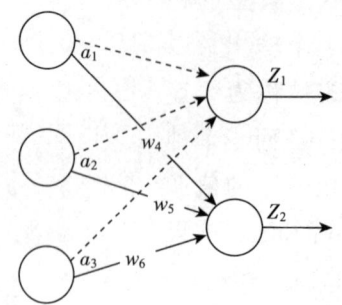

图 5-19 单层神经网络输出向量

由于新增加了 w_4, w_5, w_6 权重,因此我们改用二维的下标,用 $w_{x,y}$ 来表达一个权值。下标中的 x 代表后一层神经元的序号,而 y 代表前一层神经元的序号(序号的顺序从上到下)。则输出如表达式 5-30 所示。

$$\begin{cases} z_1 = \mathrm{Sgn}(a_1 \times w_{1,1} + a_2 \times w_{1,2} + a_3 \times w_{1,3}) \\ z_2 = \mathrm{Sgn}(a_1 \times w_{2,1} + a_2 \times w_{2,2} + a_3 \times w_{2,3}) \end{cases} \quad (5-30)$$

使用矩阵乘法来表示该表达式,输入的变量是 $[a_1, a_2, a_3]T$,代表由 a_1, a_2, a_3 组成的列向量,用向量 $\boldsymbol{a}$ 来表示。方程的左边是 $[z_1, z_2]T$,用向量 $\boldsymbol{z}$ 来表示。系数则是矩阵 $\boldsymbol{W}$(2 行 3 列的矩阵,排列形式与公式中的一样)。于是公式可以改写成公式 5-31。

$$z = \mathrm{Sgn}(w \times a) \quad (5-31)$$

3. 双层神经网络与多层神经网络

单层神经网络增加一个隐藏层就是双层神经网络,两层神经网络除了包含一个输入层,一个输出层以外,还增加了一个中间层。此时,中间层和输出层都是计算层,如图 5-20 所示。

我们依然使用矩阵运算来表达输出公式,其中 $a^{(1)}$ 代表第 1 层的输入节点,$a^{(2)}$ 代表中间层的节点,$w^{(1)}$ 代表输入层到中间层的系数矩阵,$w^{(2)}$ 则代表中间层到输出层的系数矩阵。需要说明的是,在两层神经网络中,我们不再使用 Sgn 函数,而是使用平滑函数 sigmoid。我们把这些函数也称作激活函数,其表达式结果如 5-32 所示。

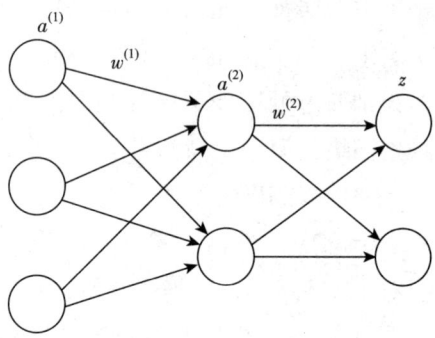

图 5-20 双层神经网络

$$\begin{aligned} a^{(2)} &= \mathrm{sigmoid}(w^{(1)} \times a^{(1)}) \\ z &= \mathrm{sigmoid}(w^{(2)} \times a^{(2)}) \end{aligned} \quad (5-32)$$

当增加一个计算层以后,两层神经网络不仅可以解决异或问题,而且具有非常好的非线性分类效果,但两层神经网络的计算是一个问题,没有一个较好的解法。1986年,鲁梅哈特(Rumelhar)和杰弗里·辛顿(Hinton)等人提出了反向传播(Backpropagation,BP)算法,解决了两层神经网络的复杂计算量问题。

机器学习模型训练的目的,就是使得参数尽可能地与真实的模型逼近。具体做法就是给所有参数赋上随机值。我们使用这些随机生成的参数值,来预测训练数据中的样本。样本的预测目标为 y_p,真实目标为 y。那么,定义一个值 loss,计算公式如公式 5-33 所示。

$$\text{loss} = (y_p - y)^2 \qquad (5-33)$$

这个计算值称为损失,我们的目标就是使对所有训练数据的损失值尽可能的小。如果将先前的神经网络预测的矩阵公式带入 y_p 中(因为有 $z = y_p$),那么我们可以把损失写成关于参数的函数,这个函数称为损失函数。问题就变成如何优化参数,能够让损失函数的值最小。

在神经网络模型中,由于结构复杂,每次计算梯度的代价很大。因此还需要使用反向传播算法。反向传播算法可以直观理解为图 5-21 所示的情况。梯度的计算从后往前,一层层反向传播。前缀 E 代表相对导数的意思。

在设计一个神经网络时,输入层的节点数需要与特征的维度相匹配,输出层的节点数要与目标的维度相匹配。而中间层的节点数,则是由设计者指定的。将层数保持不变,通过增加神经网络的参数数量可以带来更好的表示能力。在参数一致的情况下,我们也可以获得一个"更深"的网络。通过研究发现,更深的网络往往具有比浅层的网络更好的识别效率。

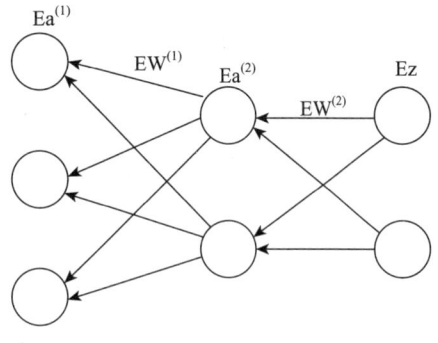

图 5-21 反向传播算法

更强的函数模拟能力随着层数的增加,整个网络的参数就越多。而神经网络其本质就是模拟特征与目标之间的真实关系函数的方法,更多的参数意味着其模拟的函数可以更加复杂,可以有更多的容量去拟合真正的关系,这就是多层神经网络。

(二)实例详解

我们已经介绍过人工神经网络基本原理,下面通过实例介绍在 Python 中如何使用人工神经网络对数据进行分类,在 Python 的 sklearn 库中包含了 MLPClassifier 类,即多层感知器。该类实现了通过反向传播算法进行训练的多层感知器(MLP)算法。接下来我们通过程序了解如何使用人工神经网络进行分类。

算法 5-4 多层感知器(MLP)算法

输入:数据 DATA
输出:训练神经网络

续表

Step1：导入需要的库
    IMPORT NUMPY AS NP
    IMPORT MATPLOTLIB. PYPLOT AS PLT
    FROM SKLEARN. NEURAL_NETWORK IMPORT MLPCLASSIFIER
    FROM SKLEARN. PREPROCESSING IMPORT STANDARDSCALER
Step2：数据准备
    DATA =[[-0.017612, 14.053064, 0], [-1.395634, 4.662541, 1], [-0.752157, 6.53862, 0],
      [-1.322371, 7.152853, 0], [0.423363, 11.054677, 0], [0.406704, 7.067335, 1],
      [0.667394, 12.741452, 0], [-2.46015, 6.866805, 1], [0.569411, 9.548755, 0],
      [-0.026632, 10.427743, 0], [0.850433, 6.920334, 1], [1.347183, 13.1755, 0],
      [1.176813, 3.16702, 1], [-1.781871, 9.097953, 0], [-0.566606, 5.749003, 1],
      [0.931635, 1.589505, 1], [-0.024205, 6.151823, 1], [-0.036453, 2.690988, 1],
      [-0.196949, 0.444165, 1], [1.014459, 5.754399, 1], [1.985298, 3.230619, 1],
      [-1.693453, -0.55754, 1], [-0.576525, 11.778922, 0], [-0.346811, -1.67873, 1],
      [-2.124484, 2.672471, 1], [1.217916, 9.597015, 0], [-0.733928, 9.098687, 0],
      [1.416614, 9.619232, 0], [1.38861, 9.341997, 0], [0.317029, 14.739025, 0]]
    DATAMAT=NP. ARRAY(DATA)
    X=DATAMAT[:, 0: 2]
    Y=DATAMAT[:, 2]
    SCALER=STANDARDSCALER( )   #标准化转换
    SCALER. FIT(X)   #训练标准化对象
    X=SCALER. TRANSFORM(X)   #转换数据集
Step3：训练神经网络模型
#神经网络输入为2，第一隐藏层神经元个数为5，第二隐藏层神经元个数为2
    CLF=MLPCLASSIFIER(SOLVER='LBFGS', ALPHA=1E-5, HIDDEN_LAYER_SIZES=(5, 2),
RANDOM_STATE=1)
    CLF. FIT(X, Y)

到这里我们就得到了神经网络模型，执行 clf. predict([[0.317029, 14.739025]])，结果输出[0]，也就是我们预测出[0.317029, 14.739025]属于0这个类别，接着我们看[0.317029, 14.739025]属于0或1类的概率，执行 clf. predict _ proba([[0.317029, 14.739025]])，我们得到结果[[1.00000000e+000 6.63279745e-305]]。数据分类结果可视化如图5-22所示。

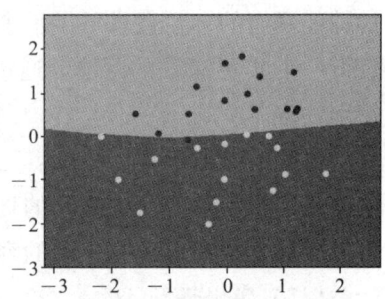

图5-22　分类结果可视化

（三）算法相关介绍

经过多年的发展，目前已经有上百种神经网络模型被提出来，其中比较著名的有深度神经网络（DNN）、卷积神经网络（CNN）、循环神经网络（RNN），以及LSTM、PNN等。

在应用方面，谷歌发布了WaveNet，百度发布了Deep Speech。两者都是深度学习网络，能自动生成语音。这些系统学会了模仿人类的声音，并且它们的水平随着时间的推移不断提高，将系统的演讲与人类的演讲区别开来，比人们想象的要难得多。牛津大学和谷歌公司 DeepMind 的科学家们创造了一个深度网络 LipNet，其技术在识别人们的唇语上达到了 93% 的正确率，而普通的人类唇语阅读者只能达到 52% 的正确率。谷歌旗下的 DeepMind 使用一种被称为"深度强化学习"的深度学习技术，开发了阿尔法围棋——AlphaGo，AlphaGo 是第一个击败人类职业围棋选手、第一个战胜围棋世界冠军的人工智能机器人。2016 年 3 月，AlphaGo 与围棋世界冠军、职业九段棋手李世石进行围棋人机大战，以 4 比 1 的总比分获胜；2016 年底至 2017 年初，该程序在中国棋类网站上以"大师"（Master）为名注册账号，与中日韩数十位围棋高手进行快棋对决，连续 60 局无一败绩；2017 年 5 月，在中国乌镇围棋峰会上，它与世界围棋冠军柯洁对战，以 3 比 0 的总比分获胜。围棋界公认 AlphaGo 的棋力已经超过人类职业围棋顶尖水平，在 GoRatings 网站公布的世界职业围棋排名中，其等级分曾超过排名第一的棋手柯洁。

目前，在应用方面研究人员正试图把重点放在怎样教机器把一件事做到极致。与同时处理多个事物的人类大脑不同，机器人必须以线性的方式"思考"。无论如何，在某些领域，人工智能已经打败了人类。深度神经网络已经学会了交谈、驾驶汽车、玩电子游戏、下围棋、画画，以及帮助探索科学发现等。

六、贝叶斯学习算法

贝叶斯定理源于 18 世纪英国数学家托马斯·贝叶斯（Thomas Bayes）生前为解决一个"逆概"问题而提出的理论。在贝叶斯写这篇文章之前，人们已经能够计算"正向概率"，如"假设袋子里面有 N 个白球，M 个黑球，你伸手进去摸一把，摸出黑球的概率是多大"。而一个自然而然的问题是反过来："如果我们事先并不知道袋子里面黑白球的比例，而是闭着眼睛摸出一个（或好几个）球，观察这些取出来的球的颜色之后，那么我们可以就此对袋子里面的黑白球的比例做出什么样的推测？"这个问题，就是所谓的逆向概率问题。[①]

（一）贝叶斯原理

我们先看一个直观的例子。在夏季，某公园男性穿凉鞋的概率为 1/2，女性穿凉鞋的概率为 2/3，并且该公园中男女比例通常为 2：1。问题：若你在公园中随机遇到一个穿凉鞋的人，请问其性别为男性或女性的概率分别为多少？

从问题角度看，就是上面讲的，某事发生了，它属于某一类别的概率是多少？即后验概率的大小。我们用 w_1 表示男性，w_2 表示女性，x 表示穿凉鞋，则由此可以知道

[①] 江兵兵. 基于贝叶斯方法的半监督学习算法研究[D]. 合肥：中国科学技术大学，2019.

$$P(w_1) = 2/3, \quad P(w_2) = 1/3 \qquad //男性和女性的概率(先验概率)$$

$$P(x|w_1) = 1/2, \quad P(x|w_2) = 2/3 \qquad //条件概率$$

我们假设男、女穿凉鞋是相互独立的，则 $P(x) = P(x|w_1)P(w_1) + P(x|w_2)P(w_2) = 5/9$。我们知道了穿凉鞋的概率，接下来我们就可以得到男、女穿凉鞋的概率。

$$P(w_1|x) = \frac{P(x|w_1)P(w_1)}{P(x)} = \frac{3}{5}$$

$$P(w_2|x) = \frac{P(x|w_2)P(w_2)}{P(x)} = \frac{2}{5}$$

这就是典型的贝叶斯公式，见公式 5-34。

$$P(A|B) = \frac{P(B|A)P(A)}{P(B)} \tag{5-34}$$

可以看出贝叶斯公式是关于随机事件 w 和 x 的条件概率，其中 $P(w|x)$ 是在 x 发生的情况下，w 发生的可能性。其中 $P(w)$ 是 w 的先验概率，之所以称为"先验"，是因为它不考虑任何 x 方面的因素。$P(x|w)/P(x)$ 有时也被称作标准相似度，则贝叶斯公式可以描述为

$$后验概率 = 标准相似度 \times 先验概率$$

（二）贝叶斯公式的推导

条件概率就是事件 A 在另外一个事件 B 已经发生条件下的发生概率。条件概率表示为 $P(A|B)$，读作"在 B 发生的条件下 A 发生的概率"。联合概率表示两个事件共同发生（数学概念上的交集）的概率，A 与 B 的联合概率表示为 $P(A \cap B)$。

根据条件概率的定义，在事件 B 发生的条件下事件 A 发生的概率，见公式 5-35。

$$P(A|B) = \frac{P(A \cap B)}{P(B)} \tag{5-35}$$

同样地，在事件 A 发生的条件下事件 B 发生的概率，见公式 5-36。

$$P(B|A) = \frac{P(A \cap B)}{P(A)} \tag{5-36}$$

结合这两个方程式，我们可以得到公式 5-37。

$$P(A|B)P(B) = P(A \cap B) = P(B|A)P(A) \tag{5-37}$$

上式两边同除以 $P(B)$，若 $P(B)$ 是非零的，我们可以得到贝叶斯定理，见公式 5-34。

通常，事件 A 在事件 B 发生的条件下的概率，与事件 B 在事件 A 发生的条件下的概率是不一样的。然而，这两者是有确定关系的，贝叶斯定理就是对这种关系的陈述。

贝叶斯公式的用途在于通过已知的三个概率来推测第四个概率。它的内容是：在

B 出现的前提下，A 出现的概率等于 A 出现的前提下 B 出现的概率乘以 A 出现的概率再除以 B 出现的概率。通过联系 A 与 B，计算从一个事件发生的情况下另一事件发生的概率，即从结果上溯到源头（也即逆向概率）。

通俗地讲就是当我们不能确定某一个事件发生的概率时，我们可以依靠与该事件本质属性相关的事件发生的概率去推测该事件发生的概率。用数学语言表达就是，支持某项属性的事件发生得愈多，则该事件发生的可能性就愈大。这个推理过程即是贝叶斯推理。

（三）朴素贝叶斯算法

朴素贝叶斯算法（Naive Bayesian Model）是在贝叶斯算法的基础上进行了简化，该算法对各条件概率分布做了条件独立性的假设，由于这是一个较强的假设，朴素贝叶斯也由此得名。这一假设极大地简化了贝叶斯算法的复杂性，使得朴素贝叶斯法变得简单易用，但在实际应用中，也会牺牲一定的分类准确率。

（四）实例详解

了解了贝叶斯以及朴素贝叶斯之后，我们现在通过 Python 来简单实现朴素贝叶斯分类器，即判断邮件是否是侮辱性的。具体代码如下。

算法 5-5 朴素贝叶斯分类器

```
Step1：导入需要的库，创建一个实验样本
    FROM NUMPY IMPORT *
    DEF LOADDATASET():
        POSTINGLIST = [['MY', 'DOG', 'HAS', 'FLEA', 'PROBLEMS', 'HELP',
'PLEASE'],
                       ['MAYBE', 'NOT', 'TAKE', 'HIM', 'TO', 'DOG', 'PARK',
'STUPID'],
                       ['MY', 'DALMATION', 'IS', 'SO', 'CUTE', 'I', 'LOVE',
'HIM'],
                       ['STOP', 'POSTING', 'STUPID', 'WORTHLESS', 'GARBAGE'],
                       ['MR', 'LICKS', 'ATE', 'MY', 'STEAK', 'HOW', 'TO',
'STOP', 'HIM'],
                       ['QUIT', 'BUYING', 'WORTHLESS', 'DOG', 'FOOD', 'STU-
PID']]
        CLASSVEC = [0, 1, 0, 1, 0, 1]
    RETURN POSTINGLIST, CLASSVEC

Step2：整合所有邮件中的不重复的词表
    DEF CREATEVOCABLIST(DATASET):
        VOCABSET = SET([])                    # 创建一个空集
        FOR DOCUMENT IN DATASET:
            VOCABSET = VOCABSET | SET(DOCUMENT)    # 创建两个集合的并集
        RETURN LIST(VOCABSET)

Step3：将文档词条转换成词向量
    DEF SETOFWORDS2VEC(VOCABLIST, INPUTSET):
        RETURNVEC = [0] * LEN(VOCABLIST)       # 创建一个其中所含元素都为 0 的向量
        FOR WORD IN INPUTSET:
```

```
IF WORD IN VOCABLIST:
    RETURNVEC[VOCABLIST.INDEX(WORD)] = 1
RETURN  RETURNVEC
```

Step4:朴素贝叶斯训练函数,从词向量计算概率
```
DEF TRAINNB0(TRAINMATRIX, TRAINCATEGORY):
    NUMTRAINDOCS = LEN(TRAINMATRIX)
    NUMWORDS = LEN(TRAINMATRIX[0])
    PABUSIVE = SUM(TRAINCATEGORY)/FLOAT(NUMTRAINDOCS)
    P0NUM = ONES(NUMWORDS);         # 避免一个概率值为 0,最后的乘积也为 0
    P1NUM = ONES(NUMWORDS);         # 用来统计两类数据中,各词的词频
    P0DENOM = 2.0;                  # 用于统计 0 类中的总数
    P1DENOM = 2.0;                  # 用于统计 1 类中的总数
    FOR I IN RANGE(NUMTRAINDOCS):
        IF TRAINCATEGORY[I] == 1:
            P1NUM += TRAINMATRIX[I]
            P1DENOM += SUM(TRAINMATRIX[I])
        ELSE:
            P0NUM += TRAINMATRIX[I]
            P0DENOM += SUM(TRAINMATRIX[I])
    P1VECT = LOG(P1NUM/P1DENOM)     # 在类 1 中,每个词的发生概率
    P0VECT = LOG(P0NUM/P0DENOM)     # 避免下溢出
    RETURN P0VECT, P1VECT, PABUSIVE
```

Step5:构造朴素贝叶斯分类器
```
DEFCLASSIFYNB(VEC2CLASSIFY, P0VEC, P1VEC, PCLASS1):
    P1 = SUM(VEC2CLASSIFY * P1VEC) + LOG(PCLASS1)
    P0 = SUM(VEC2CLASSIFY * P0VEC) + LOG(1.0 - PCLASS1)
    IF  P1 > P0:
        RETURN 1;
ELSE:
    RETURN 0;
```

相应的方法定义过后,我们就可以开始训练我们的分类器了,具体代码如下。

算法 5-6　分类器训练代码

```
LISTOPOSTS, LISTCLASSES = LOADDATASET()
    MYVOCABLIST = CREATEVOCABLIST(LISTOPOSTS)       # 所有的词
    TRAINMAT = []
    FOR POSTINDOC IN LISTOPOSTS:
        TRAINMAT.APPEND(SETOFWORDS2VEC(MYVOCABLIST, POSTINDOC))
    P0V, P1V, PAB = TRAINNB0(ARRAY(TRAINMAT), ARRAY(LISTCLASSES))
```

得到我们的参数,即 P0V,P1V,PAB,接下来我们就可以使用这三个参数进行预测,具体代码如下。

算法5-7 参数预测代码

TESTENTRY=['LOVE','MY','DALMATION']
　　THISDOC=ARRAY(SETOFWORDS2VEC(MYVOCABLIST,TESTENTRY))
　　PRINT(TESTENTRY,'CLASSIFIED AS：',CLASSIFYNB(THISDOC,P0V,P1V,PAB))

输出结果为：['love','my','dalmation'] classified as：0，表明新的邮件['love','my','dalmation']属于非侮辱类邮件。

(五) 算法相关介绍

随着贝叶斯算法的发展，也出现了很多基于贝叶斯发展的算法，例如，基于结构扩展的朴素贝叶斯分类器(ANB)、基于属性选择的朴素贝叶斯分类器(SNB)、基于局部学习的朴素贝叶斯分类器(LNB)，还有其他的基于属性加权的朴素贝叶斯分类器(AWNB)、NB网络等。

随着贝叶斯学派的发展与崛起，贝叶斯统计得到了迅速的发展，在实践的各个领域中也得到了广泛的应用，贝叶斯统计几乎遍及了各个学科，在经济学、临床医学、保险业、计算机软件等方面都取得了巨大的成功。贝叶斯统计还渗透在生物学、心理学、互联网、水力资源管理等各个方面，而且它所涉及的领域还在扩大。就像有关专家所说，贝叶斯统计正在逐步成为统计学的主流。

七、AdaBoost 算法

AdaBoost 是英文 Adaptive Boosting(自适应增强)的缩写，由 Yoav Freund 和 Robert Schapire 在 1995 年提出。[1][2] AdaBoost 算法是一种集成方法。集成方法是将不同的分类器组合在一起对测试数据集进行分类的方法，可以是不同算法的集成或是同一算法在不同设置下的集成，也可以将数据集不同部分分配给不同分类器的集成。集成方法主要包括 Bagging 和 Boosting 两种方法，而 AdaBoost 算法是基于 Boosting 思想的机器学习算法。Adaboost 算法基本原理就是将多个弱分类器(弱分类器一般选用单层决策树)进行合理的结合，使其成为一个强分类器。

(一) 算法原理

Boosting 集成分类器包含多个非常简单的成员分类器，这些成员分类器的性能仅强于随机猜想，常被称为弱学习机。典型的弱学习机的例子就是单层决策树。Boosting 算法主要针对难以区分的样本，弱学习机通过在分类错误的样本上进行学习来提高继承分类器的分类性能。Boosting 的过程由如下四个步骤组成。

(1) 从训练集 D 中以无放回抽样方式随机抽取一个训练子集 d_1，用于弱学习机

---

[1] 周志华. 机器学习[M]. 北京：清华大学出版社，2016.
[2] citibank. Adaboost 算法[EB/OL].[2018-07-29]. https：//yq.aliyun.com/articles/666734.

C_1 的训练。

（2）从训练集 D 中以无放回抽样方式随机抽取一个训练子集 d_2，并将 C_1 中无分类样本的 50% 加入到训练集中，训练得到弱学习机 C_2。

（3）从训练集 D 中抽取 C_1 和 C_2 分类结果不一致的训练样本生成训练样本集 d_3，用 d_3 来训练第三个弱学习机 C_3。

（4）通过多数投票来组合弱学习机 C_1、C_2 和 C_3。

AdaBoost 算法与 Boosting 算法不同，它是使用整个训练集来训练弱学习机，其中训练样本在每次迭代的过程中都会重新被赋予一个权重，在上一个弱学习机错误的基础上进行学习来构建一个更加强大的分类器。AdaBoost 算法针对 Boosting 算法从两个方面做出了调整。首先，不再使用随机选取的训练样本，而是使用进行加权处理后的训练数据，将训练的焦点集中在比较难分的训练数据样本上；其次，使用加权的投票机制来代替平均的投票机制，将弱分类器联合起来。

1. 基本原理

Adaboost 采用迭代的思想，每次迭代只训练一个弱分类器，训练好的弱分类器将参与下一次迭代的使用。也就是说，在第 N 次迭代中，一共就有 N 个弱分类器，其中 $N-1$ 个是以前训练好的，其各种参数都不再改变，本次训练第 N 个分类器。其中弱分类器的关系是第 N 个弱分类器更可能分前 $N-1$ 个弱分类器没分对的数据，最终分类输出要看这 N 个分类器的综合效果。

2. 弱分类器（单层决策树）

Adaboost 一般使用单层决策树作为其弱分类器。单层决策树是决策树的最简化版本，只有一个决策点，也就是说，如果训练数据有多维特征，单层决策树也只能选择其中一维特征来做决策，并且还有一个关键点，决策的阈值也需要考虑。

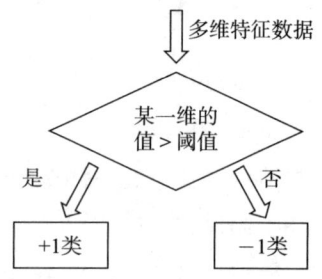

图 5-23 单层决策树

关于单层决策树的决策点，当特征只有一个维度时，可以把小于 7 的分为一类，标记为 +1，大于（等于）7 的分为另一类，标记为 -1。当然也可以以 13 作为决策点，大于 13 的分为 +1 类，小于或等于 13 的分为 -1 类。在单层决策树中，一共只有一个决策点，所以图 5-24 的两个决策点不能同时被选取。

同样的道理，当特征有两个维度时，可以以纵坐标 7 作为决策点，决策方向是小于 7 分为 +1 类，大于或等于 7 分为 -1 类。当然还可以以横坐标 13 作为决策点，决策方向是大于 13 的分为 +1 类，小于 13 的分为 -1 类。在单层决策树中，一共只有一个决策点，所以图 5-25 的两个决策点不能同时被选取。

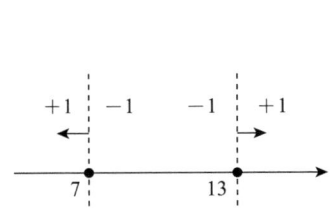

图 5-24　单层决策树决策点

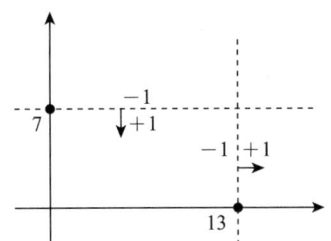

图 5-25　二维单层决策树决策点

3. Adaboost 的两种权重

Adaboost 算法中有两种权重,一种是数据的权重,另一种是弱分类器的权重。其中,数据的权重主要用于弱分类器寻找其分类误差最小的决策点,找到之后用这个最小误差计算出该弱分类器的权重,分类器权重越大说明该弱分类器在最终决策时拥有更大的发言权。

(1) 数据权重。

Adaboost 数据权重主要用于弱分类器寻找其分类误差最小的决策点。

举个例子,在以前没有权重(其实是平局权重)时,一共 10 个点,对应的每个点的权重都是 0.1,分错 1 个,错误率就是 0.1;分错 3 个,错误率就是 0.3。现在,每个点的权重不一样了,还是 10 个点,权重依次是[0.01, 0.01, 0.01, 0.01, 0.01, 0.01, 0.01, 0.01, 0.01, 0.91],如果分错了第一个点,那么错误率是 0.01,要是分错了最后一个点,那么错误率就是 0.91。这样,在选择决策点的时候自然是要尽量把权重大的点分对才能降低误差率。由此可见,权重分布影响着单层决策树决策点的选择,权重大的点得到更多的关注,权重小的点则得到更少的关注。

在 Adaboost 算法中,每训练完一个弱分类器都会调整权重,上一轮训练中被误分类的点的权重会增加。在本轮训练中,由于权重影响,本轮的弱分类器将更有可能把上一轮的误分类点分对,如果还是没有分对,那么分错的点的权重将继续增加,下一个弱分类器将更加关注这个点,尽量将其分对。

(2) 弱分类器权重。

由于 Adaboost 算法中若干个分类器的关系是第 N 个分类器更可能分对第 N-1 个分类器没分对的数据,而不能保证以前分对的数据也能同时分对。所以在 Adaboost 中,每个弱分类器都有各自最关注的点,每个弱分类器都只关注整个数据集中的一部分数据,所以它们必然是共同组合在一起才能发挥作用。所以最终投票表决时,需要根据弱分类器的权重来进行加权投票,权重大小是根据弱分类器的分类错误率计算得出的,总的规律就是弱分类器错误率越低,其权重就越高。

4. Adaboost 算法具体流程

这有如表 5-9 所示的训练样本,我们来看一下 Adaboost 算法实现强分类的过程。

表 5-9 训练样本

样本序号	1	2	3	4	5	6	7	8	9	10
样本点 X	(1, 5)	(2, 2)	(3, 1)	(4, 6)	(6, 8)	(6, 5)	(7, 9)	(8, 7)	(9, 8)	(10, 2)
类别 y	1	1	-1	-1	1	-1	1	1	-1	-1

将这 10 个样本作为散点图,并根据 X 和 y 的对应关系以不同的形状作为区分。如图 5-26 所示。

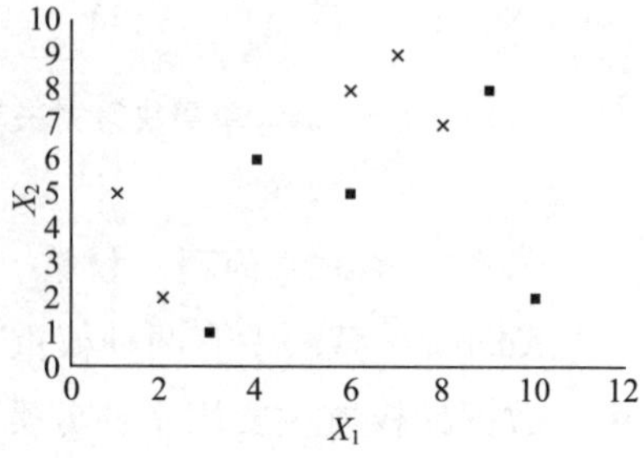

根据这 10 个样本数据的分布,观察图 5-26 中划线的位置可以把数据分开,即形成三个弱分类器。

$$h_1=\begin{cases}1, & X_1<2.5\\-1, & X_1>2.5\end{cases} \quad h_2=\begin{cases}1, & X_1<8.5\\-1, & X_1>8.5\end{cases} \quad h_3=\begin{cases}1, & X_2>6.5\\-1, & X_2<6.5\end{cases}$$

图 5-26 样本数据散点图

Adaboost 算法的执行流程如下。

(1) 首先初始化样本数据的权值分布,每一个训练样本最开始时都被赋予相同的权值,$wi=1/N$,这样训练样本集的初始权值分布 $D_1(i)$。

$$D_1=[0.1, 0.1, 0.1, 0.1, 0.1, 0.1, 0.1, 0.1, 0.1, 0.1]$$

(2) 第一次迭代。

在权值分布 D_1 的情况下,取已知的三个弱分类器 h_1、h_2 和 h_3 中误差率最小的分类器作为第 1 个基本分类器 $H_1(x)$。

阈值取 2.5 时,误差率为 0.3($X_1<2.5$ 时取 1,$X_1>2.5$ 时取 -1,则 5、7、8 分错,误差率为 0.1×3);

阈值取 8.5 时,误差率为 0.3($X_1<8.5$ 时取 1,$X_1>8.5$ 时取 -1,则 3、4、6 分错,误差率为 0.1×3);

阈值取 6.5 时,误差率为 0.3($X_2<6.5$ 时取 -1,$X_2>6.5$ 时取 1,则 1、2、9 分错,误差率为 0.1×3)。

三个分类器误差率都是 0.3,所以可以任意取一个,我们使用 h_1,在分类器 $H_1(x)=h_1$ 情况下,样本点"5、7、8"被错分,因此基本分类器 $H_1(x)$ 的误差率为:

$$e_1=(0.1+0.1+0.1)=0.3$$

根据误差率,我们计算分类器的权重,计算公式如 5-38 所示:

$$a=\frac{1}{2}\ln(\frac{1-e}{e}) \tag{5-38}$$

因此 H_1 的权重为:

$$a_1=\frac{1}{2}\ln(\frac{1-e_1}{e_1})=\frac{1}{2}\ln(\frac{1-0.3}{0.3})=0.4236 \tag{5-39}$$

可见，被误分类样本的权值之和影响误差率 e，误差率 e 影响基本分类器在最终分类器中所占的权重 a。

然后，更新训练样本数据的权值分布，用于下一轮迭代，对于正确分类的训练样本"1、2、3、4、6、9、10"的权值更新为：

$$D_2 = \frac{D_1}{2(1-e_1)} = \frac{1}{10} \times \frac{1}{2 \times (1-0.3)} = \frac{1}{14}$$

对于所有错误分类的训练样本"5、7、8"的权值更新为：

$$D_2 = \frac{D_1}{2e_1} = \frac{1}{10} \times \frac{1}{2 \times 0.3} = \frac{1}{6}$$

这样，第1轮迭代后，最后得到各个样本数据新的权值分布：

$$D_2 = [1/14, 1/14, 1/14, 1/14, 1/6, 1/14, 1/6, 1/6, 1/14, 1/14]$$

可以看出，由于样本数据"5、7、8"被 $H_1(x)$ 分错了，所以它们的权值由之前的0.1增大到1/6；反之，其他数据皆被分正确，所以它们的权值皆由之前的0.1减小到1/14。

(3) 第二次迭代。

在权值分布 D_2 的情况下，再取三个弱分类器 h_1、h_2 和 h_3 中误差率最小的分类器作为第2个基本分类器 $H_2(x)$：

当取弱分类器 $h_1 = X_1 = 2.5$ 时，此时被错分的样本点为"5、7、8"：误差率 $e = 1/6+1/6+1/6 = 3/6 = 1/2$；

当取弱分类器 $h_2 = X_1 = 8.5$ 时，此时被错分的样本点为"3、4、6"：误差率 $e = 1/14+1/14+1/14 = 3/14$；

当取弱分类器 $h_3 = X_2 = 6.5$ 时，此时被错分的样本点为"1、2、9"：误差率 $e = 1/14+1/14+1/14 = 3/14$。

因此，取当前最小的分类器 h_2 作为第2个基本分类器 $H_2(x)$。显然，$H_2(x)$ 把样本"3、4、6"分错了，根据 D_2 可知它们的权值为 $D_2(3) = 1/14$，$D_2(4) = 1/14$，$D_2(6) = 1/14$，所以 $H_2(x)$ 在训练数据集上的误差率：

$$e_2 = 3 \times \frac{1}{14} = \frac{3}{14}$$

根据误差率计算 H_2 的权重：

$$a_2 = \frac{1}{2}\ln\left(\frac{1-e_2}{e_2}\right) = 0.6496$$

第2轮迭代后，最后得到各个样本数据新的权值分布：

$$D_3 = [1/22, 1/22, 1/6, 1/6, 7/66, 1/6, 7/66, 7/66, 1/22, 1/22]$$

(4) 第三次迭代。

在权值分布 D_3 的情况下，再取三个弱分类器 h_1、h_2 和 h_3 中误差率最小的分类器作为第3个基本分类器 $H_3(x)$。

当取弱分类器 $h_1 = X_1 = 2.5$ 时，此时被错分的样本点为"5、7、8"：误差率 $e = 7/66 + 7/66 + 7/66 = 7/22$；

当取弱分类器 $h_2 = X_1 = 8.5$ 时，此时被错分的样本点为"3、4、6"：误差率 $e = 1/6 + 1/6 + 1/6 = 1/2 = 0.5$；

当取弱分类器 $h_3 = X_2 = 6.5$ 时，此时被错分的样本点为"1、2、9"：误差率 $e = 1/22 + 1/22 + 1/22 = 3/22$。

因此，取当前最小的分类器 h_3 作为第3个基本分类器 $H_3(x)$。显然，$H_3(x)$ 把样本"1、2、9"分错了，根据 D_3 可知它们的权值为 $D_3(1) = 1/22$，$D_3(2) = 1/22$，$D_3(9) = 1/22$，所以 $H_3(x)$ 在训练数据集上的误差率：

$$e_3 = 3 \times \frac{1}{22} = \frac{3}{22}$$

根据误差率计算 H_3 的权重：

$$a_3 = \frac{1}{2}\ln(\frac{1-e_3}{e_3}) = 0.9229$$

第3轮迭代后，最后得到各个样本数据新的权值分布：

$D_4 = [1/6, 1/6, 11/114, 11/114, 7/114, 11/114, 7/114, 7/114, 1/6, 1/38]$

至此，在训练数据集上有0个误分类点，整个训练过程结束。可得分类函数：$f_3(x) = 0.4236H_1(x) + 0.6496H_2(x) + 0.9229H_3(x)$。此时，组合三个基本分类器 $\text{sign}(f_3(x))$ 作为强分类器，最终的强分类器为：

$$H_{final} = sign\langle \sum_{t=1}^{T} a_t H_t(x) \rangle = sign(0.4236H_1(x) + 0.6496H_2(x) + 0.9229H_3(x))$$

可视化的解释如下，通过三个分类器，原始数据被分为六个部分，如图5-27所示。

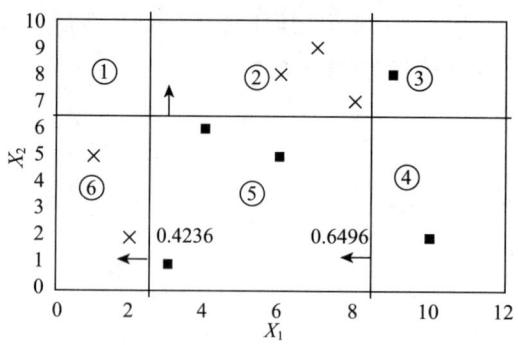

图5-27 分类器可视化效果

图5-27中被分成了六个分区域，每个区域对应的类别如下。

1号：sign(0.423 6+0.649 6+0.922 9)=+1

2号：sign(-0.423 6+0.649 6+0.922 9)=+1

3号：sign(-0.423 6-0.649 6+0.922 9)=-1

4号：sign(-0.423 6-0.649 6-0.922 9)=-1

5号：sign(-0.423 6+0.649 6-0.922 9)=-1

6号：sign(0.423 6+0.649 6-0.922 9)=+1

其中sign(x)是符号函数，正数返回+1，负数返回-1。

（二）实例详解

我们已经介绍过AdaBoost算法基本原理以及具体流程，下面通过实例介绍在Python中如何使用AdaBoost算法对数据进行分类，在Python的sklearn库中包含了AdaBoostClassifier类可以用于AdaBoost分类，接下来我们使用通过AdaBoostClassifier类对我们上面提到的例子进行分类验证。

算法5-8　使用AdaBoost算法对数据进行分类

Step1：导入需要的数据包
IMPORT NUMPY AS NP
FROM SKLEARN. ENSEMBLE IMPORT ADABOOSTCLASSIFIER

Step2：数据准备
X=NP. ARRAY([[1, 5], [2, 2], [3, 1], [4, 6], [6, 8], [6, 5], [7, 9], [8, 7], [9, 8], [10, 2]])
Y=NP. ARRAY([1, 1, -1, -1, 1, -1, 1, 1, -1, -1])

Step3：训练模型
BDT=ADABOOSTCLASSIFIER(ALGORITHM="SAMME", N_ESTIMATORS=3)
BDT. FIT(X, Y)

到此我们已经对样本数据拟合完毕，通过可视化展示，如图5-28所示，和我们上面的分类结果一致。

（三）算法相关介绍

AdaBoost算法从1995年被提出之后，国内外众多学者对AdaBoost算法进行了深入的研究和分析，提出了诸如类别不平衡、退化、过拟合等极具代表性的问题，针对这些缺点研究者提出了许多改进算法，例如，

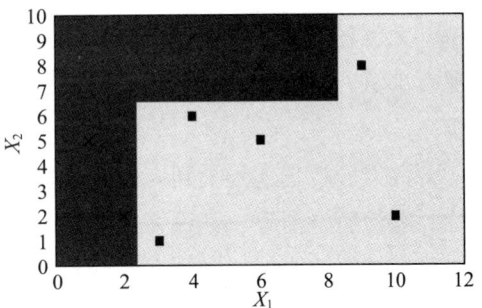

图5-28　样本数据分类可视化

针对数据不平衡问题Viola和Jones提出了一个非对称的AdaBoost方法；Allende等人提出了RADA算法，该算法是对原算法中误分类样本权值抑制的方法。AdaBoost算法是一个非常有代表性的算法，主要思想是设置困难样本的权值上限，达到减缓"过学

习"的问题。改进方法还有 FloatBoost 算法、SEAdaBoost 算法、P-AdaBoost 算法等。

由于 Adaboost 算法是一种实现简单、应用也很简单的算法，应该说是一种很适合于在各种分类场景下应用的算法。Adaboost 算法的一些实际可以使用的场景有如下。

（1）用于二分类或多分类的应用场景。

（2）用于做分类任务的 baseline。

（3）用于特征选择（feature selection）。

（4）Boosting 框架用于对 badcase 的修正——只需要增加新的分类器，不需要变动原有分类器。

AdaBoost 算法的重要意义在于为研究和实际问题的解决带来了新的思想，在绝大多数集成学习算法通过构造越来越复杂的分类器来提高预测精度时，AdaBoost 算法却追求将最简单的、比随机猜测略好的弱分类器组合得到强分类器。在训练子分类器的方法上，AdaBoost 提供了重要启示：打破已有样本分布，重新采样使分类器更多地关注难学习的样本。在算法使用上，仅需要指定迭代次数，不需要任何先验知识，一切运行过程中的参数由算法自适应地调整，因此被评价为最接近"拿来即用"的算法。

小结与展望

算法是计算机科学领域最重要的基石之一，计算机高手一般在数学上也有很高的造诣，既能用科学家的严谨思维来求证，也能用工程师的务实手段来解决问题——而这种思维和手段的最佳演绎就是"算法"。不能只重视编程语言，而忽视了算法理论，编程语言、技术、标准均需要算法的支撑。

大数据时代，常用的算法包括分类、回归分析、聚类、关联规则、神经网络、Web 数据挖掘等。数据的挖掘是从海量、不完全、有噪音、模糊、大型的数据库中发现有价值、有用的信息和知识的过程，同时提供决策依据，这是进行数据挖掘的意义所在。

数据分析越来越受到人们的重视，它的重要性不言而喻，尤其是在商业领域如银行、电信、电商等，其重要性日益凸显。对于我们个人来说可以通过身体传感设备，让我们的日常锻炼、身体素质等各项指标都得以数据化，最终完成个人身体和生活习性的自我量化，进而改进、调节个人日常生活规律，让我们更好地生活。而对于教育而言，数据分析的作用则主要体现在教育测量和诊断、教育决策支持以及教育发展预测等方面。而算法是数据分析的重要核心，因此想要做好数据分析，算法是前提。算法以及算法在计算机上的实现与模型相辅相成，特别是在数据量很大的情况下，算法的重要性就尤为凸显。从算法的角度来看，处理大数据主要有两个思路：一个是降低算法的复杂度，另一个是云计算。算法的复杂度，即计算量，我们要求它是线性标度的，也就是说计算量、数据量成线性关系。但很多关键的算法，尤其是优化方法，还达不到这个要求。云计算的基本思想是把一个大问题分解成若干个小问题，然后分而治之。

　　本章从数据分析的算法思想，到文本计算算法，再到数据分析、机器学习常用的算法模型等都进行了简要的介绍，帮助读者能够充分了解算法在解决数据分析问题中的重要作用。文本计算方法主要介绍了距离算法和相似度分析相关算法，文本相似度计算在信息检索、数据挖掘、机器翻译、文档复制检测等领域都有着广泛的应用。本章通过对 SVM 算法、决策树算法（分类）、关联规则、EM 算法、人工神经网络、贝叶斯学习算法、AdaBoost 算法等的介绍和案例分析，让我们充分了解了各种算法模型如何解决数据分析所遇到数据量大、维数高和类型复杂等问题。

第六章　Web 教育资源内容切片研究

目前类型各异、丰富多彩的网络教育资源，大部分是以 PC 平台为标准设计的，适合移动终端设备的、开放可共享的教育资源相对较少。从资源共享、减少重复开发的视角出发，充分提高现有 Web 教育资源的复用率，将丰富的 Web 教育资源进行改造，引入移动终端设备，丰富移动学习资源变得十分重要。Web 教育资源的改造，是对教育大数据开展知识管理与应用的重要实践。

导读：

Web 网页内容提取与切割技术

Web 教育资源网页文本提取及切割

Web 教育资源切片实验结果与分析

随着计算机网络、移动通信技术的快速发展,大量信息都通过各种移动终端传递给社会大众,每个人都能够在任何时间、任何地点通过各种移动设备快速获取资源,移动教育游戏、教育 APP、电子书包、微学习、微学习对象(Micro Learning Objects)等相关理论和技术成为教育研究和实践领域的又一道靓丽风景。移动学习资源的不断丰富和完善是移动学习得以产生、发展和延续的首要条件,因此建设与丰富移动学习资源库尤为重要。[1]

众所周知,互联网的资源丰富多彩、类型各异,早期的教育资源基本都是为适应 PC 平台标准设计的。然而目前移动终端设备以惊人的速度发展,随之各类学习 APP 和学习平台层出不穷,资源也日益丰富。但适合移动终端的教案、试题等教育资源相对稀少,此外从资源共享、减少重复开发的视角出发,将丰富的 Web 教育资源通过改造引进到移动终端上,充分发挥现有 Web 教育资源的作用,帮助人们进行有效的移动学习是现代教育理论中移动教育必须要实现的目标。[2]

第一节　Web 网页内容提取与切割技术

一、模式识别算法

模式识别是让计算机在自动分析和计算信息之后将其归入某一类别的方法。模式识别的方法有很多种,本章中涉及的有文本特征识别、布局特征识别、正则表达式匹配、文本相似度关系。

(一) 文本特征识别

文本特征是指关于文本的元数据,分为描述性特征和语义性特征,描述性特征如文本的名称、发布日期、大小、类型,语义性特征如文本的作者、机构、标题、内容等。[3] 文本特征是最能代表文本主旨的词汇集合,它不仅可以很好地表达文本主要内容和含义,并且可以降低文本处理的复杂程度。一个有中心思想、有结构的文本,其内部的词汇一定有语义相关性。通常,文本的名称、发布日期、大小等描述性特征很

---

[1] 吴永和,何超,杨瑛,等. 电子课本与电子书包标准规范、关键技术及应用创新的研究[J]. 华东师范大学学报(自然科学版),2014(2):70-86.

[2] 徐朝军,宁馨瑞. 信息抽取技术在移动学习资源建设中的应用研究[J]. 电化教育研究,2018(3):90-95,102.

[3] 李梅. 文本挖掘中若干关键技术研究[D]. 西安:西北农林科技大学,2016.

容易识别并获取；而语义性特征中，由于文本中通常会标有作者、机构、标题等信息，所以这些特征识别很简单，然而文本内容涉及自然语言处理，识别则比较困难。

在网页正文提取和文本分割的过程中，主要涉及文本特征识别的两方面：一是网页正文文本特征的识别，二是文本特征选择。[①]

一个网页中包含的信息一般非常多，既有我们需要的正文内容，也有噪音内容和其他的一些无关紧要的内容。通常正文信息都是语义紧密相关的，所以我们可以利用正文信息进行文本特征识别。通过对大量网页的对比研究发现，虽然网页表现形式各异，内容各有不同，但网页中的文本信息主要由脚本描述信息、网页样式信息、媒体描述信息、正文文本、HTML 标签文本等组成。一般正文文本主要用来表达网页主题信息；脚本描述信息主要是脚本程序的程序注释；网页样式信息主要用于描述网页的风格样式；而 HTML 标签文本通常只有超链接标签文本。所以对于正文文本来说，其他的几种文本都是噪音内容。一般地，脚本描述文本、网页样式文本、媒体描述文本都是以独立文本块的形式出现在网页源码中的，所以只要去除这三种文本即可。脚本描述信息通常是在"<script>"标签里，网页样式信息是在"<style>"标签里，媒体描述信息是在"<meta>"标签里，这些都会被误认为是正文信息。所以只要过滤掉这些无关的标签，就可完成去噪工作。同时根据正文文本语义信息、网页标题的相似度匹配以及正文信息块文本密度值来确定正文信息。

文本特征选择是文本信息处理过程中的关键技术和核心问题，是一种高维文本特征降维的有效方法。它是指根据某种准则从众多原始文本特征中选择部分最能表示模式类别统计文本内容的相关文本特征。目前学者们将文本特征分为三个类别：强相关文本特征、弱相关文本特征和不相关文本特征。强相关文本特征表明该文本特征在文本中总是必需的，且对文本语义影响非常大，不能被删除。弱相关文本特征表明该文本特征在文本中不是必需的，在某些条件下可以去除且不影响文本的语义。不相关文本特征表明该文本特征在文本中总是不必要的，需要删除。所以，对于一个文本来说，语义内容应该是由全部强相关文本特征和部分弱相关文本特征组成。文本特征选择的算法是利用某种评价函数独立地对原始文本进行评估，然后选择评估值高的特征项来表示文本，有文本频数和文本权重等算法。文本频数是指文本特征项在文本中出现的次数，次数越多说明对文本语义影响越大，可以选择为文本特征项。文本权重是指文本特征项在文本中的重要程度，权重值越高的特征项越能表示文本的内容含义，因此文本权重也是文本特征项的选择依据。

（二）布局特征识别

布局特征是在文本表达语义时增加的一些样式信息，用来描述文本的辅助数据，

[①] 文必龙，李乃峰，任秀英，等. 基于概念关系的文本特征提取方法[J]. 计算机与数字工程，2014，42（11）：2066–2068，2163.

比如段落可以反映文本主题的转移、文本的加粗样式则反映文本的重要性、句号在文本中可以反映语义信息的结束等等。因此，布局特征是信息处理领域不能忽略的关键线索，特别是在网页信息提取和文本边界识别过程中是必须要考虑的因素。①②

Web 页面形式复杂多样，不同网页之间风格差异极大。网页布局特征是指网页设计者在设计网页时，遵守的一些约定俗成的习惯与规矩。但是因为 Web 页面制作技术的持续发展，各种新类型的页面不断涌现，且大多数都没有严格遵循 W3C 标准规范，在页面设计的时候非常灵活，常会使用具有布局特性的标签进行布局，如有 table 布局、css+div 布局以及 table+css+div 布局等，还有使用"
"等换行符进行流式布局，所以对于网页布局特征识别不能仅仅通过网页的布局标签来实现。在此，为了能清晰区分网页布局的类别，我们将前面所提到的布局标签称为网页结构布局特征。还有 Web 页面设计者为了使页面布局更有特点、更具吸引力，会加入一些视觉上的修饰信息，比如行、空白区、分割线、颜色块、字体等等，我们把这些称为视觉布局特征。因此，在网页信息提取中对网页布局特征的识别，就是对这两部分信息进行识别，对于结构布局特征，可以根据标签特征识别出布局结构；对于视觉布局，相对就比较难，因为在这种布局中包含很多不同的特征，比如链接文本、特殊标签及属性、标点符号、信息量等，这些不同的特征要特别处理。对于这些特征可以使用特征量化的方法进行识别，比如链接文本可以量化链接文本长度和数量；特殊标签及属性可以量化标签数量；标点符号可以量化标点符号类型和数量来确定文本段；信息量化本身就是量化文本段落的有力证据。在网页信息提取中，布局特征块识别是识别正文内容的有效方法之一。③

另外，在文本切割方面，文本布局特征也是识别切割边界的证据之一。在文本段中，除了文本信息之外，还以文本排版格式、分隔符等信息来反映文本之间的关系，这些就是文本的布局特征。大家都知道换行符、空格符、标点符号等排版分隔符是文本中用于表明段落、句读和语气的符号，所以在文本切割时，需要在识别文本特征的同时结合布局特征识别文本边界，继而进行切割，避免只考虑文本信息却忽略文本之间的关系而导致边界识别不精确的问题。

(三) 正则表达式匹配

正则表达式(Regular Expression)描述了一种字符串匹配的模式，可以用来检测一个字符串是否含有某种模式的子串，并将匹配的子串进行替换，或者从某个字符串中获取符合某个条件的子串。正则表达式是由一些普通字符(例如大小写字母)和元字符组成的文字模式。在字符串处理中，正则表达式是对复杂字符串进行模式匹配的强大

---

① 王丽，唐建雄. 基于 DOM 和网页模版的 Web 信息抽取[J]. 电脑知识与技术，2007，3(18)：1617 - 1619.
② 胡瑜，王立志. 基于 HTML 结构特征的网页信息提取[J]. 辽宁石油化工大学学报，2009(9)：65 - 69.
③ 黄玲，陈龙. 基于网页分块的正文信息提取方法[J]. 计算机应用，2008(S2)：326 - 328.

工具，要能正确使用其处理字符串，首先必须正确理解其组成元素：普通字符和元字符。普通字符是由所有那些未显式指定为元字符的打印和非打印字符组成的，包括所有数字、大小写字母、标点符号和其他一些符号。[①] 元字符都有特殊的含义，因此需要正确理解其含义，表6-1列出了部分元字符和它们的语义描述。

表6-1 正则表达式部分元字符和语义描述

元字符	语义描述
\	将下一个字符标记为特殊字符、文本、反向引用或八进制转义符
^	匹配字符串的开始位置
$	匹配字符串的结束位置
*	匹配前面的子表达式零次或多次（大于等于零次）
+	匹配前面的子表达式一次或多次（大于等于一次）
?	匹配前面的子表达式零次或一次
|	将前后两个子表达式进行逻辑"或"运算
[c1-c2]	匹配括号中的任何一个字符
.	匹配除"\r""\n"之外的任何单个字符
{n}	匹配确定的n次（n为非负整数）
{n,}	至少匹配n次（n为非负整数）
{n,m}	最少匹配n次且最多匹配m次（n,m均为非负整数，且n<=m）
\(\)	将\(和\)之间的表达式定义为组，且将匹配组的表达式保存到临时区域，方便引用
\<\>	匹配词（word）的开始（\<）和结束（\>）

构造正则表达式就像创建数学表达式一样，是将多种元字符和普通字符结合起来创建。针对待识别的字符串的特点构造正则表达式，最简单的正则表达式就是一个普通的字符串，表6-2列出了部分常用的示例。

表6-2 正则表达式示例

正则表达式	说明匹配内容
[\w_.-]+@([\w]\.?)+	电子邮件地址，如sw@sina.com
\(?\d{3,4}\)?-?\d{7,8}	国内电话号码（格式为3位或4位区号，7位或8位号码，区号有或没有括号，区号和号码之间有或没有连接符），如021-88884348、0917-5388213
<h1.*?</h1>	网页中标题，如<h1>教育资源</h1>
<.+?>	HTML标记，如<body>

---

① 付哲，李军. 高性能正则表达式匹配算法综述[J]. 计算机工程与应用，2018，54(20)：1-13.

续表

正则表达式	说明匹配内容
(href｜src)\s*=\s*["'][^'"#]+["']	网页中的超链接，如 href＝"http：//baidu.com"
/\b([a-z]+)\1\b/gi	一个单词连续出现的位置
^\-?[0-9]*\.?[0-9]*$	所有的小数

表 6-2 中所列的只是常用的正则表达式，根据不同的需求，还可以构造相应的正则表达式。目前，在自然语言研究领域使用正则表达式进行模式匹配的研究非常多，根据信息模式构造正则表达式抽取某类信息，或者根据信息特征划分信息区域等，正则表达式在这些方面都取得了非常好的成效。

（四）文本相似度关系

1．文本相似度概述

文本相似度表示文本之间的关联关系，而文本的关联关系一般都是基于文本之间的二元关系，即文本之间的相似关系或者相异关系。判断两个或多个文本之间的相似程度，就是利用文本相似度这个度量参数的，这个参数越大，说明文本相似程度越高，反之就越低。[①]

比如字符串 A 完全包含字符串 B 或者字符串 A 和字符串 B 中的字或词完全一样，并且描述语义也一样，那就认为这两个字符串完全相似，即相似度为 100%；如果字符串 A 和字符串 B 中字或词完全不一样，且描述语义也不一样，即认为这两个字符串不相似；又或者字符串 A 和字符串 B 的某些字或词一样或者意思相近，就认为这两个字符串有相似性，相似度值在 0%—100%之间。文本是人类自然语言按照一定的规则排序的片段，但对于计算机来说则是由多个字符组成的字符串，属于非结构化的信息，所以计算文本之间的相似度，就必须通过数学建模将文本转化成计算机可以处理和计算的形式，即根据规则将文本表示成某种相同结构的数据模型，同时保留文本自身的对象特点，突出文本之间的相异之处。

2．文本向量空间模型

文本相似度的计算主要有基于向量空间模型（Vector Space Model，VSM）的余弦相似度算法和基于语义索引模型的语义相似度算法，这两个模型是从不同角度出发，运用不同方法处理文本数学化、知识表征、特征加权和相似度计算问题。其中向量空间模型的余弦相似度算法被大多数研究人员认为是最有效的文本结构化表示模型，该模型在自动索引、文本分类、信息检索等诸多领域有着广泛的应用，并取得了较好的效果。

VSM 的算法思想我们在第五章中已进行了介绍，以下结合文本分类实例，阐述

---

① 李国华，昝红英．基于相似度的网页标题抽取方法[J]．中文信息学报，2011，25（2）：32-37．

VSM 的具体应用。VSM 的基本思想是把文本简化成以特征项的权重为分量的向量表示,这样就大大简化了文本中词语之间的复杂关系,并使得模型具备了可计算性。此模型的理论假设是:一个文本所表达的内容仅与某些特征词汇以及特征词汇在文本中出现的次数相关,而与其在该文本中出现的位置和次序无关。也就是说,一个文本所含的内容知识可以通过特征词汇的特征以及特征词汇在该文本中出现的次数来表示。在计算文本间的相似度时,可以通过文本共同包含的特征词汇及其出现的次数来衡量。

在此模型中的相关定义如下。

文本(Document):由一般的文字组成的片段或文章(包括字、词、句)。

特征项(Term):文本表示的内容所含的基本语言单位,即在模型中的基本语言单位(字、词或短语)。

特征项权重(Term Weight):特征项在文本中的重要程度,权重值越高的特征项越能表示文本的内容含义。

基于上述定义,向量空间模型的建模过程是:给定文本 d,首先确定文本中所含的 n 个独立的特征项 t,故文本的特征项集合为 $\{t_1, t_2, t_3, \cdots, t_n\}$。特征项 t_i 在文本 d 的权重用 w_i 来表示,将 $\{t_1, t_2, t_3, \cdots, t_n\}$ 看作一个 n 维坐标系,那么 $\{w_1, w_2, w_3, \cdots, w_n\}$ 为相应的坐标值。将文本抽象为 n 维空间中,以各个特征项的权重作为分量的向量,该文本就可表示为:

$$\vec{V_d} = (w_1, w_2, w_3, \cdots, w_n) \tag{6-1}$$

在此,我们称 $\vec{V_d}$ 为文本 d 的特征向量。图 6-1 为向量空间模型的文本向量化示例。

由上述所知,特征项的选择和权重的确定是向量空间模型的核心问题,这就要为文本选择合理正确的特征项来表达文本语义,对文本含义影响较大的特征项赋予较大的权重。文本特征项需要具备两个要点:一是能够覆盖文本主题的程度,二是能够反映文本独特的具体的内容。用来表示文本内容的特征项可以是字、词、短语或者句子,如果把语义考虑进去的话,特征项也可以是相应的词或短语的语义概念,其中字是底

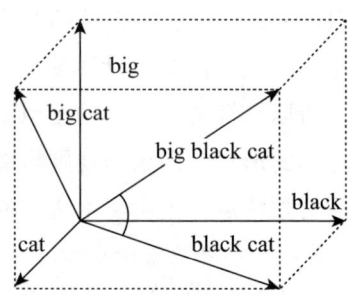

图 6-1 向量空间模型的文本向量化

层特征项,依次向上递增。层次越高,特征项包含的信息也越多越完整,分析价值也越大。但是高层次的分析精度依赖于下面各层次的精度,即每层的错误会不断向上层累积,影响特征项的质量。根据目前研究可知,词语作为特征项在文档中的出现频率较高,且呈现一定的统计规律,故选择词作为向量空间模型的特征项。但是使用频率

很高的虚词和功能词,在文本中没有实际意义,所以在选择特征项时要过滤掉这些词,这样才能有助于提高文本相似度计算的准确率。

特征项的权重计算最常用的方法是词频-逆文档频率(TF-IDF,Term Frequency-Inversed Document Frequency)权重法。以词作为文本的特征项,那么每个特征项的权重就由 TF 权值和 IDF 权值两个因素决定。TF 权值是特征词在文档中的出现次数,该特征项在文本中出现的次数越多,说明越重要。

权重计算公式为:

$$w_{i,k} = TF_{(i,k)} * IDF_{(i,k)} \quad (6-2)$$

在向量空间模型中,文本相似度 $\sim(d_i, d_j)$ 的大小是利用两个文本 d_i 和 d_j 之间的夹角 β 的余弦值来衡量的。如果两个文本的特征向量是 $V_{d_i} = (w_{i,1}, w_{i,2}, w_{i,3}, \cdots, w_{i,n})$,$V_{d_j} = (w_{j,1}, w_{j,2}, w_{j,3}, \cdots, w_{j,n})$,则它们夹角 β 的余弦值为:

$$\cos\beta = \frac{\sum_{k=1}^{n}(w_{i,k}w_{j,k})}{\sqrt{(\sum_{k=1}^{n}w_{i,k}^2)(\sum_{k=1}^{n}w_{j,k}^2)}} \quad (6-3)$$

那么两文本的相似度 $\sim(d_i, d_j) = \cos\beta$,计算所得值越大,表示两个文本的相似程度越高。

二、行块分布函数的改进

改进的行块分布函数结合了模式识别算法和行块分布函数算法,故而此方法是将网页正文抽取问题转化为求页面的行块分布函数,在求页面的行块分布函数时使用了正则表达式和文本相似度计算,在这个过程中完全脱离了 HTML 标签。[①]

此方法能实现的依据有两个:正文区的密度和行块的长度。

1. 依据 1:正文区的密度

一般地,主题网页的正文区域一定是在文本信息分布最密集的区域,这个区域可能是最大的,但是不尽然,因为在教育资源网页中会出现网页正文较短或者是链接信息较长等问题,比如练习题就最易出现这类情况,原因是其题型多,题数多,题目却短小,这样在正文区就会占用多行却行文本少,教案也会出现类似的情况,此时正文区的边界就很难确定。

2. 依据 2:行块的长度

行块的长度是指在一个文本块内文本的密度。利用行块的长度信息就可以解决依据 1 中的问题,但是网页的噪音信息的行块长度也是问题焦点,因此,本章加入了正则表达式来解决正文边界识别问题。

将依据 1 和依据 2 相结合,能够很好地实现教育资源主题网页正文提取,所以

---

① 方金卫. 基于 Hadoop 的基础教育资源的存储和处理[D]. 武汉:武汉理工大学,2015.

将这两个依据融合在行块分布函数中,通过对函数进行改进完成正文提取,具体的操作如下。

首先利用文本特征识别和布局特征识别对网页 HTML 源码进行预处理,除去网页中的脚本描述文本信息、网页样式文本信息、媒体描述文本信息、无关链接文本信息等,然后再将网页中的 HTML 标签去除干净,同时保留去除标签后的所有空白位置信息,最终保留的正文称为 text。下面对其中的概念进行定义。

定义 1:行块(block)。以 text 中的行号为标记,取其周围 K 行(上下文均可,$K<5$,此处取 $K=3$,下行,K 称为行块厚度),一起称为一个行块 block。行块 i 是以 text 中行号 i 为标记的行块。

定义 2:行块长度(blength)。一个行块(block)去掉其中的空白字符(\n,\r,\t 等)后的总字符数称为该行块的长度。

定义 3:行块分布函数。共有 LinesNum(text)-K 个 block,以[1,LinesNum(text)-K]为 X 轴,以其各自的行块长度为 Y 轴绘制分布函数,在行块分布函数图上可以直观地看出正文所在区域。

三、文本分割技术

文本分割是指在一个文档或语音序列中自动识别具有独立意义的单元(片段)之间的边界,其分割对象可以是书面的、语音的或动态的文本。[①②] 由于研究者进行分割的目的不同,导致分割的颗粒度也有所区别。因此,进行文本分割之前必须确定分割的颗粒度。

对于文本分割技术首先要提到分块颗粒度,是因为只有知道了颗粒度才能确定分块的依据。分块颗粒度就是分块方法所需处理的基本单位,即限定分块点位于分块颗粒度之间,不会出现分断分块颗粒度的现象。目前的研究主要集中在句子、文本段落、文本块层次上。而对于文本处理的方法就是根据文本布局特征中的排版格式和分隔符等对文本段进行处理。

(1)句子。句子长度的变动情况比较稳定,包含相对有限而完整的语义信息,但需要对文本段进行断句处理。

(2)文本段落。文本段落是语言学中的基本结构,表示一个语义集中连贯的内容结构,段落比句子含有更丰富更具体的语义信息,但由于段落长度是自由设定的,因此所包含的语义信息也会有很大的差异。

(3)文本块。文本块近似文本段落,由语义信息相近的多个段落组成的文本块,

---

① 王萌,唐新来,何婷婷. 一种文本分割技术的多文档文摘方法研究[J]. 计算机应用与软件,2014,31(9):40-44.
② 史倩. 基于 LSA-HMM 的新闻主题分割[J]. 计算机与现代化,2012(5):27-34.

或一个文本段落中出现的不同语义信息块,可以避免较长段落序列和较短段落序列包含的语义信息量差异问题。

四、HMM 模型改进与应用

(一) 隐马尔科夫模型

隐马尔科夫模型(Hidden Markov Model,HMM)是一种被广泛使用的统计模型,20世纪六七十年代由美国数学家鲍姆(Leonard E. Baum)等人在所发表的一系列论文中提出的,起初用于语音识别系统,[1][2] 且被认为是该领域的重要突破。近几年,HMM 也被成功地应用在信息抽取领域。

介绍隐马尔科夫模型,先要从马尔科夫链说起,马尔科夫链是由马尔科夫在研究随机过程时提出的假设。19 世纪,概率论从研究随机变量发展到研究随机变量的时间序列 S_1,S_2,S_3,…,S_t,即随机过程(动态的),指从一种状态转移到另一种状态时仅取决于前面 n 种状态的过程。随机过程比随机变量复杂很多,首先,在任一时刻 t 对应的状态 S_t 都会是随机的。其次,任一状态 S_t 的取值都可能和周围其他状态相关。比如,南京每天的最高气温,我们可以用 S_1,S_2,S_3,…,S_t 来考虑,这里面的每个状态 S_t 都是随机的,但是任何一天的最高气温都与先前的最高气温是相关的。这样的随机过程中就有两个维度是不确定的。马尔科夫为此就提出一种简化的假设,即每个随机过程各个状态 S_t 的概率分布,只与其前一个状态 S_{t-1} 有关,这个假设就被称为马尔科夫假设,而符合这个假设的随机过程则称为马尔科夫链,图 6-2 表示了一个马尔科夫链。

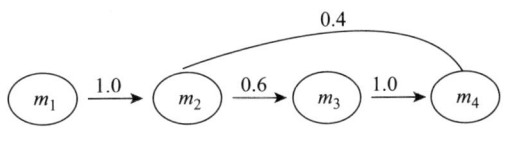

图 6-2 马尔科夫链

在此马尔科夫链中,四个圈表示四种状态,每一条边表示一种可能的状态转换,边上的值是转移概率。例如,状态 m_1 到 m_2 只有一条边,且边上的值为 1.0,这表示从状态 m_1 只能转换到状态 m_2,转移概率是 1.0。从 m_2 出发有两条边,分别到 m_3 和 m_4,其中的值 0.6 表示:如果某时刻 t 的状态 S_t 是 m_2,那么下一个时刻的状态 $S_{t+1}=m_3$ 的概率是 0.6。用数学符号表示就是 $P(S_{t+1}=m_3 | S_t=m_2)=0.6$,因此 $P(S_{t+1}=m_4 | S_t=m_2)=0.4$。

---

[1] 史忠植. 知识发现(第二版)[M]. 北京:清华大学出版社,2011:296-300.
[2] Rabiner L R. A Tutorial on Hidden Markov Models and Selected Application in Speech Recognition [J]. Proceedings of the IEEE, 1989, 77(2): 257-286.

隐马尔科夫模型是上述马尔科夫随机过程的扩展，它包含具有状态转移概率的马尔科夫链和输出观测值的随机过程，其任一时刻 t 的状态 S_t 是不确定或不可见的，只有通过观测一个状态序列 $S_1,S_2,S_3,\cdots,S_t$ 的随机过程来推测转移概率等参数。但是，隐马尔科夫模型在每一个时刻 t 都会输出一个符号 O_t，而且输出符号 O_t 和 S_t 相关，且仅和 S_t 相关。所以，隐马尔科夫模型的结构中隐状态 $S_1,S_2,S_3,\cdots$ 是一个典型的马尔科夫链。图 6-3 显示了一个隐马尔科夫模型。

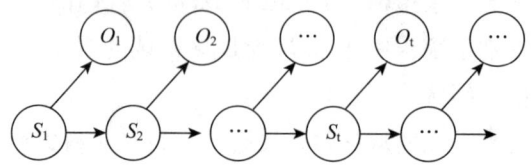

图 6-3 隐马尔科夫模型

隐马尔科夫模型提供了一种基于训练数据的概率自动构造识别系统的技术。隐马尔科夫模型一般包括两层：可观察层和隐藏层。可观察层是指待识别的观察序列，而隐藏层是一个马尔科夫链，其中每个状态转移都包含转移概率。

因此，一个隐马尔科夫模型的系统构成元素有：

$S = \{S_1,S_2,\cdots,S_N\}$；

$W = \{W_1,W_2,\cdots,W_M\}$；

$A = \{a_{ij},a_{ij} = P(S_j \text{ at } t+1 \mid S_i \text{ at } t),1 \leq i,j \leq N\}$；

$B = \{b_j(W_k),b_j(W_k) = P(W_k \text{ at } t \mid S_j \text{ at } t),1 \leq j \leq N,1 \leq k \leq M\}$；

$\pi = \{\pi_i,\pi_i = P(S_i \text{ at } t=0),1 \leq i \leq N\}$。

其中 S 是模型中的状态集，状态数有 N 个；W 是模型中的输出词汇集，单词数是 M 个；A 是 $N \times N$ 的状态转移概率矩阵，a_{ij} 是从状态 S_i 转换到 S_j 的概率；B 是 $M \times N$ 的输出概率矩阵，$b_j(W_k)$ 是在状态 S_j 时输出单词 W_k 的概率；π 是初始状态概率分布矩阵，π_i 是 S_i 作为初始状态的概率。

（二）隐马尔科夫模型的应用

对于隐马尔科夫模型一般要解决三个方面的问题：第一，给定一个模型，确定如何计算某个观察值序列的概率；第二，给定一个模型和某个观察值序列，调整模型参数，包括状态转移和输出的概率分布，使得观察值出现的概率最大；第三，给定调整参数后符合最大概率的模型和足够量的观测值序列，求可能性最大的状态序列。

第一个问题就是根据隐马尔科夫模型 $M(w)$，w 为参数，计算观察值序列 $O = O^1 \cdots O^T$ 的似然概率 $P(O \mid w)$，对于此问题的解决方法是前向算法和后向算法。第二个问题是非常重要的，即模型训练部分，为获得观察值序列概率最大来调整模型参数 w，在隐马尔科夫模型中一般常用的算法是 ML（Maximum Likelihood）算法。第三个问题就是模型应用问题，即根据已经训练好的模型参数获得最佳输出状态序列，常用的算法是 Viterbi 算法。

（三）前向算法和后向算法

在隐马尔科夫模型中可知，模型中的状态是不确定且不可见的，但我们确知马尔科夫链是在一个状态转换到下一个状态的过程中存在转换概率，并且这种转换概率是可以依据此状态紧接的前一种状态推算出来的，所以在不能直接观测到状态的情况下，可以通过观测序列的概率密度分布来加以推测。所以我们必须知道观测序列的概率 $P(O|w)$，定义模型 M 中的 π 是从开始状态 I 到结束状态 E 的连续状态序列，表达式为：

$$P(O|w) = \sum_{\pi} P(O, \pi|w) \tag{6-4}$$

在给定模型 $M(w)$ 的情况下，产生某一状态 $X = X^1 \cdots X^T$ 的概率为：

$$P(O|w) = P(X_1|w)P(X_2|X_1, w)P(X_3|X_2, X_1, w)\cdots P(X_T|X_{T-2}, X_{T-1}, w) = \pi_{X_1} a_{X_1 X_2} \prod_{t=3}^{T} a_{X_{t-2} X_{t-1} X_t} \tag{6-5}$$

由上式可知，在给定模型的该状态序列 X 的条件下，产生观测序列 O 的概率是：

$$P(O|w) = P(O_1|X_1, w)P(O_2|X_2, X_1, w)\cdots P(O_T|X_T, X_{T-1}, w) = b_{X_1}(O_1) \prod_{t=2}^{T} b_{X_{t-1} X_t}(O_t) \tag{6-6}$$

由式 6-7 和式 6-8 可得状态序列和观测序列同时发生的概率为：

$$P(O, X|w) = P(O|X, w)P(X|w) = \pi_{X_1} b_{X_1}(O_1) a_{X_1 X_2} b_{X_1 X_2}(O_2) \prod_{t=3}^{T} a_{X_{t-2} X_{t-1} X_t} b_{X_{t-1} X_t}(O_t) \tag{6-7}$$

所以在给定模型 $M(w)$ 下产生给定序列 O 的概率是：

$$P(O|w) = \sum_{X} P(O, X|w) = \sum_{X} \pi_{X_1} b_{X_1}(O_1) a_{X_1 X_2} b_{X_1 X_2}(O_2) \prod_{t=3}^{T} a_{X_{t-2} X_{t-1} X_t} b_{X_{t-1} X_t}(O_t) \tag{6-8}$$

按上式直接计算 $P(O|w)$ 的运算量非常大，为使问题求解变得简单实际，我们前向和后向算法是符合要求并且是较简捷而高效的算法。

在前向算法中，假设 $\alpha_t(i, j) = P(O^1 \cdots O^t, X_{t-1} = S_i, X_t = S_j|w)$ 是模型 $M(w)$，观测序列 $O^1 \cdots O^T$ 在时间 $t-1$ 时状态为 S_i，在时刻 t 时状态为 S_j 的概率。前向算法中我们就是要计算 $\alpha_t(i, j)$ 的值。首先初始化变量，当 $t-1 = 1$ 时，即 $t = 2$，$\alpha_t(i, j)$ 为：

$$\alpha_2(i, j) = P(O_1, O_2, X_1 = S_i, X_2 = S_j|w) = P(O_1, X_1 = S_i|w)P(O_2, X_2 = S_j|X_1 = S_i, w)$$
$$= \pi_i b_i(O_1) P(X_2 = S_j|X_1 = S_i, w) P(O_2|X_1 = S_i, X_2 = S_j, w)$$
$$= \pi_i b_i(O_1) a_{ij} b_{ij}(O_2) \tag{6-9}$$

按照迭代计算得：

$$\alpha_{t+1}(j, k) = P(O^1 \cdots O^t, O^{t+1}, X_t = S_j, X_{t+1} = S_k | w)$$

$$= \sum_{i=1}^{N} P(O^1 \cdots O^t, O^{t+1}, X_{t-1} = S_i, X_t = S_j, X_{t+1} = S_k | w)$$

$$= \sum_{i=1}^{N} P(O^1 \cdots O^t, X_{t-1} = S_i, X_t = S_j | w) P(O_{t+1}, X_{t+1} = S_k | X_{t-1} = S_i, X_t = S_j, w)$$

$$= \sum_{i=1}^{N} \alpha_t(i, j) P(X_{t+1} = S_k | X_{t-1} = S_i, X_t = S_j, w) P(O_{t+1} | X_t = S_j, X_{t+1} = S_k, w) = \sum_{i=1}^{N} \alpha_t(i, j) a_{ijk} b_{jk}(O_{t+1}) \quad (2 \leq t \leq T \quad 1 \leq j, k \leq N)$$

$$(6-10)$$

后向算法思想和前向算法是一致的，可以是前向算法的相反过程。假设 $\beta_t(i, j) = P(O^{t+1} \cdots O^T | X_{t-1} = S_i, X_t = S_j, w)$ 是模型 $M(w)$，观测序列 $O^{t+1} \cdots O^T$ 在时间 $t-1$ 时状态为 S_i，时刻 t 时状态为 S_j 的概率。显然在最后的概率为 1，即初始化为 $\beta_T(i, j) = 1$ $(1 \leq i, j \leq N)$。

按照迭代计算得：

$$\beta_t(j, k) = P(O^{t+1} \cdots O^T | X_{t-1} = S_i, X_t = S_j, w)$$

$$= \sum_{k=1}^{N} P(O^{t+1} \cdots O^T, X_{t+1} = S_k | X_{t-1} = S_i, X_t = S_j, w)$$

$$= \sum_{k=1}^{N} P(O_{t+1}, X_{t+1} = S_k | X_{t-1} = S_i, X_t = S_j, w) P(O^{t+1} \cdots O^T | X_t = S_j, X_{t+1} = S_k, w)$$

$$= \sum_{k=1}^{N} \beta_{t+1}(j, k) P(O_{t+1}, X_{t+1} = S_k | X_{t-1} = S_i, X_t = S_j, w)$$

$$= \sum_{k=1}^{N} a_{ijk} b_{jk}(O_{t+1}) \beta_{t+1}(j, k) \quad (t = T-1, T-2, \cdots, 2 \quad 1 \leq j, k \leq N)$$

$$(6-11)$$

在给定的模型 $M(w)$ 下，产生观测序列 O 的概率，根据前向和后向算法可得：

$$P(O | w) = P(O^1 \cdots O^T | w) = \sum_{i=1}^{N} \sum_{j=1}^{N} P(O^1 \cdots O^T, X_{t-1} = S_i, X_t = S_j | w)$$

$$= \sum_{i=1}^{N} \sum_{j=1}^{N} \alpha_t(i, j) \beta_t(i, j) \quad (2 \leq t \leq T-1) \quad (6-12)$$

（四）最大相似度算法

对于隐马尔科夫模型应用中第二个问题的调整参数，就是对隐马尔科夫模型的参数训练，即根据极大似然准则找 W，使得模型创建的输出序列具有最大概率，这就是最大相似度(Maximum Likelihood，即 ML)算法。[①]

在 ML 算法中，状态序列 $X^1\cdots X^T$ 都符合分布 $P(X_k=i\mid\theta)$，选择参数 θ 的值使得出现这个状态序列的概率最大，这时的 θ 值作为未知参数的值。算法核心的内容就是根据参数 θ 计算模型中的参数，包括初始状态概率 π_i、状态转移概率 a_{ij} 和状态输出概率 $b_j(W_k)$。

$$\pi_i = \frac{P(X_1 = i\mid\theta)}{\sum_{j=1}^{N} P(X_1 = j\mid\theta)}(1\leqslant i\leqslant N) \tag{6-13}$$

（五）Viterbi 算法

当模型训练问题解决后，根据产生的隐马尔科夫模型已经构成，下面需要解决的问题就是序列问题。Viterbi 算法就是解决对于给定隐马尔科夫模型 $M(w)$ 及观察序列 $O^1\cdots O^T$，找到最佳状态序列 $Q^* = q_1^*, q_2^*, \cdots, q_T^*$ 的问题。

在 Viterbi 算法中，假设在任一时刻 t，沿状态序列 $X^1\cdots X^t$，且 $X_{t-1} = S_i$，$X_t = S_j$，产生观察序列 $O^1\cdots O^T$ 的最大概率是：

$$\delta_t(i, j) = \max P(X^1\cdots X^t, X_{t-1} = S_i, X_t = S_j, O^1\cdots O^t\mid w) \tag{6-14}$$

初始化此式，即当 $t-1 = 1$ 时，此式为：$\delta_2(i, j) = \pi_i a_{ij} b_i(O_1) b_j(O_2)$。经过递归运算：

$$\delta_{t+1}(i, j) = \max(\delta_t(i, j) a_{ijk} b_k(O_{t+1})) \quad (2\leqslant t\leqslant T-1, 1\leqslant j\leqslant N, 1\leqslant k\leqslant N) \tag{6-15}$$

可反推得：

$$\varphi_{t+1}(j, k) = argmax(\delta_t(i, j) a_{ijk}) \quad (2\leqslant t\leqslant T-1, 1\leqslant j\leqslant N, 1\leqslant k\leqslant N) \tag{6-16}$$

在时刻 T，即终止状态时，$P^* = \max(\delta_T(i, j))(1\leqslant i\leqslant N, 1\leqslant j\leqslant N)$，可反推得：

$$q_{T-1}^*, q_T^* = argmax(\delta_T(i, j))(1\leqslant i\leqslant N, 1\leqslant j\leqslant N) \tag{6-17}$$

当知道最后一个状态序列后，可根据 $\varphi_{t+1}(i, j)$ 推出最佳状态序列：

$$q_{t-1}^* = \varphi_{t+1}(q_t^*, q_{t+1}^*)(t = T-1, T-2, \cdots, 1) \tag{6-18}$$

[①] Vinayak R K, Kong W, Valiant G, et al. Maximum Likelihood Estimation for Learning Populations of Parameters [J]. Research Gate, 2019.

第二节 Web 教育资源网页文本提取及切割

一、Web 教案提取与切割

教案是教师为顺利且有效地开展教学活动，根据教学大纲和教材要求以及学生的实际情况，以课时或课题为单位，对教学内容、教学目标、教学步骤、教学方法等进行具体设计和安排的一种实用性教学文书。如果将教案应用于移动学习，就要按照移动学习的要求，教案必须是短小独立且具有完整性的文本。因此，需要将 Web 中的教案资源提取之后，按照教案的基本组成部分切片，形成教案资源文本切片，以备建设移动资源库。图 6-4 显示了 Web 教案资源的提取及切割过程。

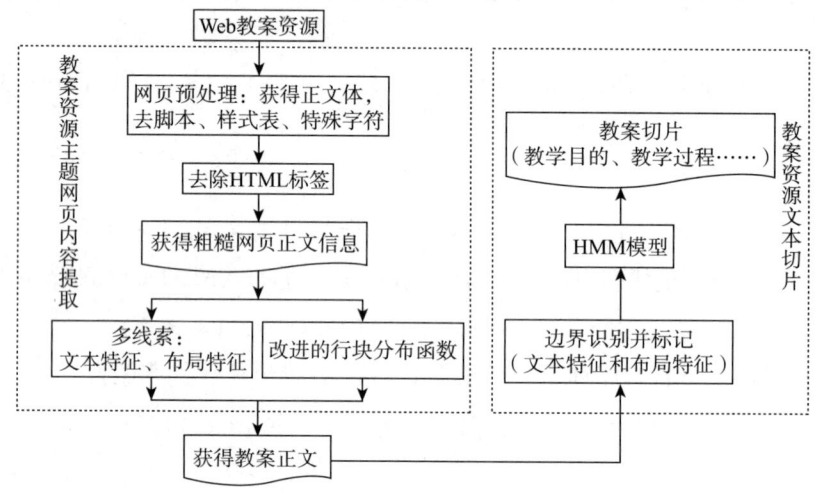

图 6-4 Web 教案资源的提取及切割过程

（一）Web 教案提取

Web 上的教案资源有几种呈现形式：提供下载的整个文档显示、在编辑器中显示、在网页中显示。对于整个文档显示的，可以直接利用下载插件获取。对于在编辑器中显示的，即 Word 编辑器或是 PDF 文档显示器，可以利用常用的 Word 文档和 PDF 文档解析程序获取。只有在网页中直接显示的教案，需要同网页中的其他信息分离，提取出教案全文。

由于 Web 教案资源的网页显示特征非常明显，教案正文的开始都有教案的标题，因此网页预处理时提取网页标题很方便;接着就是教案的全部内容,通常教案内容都集中在一起,只要找到结束边界即可;网页中的导航、侧边链接、尾部链接等非正文信息也比较集中,通常呈现为短小的短语。图 6-5 是某 Web 教案资源网页。

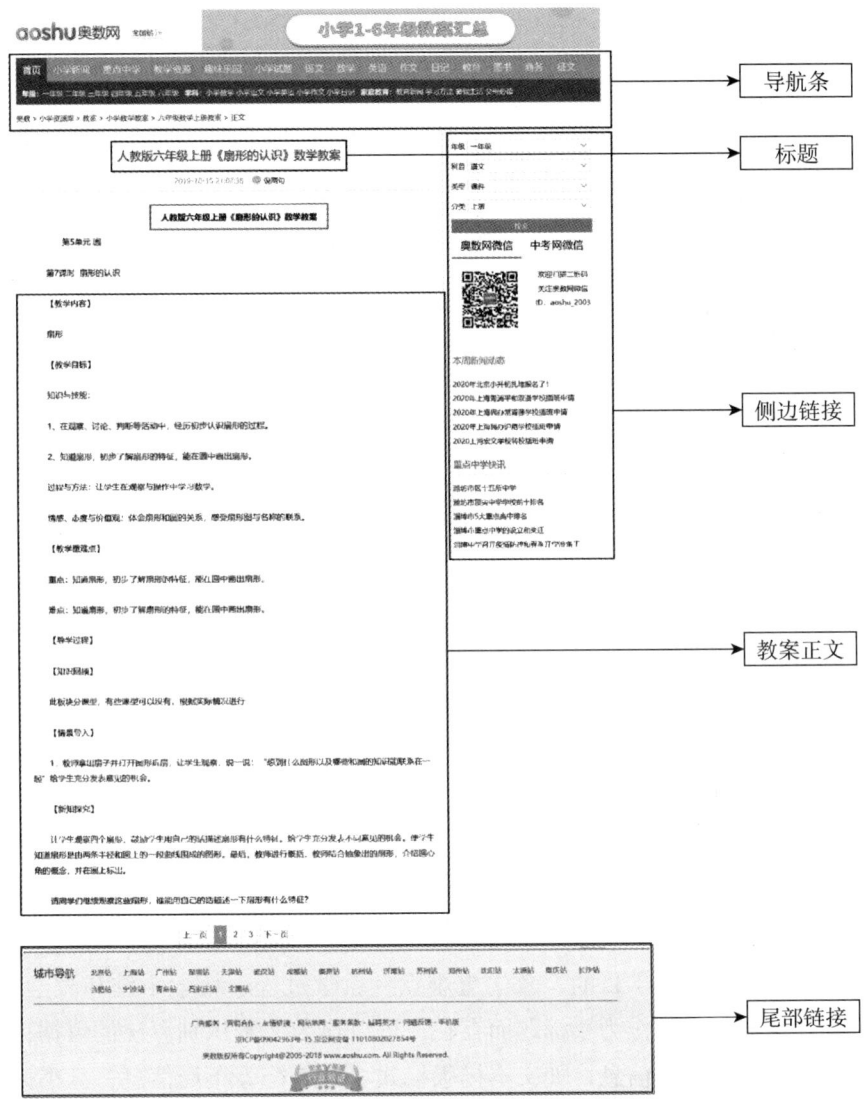

图 6-5 Web 教案资源网页

我们从图 6-5 中可以看出标题之后是教案的正文,因此问题的关键就是找到标题,即教案内容的起始边界。而导航条、侧边链接和尾部链接都是以链接的形式存在的,所以在网页预处理这些内容的时候,利用特殊 HTML 标签去除掉了这些内容,只剩下一些噪音信息,在这种情况下通过计算行块长度就可以准确判断出正文的结束边界,获得结束行号。

```
人教版六年级上册《扇形的认识》数学教案
【教学内容】
扇形
【教学目标】
知识与技能:
1、在观察、讨论、判断等活动中,经历初步认识扇形的过程。
2、知道扇形,初步了解扇形的特征,能在圆中画出扇形。
过程与方法:让学生在观察与操作中学习数学。
情感、态度与价值观:体会扇形和圆的关系,感受扇形图与名称的联系。
【教学重难点】
重点:知道扇形,初步了解扇形的特征,能在圆中画出扇形。
难点:知道扇形,初步了解扇形的特征,能在圆中画出扇形。
【导学过程】
【知识回顾】
此板块分课型,有些课型可以没有,根据实际情况进行。
【情景导入】
1、教师拿出扇子并打开圆形折扇,让学生观察,说一说:"想到什么图形以及哪些和圆的
知识能联系在一起"给学生充分发表意见的机会。
【新知探究】
让学生观察四个扇形,鼓励学生用自己的话描述扇形有什么特征。给学生充分发表不同意
见的机会。使学生知道扇形是由两条半径和圆上的一段曲线围成的图形。最后,教师进行
概括,教师结合抽象出的扇形,介绍圆心角的概念,并在圆上标出。
请同学们继续观察这些扇形,谁能用自己的话描述一下扇形有什么特征?
```

图 6-6 Web 教案资源网页提取的教案正文

图 6-6 是图 6-5 中的网页经过基于改进的行块分布函数的多线索抽取算法后提取的教案正文。Web 教案资源在网页中的显示都类似图 6-5 的布局,所以都可以利用此算法提取出如图 6-6 所示的教案正文。

(二)教案内容切割

在基于模式识别的 HMM 文本切割算法基础上实现教案内容切割、采用已建立好的 HMM 模型,主要分为三大步骤。

1. 教案文本语义块边界识别与标记

根据教案文本的特征信息,我们利用文本特征和布局特征识别文本语义块边界并做标记。这里的文本特征识别是以正则表达式来匹配教案内部的文字内容,教案的切片颗粒度是教学内容、教学目的、教学重难点、教学过程、教学小结和教学板书等,这些关键词在教案中通常作为小标题而存在,可以作为文本识别算法的依据;而布局特征是指教案内部的结构信息,如文本排版格式、分隔符等布局信息,且小标题之下有几小段文本内容,每个标题都是分段存在的,此排版格式信息可作为识别的依据。此外,经过整理发现,有些主体段结束时还会使用"—"作为分隔线,这些都是布局特征的有力依据。

2. 建立 HMM 模型

教案内容切割采用 HMM 模型方法进行语义块边界划分,每个颗粒度语义块主题是 HMM 的一个隐状态,待切片的教案文本序列是 HMM 的观测序列。

3. 应用已建立好的 HMM 模型进行切割,分为训练阶段和切割阶段

训练阶段:

Step 1：初始化模型，包含教学内容、教学目的、教学重难点、教学过程、教学小结、教学板书和其他信息等7个状态。

Step 2：对训练样本进行预处理。遍历文本，利用文本特征和布局特征将已标记文本序列转换为标记的文本切片序列，计算切片释放概率为切片内各单词释放概率之和。设切片序列为 $O = O_1O_2O_3\cdots O_T$，若第 t 个切片长度为 K（包含 K 个单词）记为：$O_{t1}O_{t2}O_{t3}\cdots O_{tK}$，则状态 j 释放第 t 块的概率为：

$$b_j(O_t) = \sum_{k=1}^{K} b_j(O_{tk}) \tag{6-19}$$

Step 3：利用计算模型初始状态概率 π_i，状态转移概率 a_{ij} 和释放概率 $b_j(V_k)$，得出 HMM 模型参数，输出 HMM 模型。

切割阶段：

Step 1：将实验样本进行预处理，根据已训练好的 HMM 模型计算出各切片的释放概率。

Step 2：结合训练阶段输出的 HMM 模型，利用 Viterbi 算法中公式（6-18）进行计算，推算出最佳的输出状态。

Step 3：将最佳的输出状态标记为切片序列，实现切割过程。

二、Web 试题内容切割

试题是用来检验学习者学习效果的凭证。网络上的试题资源非常丰富，为了在移动学习中能够有效利用现有的网页试题资源，就需要先识别网页中的试题，再按照试题的切片颗粒度进行切割，形成试题资源的内容切片，以备建设资源库。图 6-7 为 Web 试题资源（选择题）的提取及切割过程。

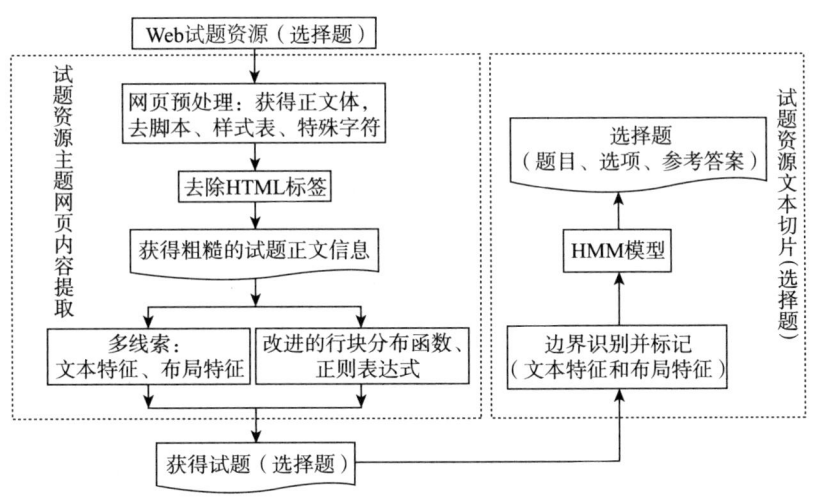

图 6-7　Web 试题资源（选择题）的提取及切割过程

1. Web 试题网页内容提取

同 Web 教案资源一样，Web 试题资源也有三种常见形式：提供下载的整个文档显示，在编辑器中显示，在网页中显示。前两种资源分别通过下载和解析直接获取。只有在网页中直接显示的，需要与网页中的其他信息分离，提取出全套试题。

试题根据表现形式分为填空题、选择题、判断题、综合题等，每种题型显示的格式不同。填空题、判断题、综合题都是逐道题目显示，而选择题是由题目和选项组合而成。因此，Web 页面中显示的试题基本都是由题目或题目和选项组合在一起的，致使行文本数较少。图 6-8(a) 显示的是普通的试题，图 6-8(b) 显示的是图 6-8(a) 行数的文本图像。

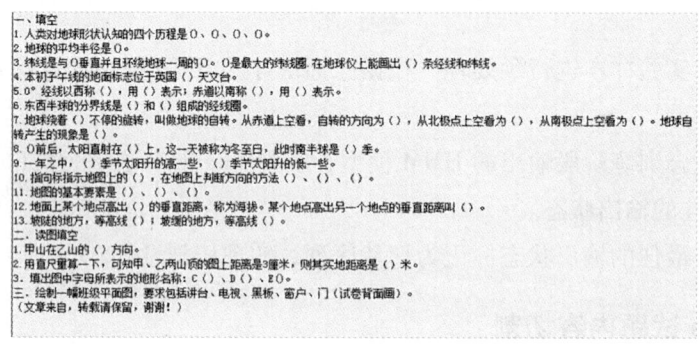

(a) 普通试题图

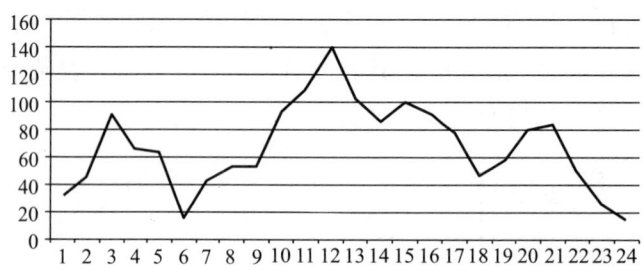

(b) 试题行数的文本图像

图 6-8 Web 页面显示的试题

根据统计发现，Web 试题资源的网页正文内容显示比较集中，如图 6-9 所示。试题正文开始都有标题，故对网页预处理时提取网页标题很方便；接着就是试题的全部内容，通常内容都是集中在一起，只要找到结束边界即可；网页中的导航、侧边链接、尾部链接等这些非正文信息也比较集中，通常由短小的短语组成。图 6-9 显示了某 Web 试题资源网页。

从图 6-9 可以看出标题之后是试题的正文，因此问题的关键就是找到标题，即试题正文内容的起始边界。而导航条、侧边链接和尾部链接都是以链接的形式存在的，所以可以在网页预处理的时候利用特殊的 HTML 标签去除掉这些内容，这时就剩下一些噪音信息，在这种情况下通过计算行块长度就可以准确地判断出正文的结束边界，获得结束行号。但与教案不同的是：行块长度的阈值难以确定，因为试题正文中行文本数比较短小，如图 6－8(a)所示，这就导致在计算行块长度的时候确定阈值比较困难，需要在多次试验之后确定比较理想的阈值，用于所有试题网页内容的提取。图 6－10 所示内容是图 6－9 中的网页经过基于改进的行块分布函数的多线索抽取算法后提取的试题正文。

Web 试题资源在网页中的显示一般都类似于图 6－9 所示的布局，虽然试题内部的分布如图 6－8(a)所示的那样行文本短小，但却是基本集中的，所以只是在行块长度的阈值确定时比较难，但仍然可以利用基于改进行块的分布函数的多线索抽取算法提取出如图 6－10 的试题正文，并且效果比较好。

图 6－9　Web 试题资源网页

六年级数学上册第四单元试卷
一、填空
1. 圆有（ ）条对称轴，半圆有（ ）对称轴。
2. 一个圆的直径是 6 厘米，圆的周长是（ ）厘米，圆的面积是（ ）平方厘米。
3. 在同一圆里，直径与半径的比是（ ）:（ ）。
4. 一个圆的周长是 18.84 厘米，圆规两脚间的距离是（ ）厘米。
5. 圆的半径扩大 3 倍，周长扩大（ ）倍，面积扩大（ ）倍。
6. 用同样长的铁丝分别围成一个长方形、正方形、圆，（ ）的面积最大，（ ）的面积最小。
7. 绕一个圆形花坛走一圈是 12.56 米，这个花坛的占地面积是（ ）。
8. 把一个圆分成若干等份，然后拼成一个近似长方形，长方形的长等于圆的（ ），宽等于圆的（ ），因为长方形的面积=（ ）乘（ ），所以圆的面积=（ ）。
9. 一张长方形纸，长 12 分米，宽 4 分米。如果在上面剪出一个最大的圆，这个圆的面积是（ ）。如果在上面剪出半径是 2 分米的圆，最多可以剪出（ ）个。
10. 一个环形的外圆半径和内圆直径都是 4 厘米，这个环形的面积是（ ）。
11. 大圆半径是小圆半径的 2 倍，小圆面积是大圆面积（ ）。
12. 一个圆的半径增加 3 厘米，周长增加（ ）厘米，面积增加（ ）平方厘米。
二、仔细判断
1. 如果两个圆的周长相等，面积也相等。（ ）
2. 半径 2 厘米的圆周长和圆面积相等。（ ）
3. 半圆的周长就是圆周长的一半。（ ）
4. 大圆的圆周率大，小圆的圆周率小。（ ）
5. 圆的直径所在的直线就是圆的对称轴。（ ）
6. 半圆的面积比圆的面积大。（ ）
三、精心选择
1. 直径与半径的关系是（ ）
A 直径等于两个半径 B 半径总是直径的一半 C 在同一个圆里，直径等于半径的 2 倍
2. 下面几种图形中，不是轴对称图形的是（ ）
A 长方形 B 等腰三角形 C 平行四边形 D 半圆

图 6－10　从 Web 试题资源网页内容中提取的试题

2．试题内容切割

前面提到在试题内部，填空题、判断题、综合题都是逐道题目显示，而选择题是由题目和选项组合显示，所以填空题、判断题、综合题等的切片颗粒度是逐道题目，

而选择题的切片颗粒度是题目和选项，因此不同题型的切割方法也不同。

试题中出现的信息类型各种各样，有文本、图像、视频、音频等，这就致使在使用基于模式识别的 HMM 文本切片的第一步，即对试题文本进行边界识别与标记时比较困难，因为文本特征中不仅需要正则表达式匹配，还需要对文本相似度进行匹配。经过手工整理发现，每套试题中，题型设置、题目名称以及题型的结构设计等都是不同的且没有规律的，不像前面教案资源的格式和子主题基本是确定的。因此，对于没有特定模式的试题内容切割，本节采取的方式是先从试题中识别题型，识别出题型之后再根据切片颗粒度进行切割，比如在某网页试题中识别出有选择题和判断题，那么选择题就按选择题的切片颗粒度进行切割处理，而判断题就按判断题的切片颗粒度进行切割处理，其他题型方法类同。

试题资源内容切割，使用基于模式识别的 HMM 文本切割算法实现文本切片，采用已建立好的 HMM 模型，主要分为四大步骤。

（1）试题识别与标记。

根据题型分类，包含填空题、选择题、判断题、综合题、计算题、应用题等，利用文本相似度计算和正则表达式匹配进行题型识别，识别后用标签标记题型，以便下一步的切片边界识别。一般地，试题分为整套试题和练习题。如果是整套试题，题目中会出现题型的文本，可直接获取；但如果是练习题，题型一般不会直接显示，只能通过文本匹配获得题型标识。

（2）试题文本语义块边界识别。

根据上一步的题型标识，再利用文本特征和布局特征识别出题目文本语义块的分割边界并做标记。对于选择题，采用正则表达式和文本相似度计算找到标记题型的题目内部的切片边界并做标记；对于其他题型，可以通过布局特征将题目逐个分块并做标记。

（3）建立 HMM 模型。

试题切片采用 HMM 模型时，只需要对选择题进行切割，因为其他题型已经在步骤 2 中标识出题目分割边界了。故对于选择题，题目和选项的文本特征项都是 HMM 的隐状态，待切割的选择题文本序列是 HMM 的观测序列。

（4）应用 HMM 模型进行试题切割。

在建立好选择题训练样本的 HMM 模型之后，就可以对待切割的选择题进行题目和选项的切割，这需要两个阶段：训练阶段与切割阶段。具体过程同教案资源切割，故不再赘述。

第三节　Web 教育资源切片实验结果与分析

实践是检验真理的唯一标准，针对上一章提出的 Web 教案提取与切割和 Web 试题内容提取与切割的算法，本章按照教案和试题类型分别进行实验，以验证先前提出方法的可行性和有效性。首先介绍实验方案的设计，包含实验数据的来源和实验分析的评价标准；接着分别对教案和试题类教育资源进行切片研究；最后对结果进行分析。

一、实验方案设计

Web 教育资源丰富多彩，种类纷繁复杂，本章重点分析最具代表性的教育资源——教案和试题这两种资源，根据上一节提到的 Web 教案资源和试题资源的网页内容提取和切割算法进行实验验证，实验过程如图 6-4 和图 6-7 所示。

（一）实验数据

为了验证所提出方法的有效性和泛化能力，我们利用项目组所提供的爬虫程序分别从 10 个教育种子网站上抓取了 500 个教案类和 500 个试题类的网页作为实验数据集进行实验。采用准确率作为 Web 教育资源内容提取及切割实验结果的评估方法。由于 Web 教育资源内容提取及切割必须经过两个过程，要判断实验结果和算法性能是否理想，就必须对这两个过程中的准确率分别进行计算，并且实现共同评价，才能确定实验的有效和算法性能的好坏。

（二）验证方案设计

首先，对 500 个测试网页进行基于改进行块分布函数的多线索 Web 教育资源提取过程的实验。将实验结果的准确率定义为 P_1，然后将从第一个过程中成功提取的 Web 教育资源网页文本进行基于模式识别的 HMM 教育资源切片，将此过程实验结果的准确率定义为 P_2，最后对两次实验结果进行综合评价，评估 Web 教育资源切片实验的有效性和性能好坏。计算公式如下：

$$P_1 = \frac{N_{ex}}{N} \qquad (6-20)$$

$$P_2 = \frac{N_{di}}{N_{ex}} \qquad (6-21)$$

其中 N 是指测试网页的总数，即 500 个，N_{ex} 是指在基于改进行块分布函数的多线索 Web 教育资源主题网页内容提取过程中正确提取教育资源正文的网页个数，N_{di}是指对教育资源正文正确切片的文本个数。

两次实验结果都达到较高的准确率才能说明方法的有效，因为内容提取过程是切割过程的基础，如果内容提取过程的准确率低于 50%，那么切割过程准确率再高也没有意义。因此，在本章中，我们主要评价两次结果，然后进行整个方法的结果评测。

二、教案提取与切割实验结果分析

（一）实验数据收集

我们利用爬虫程序从 10 个教育类种子网站中抓取了 500 个教案类资源网页作为实验数据集，为了保证实验的有效和方法的泛化能力，每个种子网站中都是随机抓取网页。表 6-3 为实验数据的来源及抓取的网页篇数。

表 6-3　Web 教案资源提取及切割的实验数据来源及篇数

种子网站名称	种子网址	篇数/篇
语文网	http：//yuwen.chazidian.com	50
当知备课网	http：//beike.dangzhi.com	50
沪江小学资源网	http：//xiaoxue.hujiang.com	50
小精灵儿童网站	http：//www.060s.com	50
费尔教育网	http：//www.frjy.cn	50
99 作文网	http：//www.99zuowen.com	50
精品学习网	http：//www.51edu.com	50
7C 教育资源网	http：//www.7cxk.net/	50
哈哈网	http：//haha.bbcz8.com	50
找教案	http：//www.zhaojiaoan.com	50

（二）实验结果分析

对上述 500 个教案类网页按照图 6-4 的方法进行提取和切割之后，根据实验方案设计对实验结果进行分析，得到表 6-4。

表 6-4　Web 教案资源内容切片实验结果

抽取正确的网页个数/个	P_1	切片正确的网页个数/个	P_2
500	100%	483	96.6%

从表 6-4 中的数据可以看出，本章提出的针对 Web 教案资源主题网页内容进行提取及切割的方法对这 500 个网页的处理效果是不错的，说明方法的有效性和泛化能力都比较好。教案正文提取的正确率达到 100%，说明能够获得完整的教案资源，这

为后续切割过程取得最佳效果奠定了坚实的基础。经实验,后续切割过程的正确率达到了96.6%,说明提出的方案是可靠的,为移动学习资源库建设提供了技术支持。

三、试题提取与切割实验结果分析

(一)实验数据收集

本研究利用爬虫程序从10个教育类种子网站中随机抓取了500个试题类资源网页作为数据集,表6-5为实验数据的来源及抓取的网页篇数。

表6-5 Web试题资源内容提取实验数据来源及篇数

种子网站名称	种子网址	篇数/篇
语文网	http://yuwen.chazidian.com	50
小精灵儿童网站	http://www.060s.com	50
费尔教育网	http://www.frjy.cn	50
努力学	http://www.nulixue.com/	50
精品学习网	http://www.51edu.com	50
7C教育资源网	http://www.7cxk.net/	50
哈哈网	http://haha.bbcz8.com	50
找教案	http://www.zhaojiaoan.com	50
教育资源网	http://www.chinesejy.com	50
试题网	http://www.zx98.com/shiti/	50

(二)实验结果分析

针对试题的实验方法不同于教案,因为试题中有题型之分,在切割过程的方案因题型不同而不同,所以对于试题实验的评估在细节上稍有改变,需要对不同题型的正确率进行评估。因此,在对上述500个试题类网页按照图6-7的方法进行提取和切割之后,我们对所获得的实验结果进行分析,得到表6-6的数据。

表6-6 Web试题资源切割实验结果

试题题型	提取正确的网页个数/个	P_1	含有P_1题型的文本个数/个	切割正确的文本个数/个	P_2
选择题	500	100%	452	403	89.2%
填空题 判断题			407	391	96.1%

表6-6的数据显示,试题网页的提取效果较好,说明方法是可行的。然而试题一般都包含各种题型,这500个网页也不例外。通过整理发现,在提取出的500套试

题中,其中含选择题的有 452 套,经过针对选择题的切割算法之后获得正确的选择题切片的有 403 套,正确率是 89.2%;分析发现利用文本特征识别数学、英语学科的题目时数字和字母重复出现,导致切割错误。此外,其中含有填空题和判断题的文本个数有 407 个,针对切割算法之后获得的填空题和判断题的单个题目正确的有 391 个,正确率达到 96.1%,效果也不错。后续分析发现没有正确切割的原因是对填空题中的空白处没有做到精确识别。但是从数据来看,本研究对试题类 Web 教育资源提出的抽取及切割的算法方案是可靠且比较有效的。

小结与展望

本章为了将现有的网络教育资源转换成适合移动学习的学习资源,提出了 Web 教育资源内容提取及切割技术。这个技术主要包括两个阶段:第一个阶段要从 Web 网页中提取教育资源内容,这样才能保证教育资源的完整性,为后一阶段奠定基础;第二个阶段是将从第一阶段中提取出来的内容进行切割处理以获取教育资源切片。本章的研究工作具体包括以下内容。

(1) 提出一种基于改进行块分布函数的多线索网页内容提取算法。该算法通过分析网页的特殊 HTML 标签、网页中文本语义信息的文本特征、网页结构格式信息的视觉布局特征这三种线索,对网页进行预处理,获得粗糙的网页正文内容,然后结合改进的行块分布函数对网页内容进行提取。此方法弥补了现有提取算法只考虑一种线索的不足。

(2) 介绍了 Web 教育资源内容切片颗粒度。切片颗粒度是对资源文本进行切片的最基本要素,只有明确颗粒度的大小,才能进行切片处理。由于教育资源类型非常多,加上资源的文本形式和排版格式不同,所以本章切片处理所用的颗粒度不仅基于目前研究的句子、文本段落、文本块层次的颗粒度,还考虑了反映文本布局特征的排版格式和分隔符等信息,从而对于不同的文本资源类型采用不同的切片颗粒度。

(3) 提出了一种基于模式识别的 HMM 文本切割算法。该算法是根据资源文本的文本语义特征和视觉布局特征,结合正则表达式匹配来判断文本中子主题的边界,获得文本语义块序列,再结合 HMM 模型精确判断文本边界以完成文本切割,获得文本内容切片。

(4) 以教案类和试题类资源为例,具体讲述 Web 教育资源主题网页内容提取及切割技术。由于资源类型较多,且不同类型资源文本格式、内容展示形式不同,本章重点对教案类资源和试题类资源进行算法介绍,并且针对随机抓取的网页进行实验验证,以证明两类资源的提取和切片算法的有效性和泛化能力。

对于 Web 教育资源内容提取与切割的两个过程,我们结合了部分学者研究的网页内容提取和文本切割的算法。本章的算法方案有许多优点,但是也存在一些不足之处,需要从以下几个方面进一步开展研究工作。

(1) 深入研究网页内容的提取算法,尤其是针对网页教育资源中存在的图片、音视频等多媒体信息,完善基于改进行块分布函数的多线索网页正文提取算法。

(2) 进一步完善和扩展基于模式识别的 HMM 教育资源文本切割算法,设计出针对不同类型的模型特征能够准确识别边界的适用方法,并且做到对于同一模型特征的任意文本能够适用,使此方法具有更佳的有效性和泛化能力。

（3）实现其他类型的 Web 教育资源内容切片算法。由于教育资源类型不同，故切片所需的方法也不同，本章中对教案和试题类教育资源已经实现了内容切割，并且通过实验证明了此方法可行且有效。在此基础上需对 Web 中的说课稿、课件、导学案、文献资料等教育资源同样实现提取及切割处理，以获得更多的教育资源内容切片来建立移动资源库。

第七章 基于大数据的"校校通"工程现状调查

"校校通"工程在推进教育信息化发展的同时,记录了教育信息化的变化过程。从纷繁复杂的二进制数据中,抽取有价值的教育大数据,可以得到问卷调查难以获取的信息。本研究利用大数据技术获取海量基础教育网站相关内容,通过对网页信息的解析,抽取关键信息,得到各个网站的标题、网页数、网站的生命期、更新频率及访问量等指标,进而利用统计分析技术,研究基础教育信息化的现状。

导读:

研究背景

Web 大数据分析

Web 数据获取及处理

"校校通"数据分析

第一节 研究背景

教育信息化发展和实施工程为学校教学和学习过程中数据的采集和存储提供了有力的保障。近些年，诸多学者研究基础教育信息化现状，通过调查数据得出研究结论，推动了教育信息化更快更好地发展。在众多教育信息化工程中，"校校通"工程作为校园信息化建设的开山鼻祖，早在 2000 年就被提出。当时教育部决定在中小学实施"校校通"工程，目标是用 5 到 10 年时间，使全国 90%左右的独立建制的中小学能够上网，使中小学师生能够共享网络教育资源。到 2010 年左右，我国中小学和高校已经实现了全网全覆盖的目标。现今，很多基础教育的信息化工程也依靠"校校通"工程展开。由此可见，"校校通"工程的建设和发展是教育信息化建设和发展的缩影。

自从"校校通"工程实施以来，针对其相关的调查研究便开始了，目前有抽样调查、普遍调查、重点调查、典型调查等调查方式。对于基础教育网站现状的调查大都使用问卷调查的方法，在有限的样本内完成，调查内容主要是资源的形式和共享性[1]以及访问者对网站的体验[2][3]，因调查仅限于较小的范围内进行，数据严重受主观因素的影响，往往不能反映"校校通"工程真实、全面的现状。而教育信息化开展至今，信息系统无时无刻不在产生数据，基础教育领域同样也积累了海量的教育数据，包括学习资料、管理信息、学习者信息及学习过程数据等。[4] 因此，利用大数据和数据挖掘技术，深入探索"校校通"工程的发展是对问卷调查方法的全面补充和拓展延伸。

综上所述，要了解"校校通"工程现状，了解我国教育信息化的进程，只简单地对某个地区、某部分人进行调查访问是不足以知悉其全貌的，通过大数据技术则可以对"校校通"工程的实施现状、应用过程、取得成果及存在问题进行更为全面深入的调查。本研究过程主要包括相关的数据收集、分词和关键词提取等数据处理。利用数据挖掘工具对海量数据进行全面的处理和分析，更易得到相对真实的现状报告。

---

[1] 肖金芳，谭金波. 目前国内基础教育学科网站资源的调查分析[J]. 软件技术导刊，2006 (2)：6-7.
[2] 顾琼莹，周树红. 目前国内教育网站现状的调查与分析[J]. 中国电化教育，2004 (4)：43-45.
[3] 白梅. 关于网络教育中资源建设的思考[J]. 电化教育研究，2001(12)：48-51.
[4] 魏顺平. 学习分析技术：挖掘大数据时代下教育数据的价值[J]. 现代教育技术，2013(2)：5-11.

第二节　Web 大数据分析

随着现代网络技术、存储技术和智能设备的发展，数据已从传统的单一结构化数据演化成由结构化数据、半结构化数据和非结构化数据组成的错综复杂的数据。大数据概念的产生得益于互联网和移动互联网技术为数据展示提供的平台，由此产生的海量数据不断被利用和挖掘，直接推动数据科学的发展，也不断改变人们对待数据的态度。

大数据分析技术在教育领域发挥了巨大的作用，为研究教育信息化发展、互联网环境下的教师和学生行为等贡献了力量。从理论角度而言，大数据技术和传统的数据分析技术在本质上是相同的，可以说传统数据分析技术是大数据技术的基础，而大数据技术是传统分析技术的补充和完善，两者的关系是一脉相承的。与此同时，大数据技术仍然具有传统数据分析技术所存在的不足，在数据的来源和存储完整性方面尤其明显。大数据分析下的海量数据不是全部数据，其数据来源也受到分析人员的主观观点影响，所以通过大数据技术分析的结果可能具有一定的局限性，需要以批判的眼光综合分析多方面的因素来审视分析结果，从而科学合理地应用大数据技术。

一、数据统计分析

数据统计分析是指用适当的统计分析方法对收集来的大量数据进行分析，通过对多维数据的切片、转换，从多个角度观察数据、提取有用信息和形成结论，从而对数据加以详细研究和概括总结。一般用户使用 Oracle、SQL Server、MySQL 等结构化数据库管理工具，结合统计分析工具 SPSS 进行。本研究中，使用 MySQL 数据库存储管理数据，使用 SQL（Structured Query Language）语言对数据进行处理、分析、统计。SQL 是关系型数据使用的主流语言，可以同时满足数据定义、数据操作、数据控制的需要，也是一种高效的非过程化的语言，极大地减轻了用户的负担，增强了数据的独立性。

本研究中的数据来源于网络，存在缺失、不完整等情况，需要对数据进行清洗，将超出范围、缺失值等数据筛除。本研究中所有数据组成的集合为 U，对于不同的统计分析角度，存在不同的缺失值集合、异常值集合。在分析的过程中，有效分析数据属于集合 U，而不属于缺失值、异常值等集合，是集合的差集。下面对本研究中用到的变量进行定义。

集合：由一个或多个元素构成的集合体，如元素 x 属于集合 A，记作 $x \in A$。

差集：所有属于集合 A 但不属于集合 B 的元素组成的集合即为集合 A 与集合 B 的差集，记作 $A-B=\{x \mid x \in A \text{ 且 } x \notin B\}$。

并集：属于集合 A 或者集合 B 的元素组成的集合即为集合 A 与集合 B 的并集，记作 $A \cup B=\{x \mid x \in A \text{ 或 } x \in B\}$。

在进行数据分析前，先获取有效集合，在分析数据某个属性时，相对于该属性数据的集合中包含缺失值、异常值、正常值这三类元素，本研究中总数据集为 U，有效数据集为 E，则 E 的公式为：

$$E = U - P_{缺} - P_{异} \qquad (7-1)$$

收集元素特定属性值的集合，即所有有效集合的并集，公式为：

$$E = A \cup B \cup C \cup \cdots \qquad (7-2)$$

研究中数据集合的获取方法是差集和并集的思想，利用关键字匹配、模糊查询等方法，得到最终的数据集。

二、数据可视化

数据可视化是抽象数据到可视化图像的映射过程，即用最简单的图形展现最丰富的价值，可有效提高人们认识、感知数据的效果。数据可视化根据数据的特点及需要呈现的效果，选择合适的可视化的图形类型。通常柱状图展示各个类别的数据量；折线图展示数据的变化趋势，即在时间轴上的变化规律；散点图则表示因变量随自变量而变化的趋势。数据可视化处理过程包括绘制和呈现，数据可视化的研究目的在于以直观的方式使用户发现隐藏在数据中的模式和特征。[1] 创建数据可视化的第一步是提出问题，即数据的时间、地点、数量、频率等问题。[2] 影响数据可视化效果的因素包括形状、颜色、交互方式等，有效性和表达性是衡量数据可视化效果的两个重要指标。[3]

本研究利用散点图发现数据的聚类现象及自变量与因变量的关系趋势，并用饼状图来展示多类数据之间的比例关系。

三、大数据分析与调查统计的比较

在大数据时代，信息系统无时无刻不在产生和存储数据，当面对内容丰富、数量巨大的数据时，我们往往束手无策，这时如果仍然采用传统的问卷调查、人工统计的方法，将极大地降低调查的效率，数据的不全面和不完整也会直接导致数据分析结果

---

[1] 杨彦波，刘滨，祁明月. 信息可视化研究综述[J]. 河北科技大学学报，2014(1)：91-102.
[2] 张浩，郭灿. 数据可视化技术应用趋势与分类研究[J]. 软件导刊，2012(5)：169-172.
[3] 刘芳. 信息可视化技术与应用研究[D]. 杭州：浙江大学，2013.

的误差,而以新技术为支撑的大数据分析在很大程度上可缓解甚至解决这些问题。当然,大数据分析和经典调查统计分析在本质上是一致的,都包含"数据收集"和"数据分析"两部分,分析是论点,数据是论据,两者缺一不可,两种方法的最终目的都是提取出有价值的信息,形成对理论研究与实践应用有帮助的结论。

表 7-1 大数据分析与经典调查统计的比较

比 较	大数据方法	经典调查统计方法
数据来源	多领域和多类型	特定领域、类型单一
数据客观性	客观存在的数据	受被调查者的主观态度影响
数据的质量	非结构化	结构化数据、质量高
模型与数据的关系	数据是未知的,大部分来源于各类软件系统,根据数据分析人类活动规律、模型	数据根据既有模型,设计问卷,发放问卷,回收统计
对数据的要求	允许数据的不精确 强调数据的完整性	要求数据精确
结果的精确性	允许不精确	强调分析结果的精确度
目标	寻找相关关系、预测	调研、寻求因果关系
数据量	全体数据	样本数据
依据的模型	非理论模型(通过寻找海量数据与算法的对应关系而确定)	理论模型(通过寻找研究问题与数据结构的对应关系而确定)
确定模型依据	海量数据	问题
数据的学习类型	归纳学习(实例学习)	演绎学习(分析学习)

如表 7-1 所示,大数据分析和经典调查统计分析在很多维度上存在差异[1],主要体现在以下三点[2]。

第一,思维方式上的差异。大数据分析和传统数据分析在思维方式上的区别主要体现在研究对象、研究方法、数据获取方式、数据性质等方面。受到传统数据分析方法的限制,普查、抽样调查和统计报表是最常用的统计方法,其收集的样本都是相对小范围的,数据量小,针对性强,采用"假设—验证—决策"的全数据分析思路;大数据分析则不再受制于传统限定的固定思维,对数据进行分析和挖掘时,往往没有预定的目标和理论模型,主要通过在海量的格式繁杂的数据中寻找潜在的特征和规律,供分析者进行判断和决策。

第二,统计学使用上的差异。传统数据分析使用的统计学知识主要围绕"能否通

---

[1] Breiman L. Statistical Modeling: The Two Cultures[J]. Statistical Science, 2001, 16(3):199-215.
[2] 光环大数据."大数据分析"和"数据分析"的区别与联系[EB/OL]. [2019-03-28]. https://cloud.tencent.com/developer/news/213772.

过少量的抽样数据来推测真实世界";大数据分析主要利用各种类型的海量数据,设计统计方案,得到科学的统计结论。

第三,模型应用上的差异。传统数据分析大部分是将机器学习模型当"黑盒"工具来辅助分析数据;大数据分析则更多的是将两者紧密结合,对数据进行分析和建模,产生数据分析效果测评,从而为产品升级和业务提高提供依据。

第三节 Web 数据获取及处理

在对"校校通"工程的 Web 数据进行应用现状调查时,数据准备阶段有两个任务,即 Web 数据的获取和 Web 数据的处理。本研究使用开源工具 Nutch,结合分布式 Hadoop 系统平台[1][2],快速完成网页的抓取任务,实现 Web 数据的获取。Web 数据具有无特定结构、数据量大的特点,可选择分布式非结构数据库 HBase,将网页存储为字符串类型,然后依据数据需求,编写 MapReduce 信息抽取程序。

一、网页数据获取

2015 年,我们利用 5 台台式机搭建了 Hadoop 分布式集群环境。首先,收集种子 URL,共 28 657 条,分类如表 7-2 所示。

表 7-2 种子 URL 分类信息

种 类	数目/条
中学网站	10 214
小学网站	8 982
中小学网站	3 236
教育类政府机构网站	6 225

然后,使用优化后的开源搜索工具 Nutch 爬取上述种子网站中的网页信息,抽取其中数据,在 $NUTCH_HOME/runtime/deploy 目录下使用 Nutch 操作命令,在后台运行如下指令:

```
nohup bin/nutch crawl urls -depth 1 -topN 120000 &
```

---

[1] Apache. Apache Hadoop[EB/OL]. [2019-04-18]. http://hadoop.apache.org.
[2] 赵书兰. 典型 Hadoop 云计算[M]. 北京:电子工业出版社,2013.

再向 Hadoop 提交抓取任务,此处设置的抓取深度为 1。在 Hadoop 执行网页抓取任务时,任务的执行情况受 Hadoop 运算能力、网站内容干净程度、网速等多方面影响。程序运行 7 天,最终解析 URL 链接的总数为 13 523 624 条,下载保存的网页数量为 2 520 597 个。

二、大数据存储

Nutch 抓取的海量数据存储在 Hadoop 大家族的非关系型数据库 HBase 中,存储在 allseed_webpage 表中,每一行代表一个网页的全部内容,表中的主键是网页地址。网页信息的抽取则利用 MapReduce 程序,数据输入为表 allseed_webpage,数据输出为表 ExtractedWebpage,其中 ExtractedWebpage 表结构设计如表 7-3 所示。HBase 数据满足本研究中数据吞吐的需求,数据格式均为字符(char)类型,容错性强,且网页信息多为非结构化的混杂数据,满足海量数据的存储可能。因此,我们使用 HBase 中 ExtractedWebpage 表存储清洗后的网站信息、网页信息及链接信息。

表 7-3 HBase 数据库中 ExtractedWebpage 数据表的表结构

content	basicInfo
textBody	title
	description
	keyword
	date
	email
	icp
	tel
	addr
	postCode
	outLinks
	viewCount

本研究的最终任务是通过统计分析数据,得到"校校通"应用的现状。我们接下来编写 MapReduce 程序,将 ExtractedWebpage 表中信息取出,根据存储规则分别存入 MySQL 数据库中的网站信息表、网页信息表、链接信息表,详细如表 7-4 所示。

表 7-4 MySQL 数据库各数据表结构

表 名	字 段			
网站信息	URL	标题	描述	关键字
	Email	ICP	电话	地址

续表

表 名	字 段			
网页信息	URL	日期	点击数	网页标题
	正文文本			
链接信息	URL		外链描述	

把网页数据从 HBase 导入到 MySQL 中，考虑 MySQL 的性能特点，将数据进行多数据库分布式存储，分为 4 个数据库，各数据库分布的详细信息如表 7-5 所示。本研究数据集来自 18 784 个网站、534 358 个链接及 2 174 501 个网页。

表 7-5 MySQL 数据分布说明

表 \ 数据库	DB_01	DB_02	DB_03	DB_04	数量/个
site	4 396	5 842	6 334	2 212	18 784
Link	75 533	349 165	85 505	24 155	534 358
web	643 769	619 219	590 289	321 224	2 174 501

三、研究数据抽取

网页信息包含静态 HTML 网页中所有信息，在数据抽取前，需要对网页去除噪音。研究过程中抽取的数据反映了基础教育信息化的现状，表 7-6 列出了需要从 HTML 字符串中抽取的数据。

表 7-6 信息抽取表

抽取信息			
标题	URL	描述	关键字
访问量	备案号	邮箱	电话
外链	正文	日期	地址

在网页结构中，网页的正文区域包含文字最多，密度最高，但在 HTML 字符串中，正文和标签混杂在一起，使用通用的正文抽取方法无法实现。因此，本研究的网页正文提取方法采用行块分布函数，行块分布函数可以在线性时间内得到行块分布函数图，根据分布曲线可高效、精确地定位网页正文。主要操作步骤为：(1) 将 HTML 字符串去除标签，只留下正文信息；(2) 对正文分块，使用行块分布函数得到网页正文的分布区域。

行块分布函数的数学原理如下：X 代表行号，Y(X)代表以 X 为轴的行块的长度；

Xstart 为正文的第一行,Xend 为正文的最后一行。要先求出 Xstart 及 Xend,才能定位正文的位置。

$$Y(Xstart) > Y(Xt) \qquad (7-3)$$

Y(Xt)为网页中出现的第一个骤升点,

$$Y(Xn) \neq 0 (n \in [start+1, start+K]) \qquad (7-4)$$

$$Y(Xm) = 0 (m \in [end, end+1]) \qquad (7-5)$$

骤降点及其后面的行块长度为 0,表示正文结束。

为了提高自然文本的识别准确性,除正文之外的其他信息,使用语言模式的方式进行模式匹配。语言模式表示某种特征的文本数学公式,如字符串 aa123bb,提取的语言模式为字母+数字+字母,所有符合这种语言模式的文本都可以被查找到。分析本研究中需要抽取的关键信息的特点,总结得到如表 7-7 所示的语言模式匹配。

表 7-7 语言模式匹配

序列	匹配模式	抽取信息	举 例
1	(P1│P2│P3)+(Q1│Q2│Q3│Q4)?+([M1?M2? NQ5?)	访问量	点击:23 次
2	P	外链	\<ahref = "www. baidu. com">
3	(P1│P2)[M1]? N{6}	邮编	邮编:210097
4	(P1│P2│P3│P4)M1?[A-z]{5,}\\\\\d*[A-z]*	地址	地址:南京市
5	(P1│P2)? Q1[M1]? (N{3,4}[-])? N{7,8}?	电话	电话:012-657927
6	[P1P2--Pn](Q1│Q2)[K1K2]N{8}L?	备案号	苏 ICP 备:05009757 号
7	P	邮箱	邮箱:chen@ ylmf. com
8	(N1[0-6]N2N│N3N)[M1M2]{1}(0?[1-9]│1[0-2])[M1M2]{1}[12] N│0?[1-9]│3[01]	日期	2016/03/01
9	P	关键字	\<keywords>
10	P	标题	\<title>

本研究使用基于 MapReduce 框架开发的程序 MapReduce_HBase,将网页信息抽取类 ExtractInfo 放入 Map 过程中,因为本过程只需要对每一行信息进行处理,不需要将处理的结果综合在一起,此过程不需要 Reduce 处理,将 MapReduce_HBase 使用 Maven 工具打包为 jar 文件,提交到 Hadoop 平台,运行 jar 文件,便开始分布式并行执行任务。

第四节 "校校通"数据分析

我们结合数据产生的时间和数据的属性特点,将网站运营过程中产生的主要数据分为两部分:第一部分数据,是网站管理方产生的数据,即网站的链接、更新数据、网页更新内容大小等;第二部分数据,是网站访问者留下的数据,如网站的访问量等。

依据搜集的数据,我们从两个方面分析其特点。其一,"校校通"应用现状统计分析,从统计学角度对"校校通"工程的网站类型、生命周期、网站访问更新、网站链接等进行分析,发现教育信息化的发展进程以及发展特点,并根据变化曲线预测未来可能的发展趋势。其二,"校校通"综合分析,对校园网站在使用过程中产生的各种数据进行综合性分析,发现并总结"校校通"工程存在的问题,分析潜在原因。

一、应用现状统计分析

(一)"校校通"工程基础数据

网站的基础数据统计分析可以帮助监控网站、系统运营状况,优化网站的结构和用户体验。分析"校校通"工程的网站类型、生命周期等,是研究"校校通"工程发展的基础。网站在建设之初就已经确定了类型及开始时间,这两个数据同时反映了网站自身的特征。

1. 网站类型分布

学校以及教育产业在"校校通"工程的实施带动下,产生了一批开放的门户网站和各类教研网站,通过调查和分析教育相关网站的类型,对其数据进行分析,可找出教育主题类网站的分布规律。

教育主题网站的信息量巨大,对网站类型的归纳,可利用网站标题信息(Title 标签内文字)。标题信息一般是对网站主题的高度概括。本书依据网站的标题内容进行网站分类,为了获取标题中关键词与网站类型的关系,选取 DB_04(见表 7-5)中的 2 212 个网站标题作为样本,去除重复标题后,获得了 1 818 个有效标题,并对其进行人工筛选,将网站共分为 5 类,如表 7-8 所示。

表 7-8 网站类型及关键词举例

类别编号	类 型	关键词举例
A	学校门户网站	学校,幼儿园,小学,中学,初中,高中
B	政府教育及科研组织网站	教育,教学,教科,教研,电教,研修
C	教育培训公司网站	公司,文学,教育集团,网络课堂
D	政府网站	政府
E	乱码及无关网站	无

然后,对标题数据进行清洗、去噪,得到有效标题。数据清洗分为两步:第一步,去除标题为空的网站;第二步,去除网站标题为无效的网站。经过上述数据清洗处理过程,最终得到相对干净的数据集,数据过滤结果如表 7-9 所示。

表 7-9 数据清洗后的结果　　　　　　　　单位:个

清理项	总　量	空白标题	无效标题	干净数据集
清理结果	18 784	324	2 383	16 077

下一步对数据集进行类型统计,根据表 7-8 中小学、中学、中小学、教育类政府机构等的网站的关键词进行分类,使用字符匹配的方法判断网站的类型。本次输入数据集为相对干净数据集,输出数据分为 5 类,如表 7-10 所示。其中,类别 E 为本次处理过程中出现的乱码标题或无关网站,为剔除数据。

表 7-10 网站类型统计

类 别	类 型	数量/个	所占比例
A	学校门户网站	11 792	73.35%
B	政府教育及科研组织网站	3 035	18.88%
C	教育培训公司网站	174	1.08%
D	政府网站	30	0.19%
E	乱码及无关网站	1 046	6.51%
合计		16 077	

通过对网站类型的分析,我们发现以教育网站为种子进行爬取的网站中,A 类和 B 类网站总数为 14 827 个,约占干净数据集的 92.22%。这样一个比例说明,在"校校通"工程的实施下,教育相关网站正逐步快速地成长。同时,A 类学校门户网站占 73.35%,这说明学校自有网站的建立不仅达到了"校校通"工程的基本要求,而且学校本身已具备建设资源、共享教育资源的能力。图 7-1 展示了数据清洗过程中各

类网站的比例，图7-2展示了干净数据集中各种类型网站所占比例。

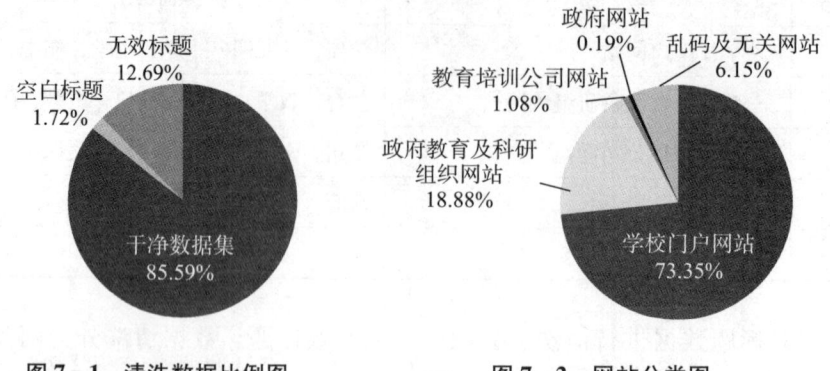

图7-1 清洗数据比例图　　　　图7-2 网站分类图

本数据集中，C类、D类、E类等中无关标题及与基础教育无关的网站共1 250个，占7.78%，高比例的无关数据对教师和学生具有极大的干扰。同时，对被剔除的网站进行简单分析，发现大量违法网站的链接隐藏在学校网站中，这不得不引起教育工作者的关注，特别是负责信息化建设的工作者，必须避免违法网站危害师生的身心健康。所以，"校校通"工程实施至今，资源建设虽然是重点，但信息的安全防御也要不断加强，丝毫不能松懈。

2．网站生命周期分布

已关闭网站的生命周期指网站自发布之日至网站关闭之日的时间长度，运行状态的网站的生命周期是指网站发布之日与最后更新日期的时间长度。

在抽取网站的所有页面信息中，大部分包括网页发布的日期。因此，提取网站的所有信息发布时间，即可掌握网站的生命周期。本研究中，将所发布信息的最小日期作为网站的发布日期，而所发布信息的最大日期作为网站的最后更新时间。最大日期与最小日期的时间差表示网站的存活时间。表7-11展示了自1990年至2015年之间新发布的网站数量。

网站最早发布日期共涉及13 449个网站，时间从1990年至2015年，共26年。1990年，已有149个网站发布信息，利用互联网实现资源的共享。1990年至2003年，每年新出现的网站基本在200个以下。从表7-11中可以看到自2004年以后，每年增加的网站数量稳步上升，至2009年，网站数量已经达到1 058个，可见2004—2009年这6年间是教育信息化高速发展的一个时期。自2009年后，网站数量均在1 000个以上，至2015年，数量达到1 900多个，可见2009—2015年为教育信息化稳步发展阶段。从表中数据可以预测，2015年以后的一段时间，应该又是一个教育信息化发展的黄金时期。

表7-11 网站初始更新内容时间统计

年份	网站数量/个	年份	网站统计	年份	网站数量/个
1990	149	1999	98	2008	702
1991	133	2000	135	2009	1 058
1992	86	2001	89	2010	1 112
1993	205	2002	117	2011	1 213
1994	95	2003	150	2012	1 351
1995	100	2004	216	2013	1 397
1996	92	2005	415	2014	1 284
1997	100	2006	767	2015	1 909
1998	79	2007	397	合计	13 449

网站内容更新的频率反映网站管理的优劣及使用的人数和频次。如今，互联网技术发展催生出网站的快餐式增长，很多网站在初始阶段就逐渐夭折或被取代，从而慢慢远离人们的视线。我们从网站信息的更新时间和频率可以了解教育网站的管理现状。

表7-12 网站最后更新时间统计

年份	网站统计/个	年份	网站统计	年份	网站统计/个
1990	2	1999	4	2008	61
1991	1	2000	6	2009	124
1992	0	2001	0	2010	195
1993	1	2002	2	2011	286
1994	0	2003	3	2012	533
1995	0	2004	12	2013	713
1996	0	2005	63	2014	1 409
1997	1	2006	68	2015	9 942
1998	1	2007	22	合计	13 449

从表7-12中可以看到，根据网站最后更新时间，分为三个阶段。第一阶段：1990—2003年；第二阶段：2004—2008年；第三阶段：2009—2014年。本研究调查获取数据时间为2015年10月，最后更新时间为2015年的网站为9 942个，也正说明这些网站在2015年仍然进行着信息的更新，所以2015年的网站统计不能作为网站更新信息停滞的标志。

本次统计的 13 449 个网站中，第一阶段，即 1990—2003 年之间，只有 21 个网站不再更新信息，此数据说明，截至 2003 年，此前建立的网站基本都在使用中，网站管理状况良好。第二阶段，即 2004—2008 年，此阶段不再更新的网站数量达到 226 个，与第一阶段相比，网站数量增加了 10 倍多。第三阶段，即 2009—2014 年，此阶段不再更新的网站总量为 3 260 个，与第二阶段相比，不再更新的网站数量增加了 14 倍多。自 2015 年以后，不仅仅是网站数量翻倍的增加，不再更新内容的网站数量也是与日俱增。为了更直观地了解不再更新的网站的变化趋势，图 7-3 和图 7-4 展示了每年没有内容更新的网站统计变化折线图。

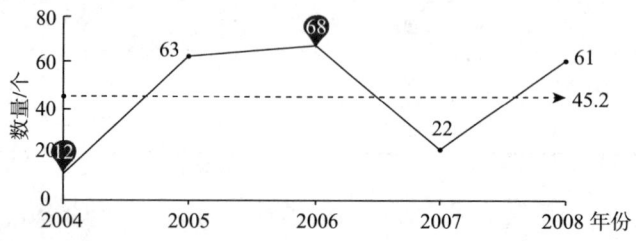

图 7-3 2004—2008 年无内容更新网站的数量变化曲线

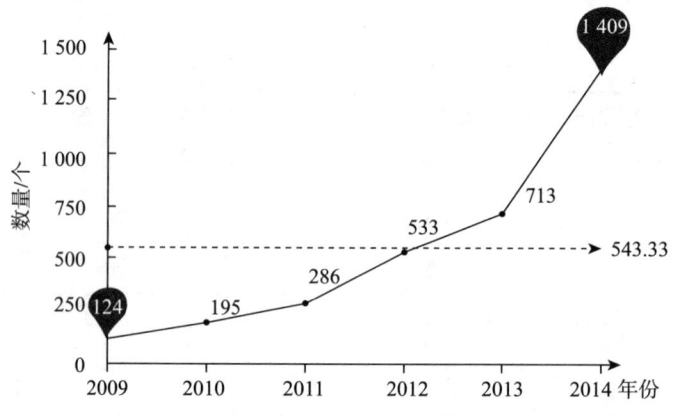

图 7-4 2009—2014 年无内容更新网站的数量变化曲线

2004—2008 年，平均每年不再更新的网站数量为 45.2 个；2009—2014 年，平均值增长为 543.33 个。在变化趋势上，2004—2008 年间的变化没有规律，每年不更新网站数量与前后两年没有直接联系，而 2009 年至 2014 年，每年不再更新的网站数量都在增加，根据前后两年的数据，可以看到不更新的网站数量呈加速状态，由此判断折线的变化趋势：2014—2015 年之间的斜率比 2013—2014 年更加陡峭。

通过上述分析，在 1990—2015 年之间，网站数量在成倍增加，而不再更新的网站也在翻倍增加，为了更清晰地了解两者之间的关系，图 7-5 展示了每年第一次更新（即新建）和最后一次更新（即关闭）的网站数量对比。2015 年数据不完整，故暂不列入统计范围。2013年之前，第一次更新的网站数量均多于最后一次更新的网站数量。而随着每年不再更新网站数量的增加，这一数据在2014年出现逆转，第一次更新的网站数量少于同年不再更新网站的数量。2015年第一次更新的网站数量继续增加，说明当前教育信息化具有很大的发展前景。

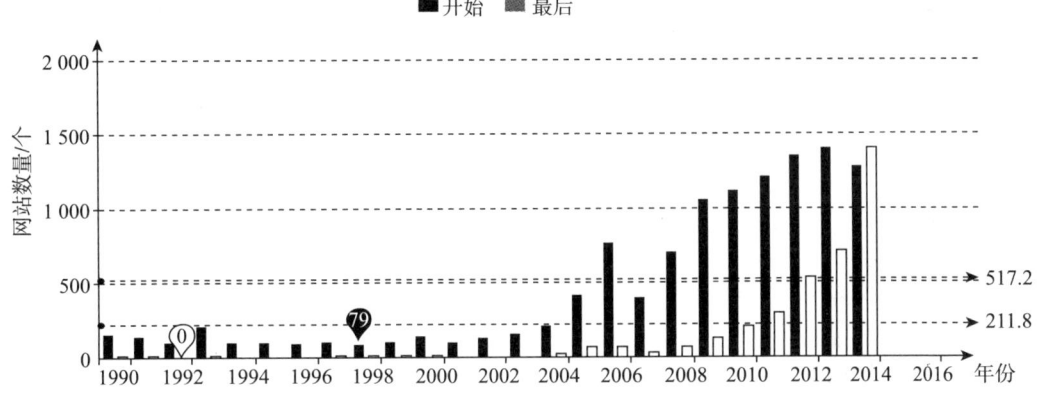

图7-5 网站每年新建和停止更新统计图

为了准确了解网站的存活时间，我们计算了每一个网站的生命周期，即网站的最后一次更新与首次更新之间的时间间隔，以年份作为时间间隔的统计单位，截至2015年10月，研究共获得13 449个网站的生存时间。其中使用时间最长的网站为26年，即从1990年至2015年，在这期间有140个网站一直在使用，从表7-11数据可知，1990年一共有149个网站更新了信息。这些网站的更新数据也说明，1990年之前建立的网站状态稳定，管理完善。使用时间为1年的网站，其数量达到3 500个，占所有网站的26.02%。回首2012年，中国互联网发生了许多质的变化。首先，电子商务出现井喷现象，互联网公司大力发展移动终端等。其次，基础教育事业也在互联网高速发展的带动下，加快了教育信息化的脚步。2015年，教育信息化进入了一个高速发展的时期。

表7-13 网站使用时间长度统计

时间/年	网站统计/个	时间/年	网站统计/个	时间/年	网站统计/个
1	3 500	10	562	19	101
2	1 208	11	308	20	84
3	1 233	12	180	21	106
4	1 183	13	140	22	106
5	1 057	14	117	23	178
6	854	15	82	24	89

续表

时间/年	网站统计/个	时间/年	网站统计/个	时间/年	网站统计/个
7	797	16	121	25	120
8	612	17	96	26	140
9	398	18	77	合计	13 449

图7-6展示了网站的生存时间，生存期为2—11年的网站数量为8 212个，占61.06%，属于这一生存期的网站数量最大。生存期为12—26年的网站为1 737个，占12.92%。

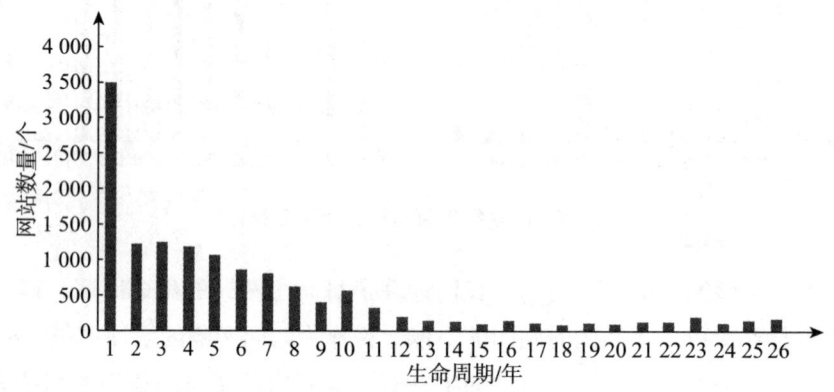

图7-6　网站使用时长统计

（二）网站访问与更新现状

互联网最大的特点是资源共享，无论在何时何地，都可以实现网站的访问和信息分享。"校校通"工程也是为了满足学校网络互联、实现资源共享而建设的。网站的访问量取决于用户，更新频率则由信息管理员负责，访问与更新属于动态变化数据，在某种程度上，网站访问和更新的数据更能反映教育资源的共享程度。

1．网站访问现状

教育类网站访问量的多少代表着信息的影响程度，从侧面反映了信息的价值。本书的用户访问量统计了用户访问每一个网页的数量，所以对于网站的访问量，则为该网站的所有网页访问量的总和。本研究的数据集为抓取的2 174 501个网页（见表7-5），其中，网页中有"访问量"统计功能的为210 634个，比例仅为9.7%，所以网页设计中只有9.69%进行了访问人数统计，此数据也说明当前网页设计中对访问量统计没有引起足够的重视。然而，在有访问量统计的网页中，访问量为0的网页总量为11 576个，占有访问量统计功能的网页的5.50%，这个比例说明100个网页中便有5个以上没有用户访问，所以加强教育类网页资源的进一步扩散仍须努力。

表 7-14 访问量 Top10 及网页数

列名	统计量/个
网页总量	2 174 501
页面带访问量统计的网页量	210 634
页面带访问量统计的网页中访问数等于 0 的网页量	11 576
页面带访问量统计的网页中访问数大于 0 的网页量	199 058

对网页访问量分布程度进行分析，首先可以对存在的每一个访问量进行统计，即汇总同一"访问量"的网页，最终得到 1 514 个不同的访问量。表 7-15 和表 7-16 分别展示了访问量为前 Top10 和后 Top10 的访问量和网页数，可以看到，前 Top10 访问量的范围为 3 119~4 433，但是此访问量对应的网页数量较少。虽然访问量大于 3 000 的网页为个别情况，但访问量为 3 128 的网页个数也达到 246，说明只要资源丰富，高访问量是可能的。从表 7-16 可以看出，访问量低的网页比比皆是，而访问量高的网页则寥寥无几。网页访问量代表一个网页的阅读人数，而阅读人数的多少则预示着网页信息的扩散度及影响力。教育网站作为互联网的产品之一，有着互联网的精神，即共享信息，教育网站具有传播知识的作用，访问量的减少直接削弱了网站的教育作用。

表 7-15 访问量 Top10 及网页数

访问次数/次	网页数/个	访问次数/次	网页数/个
4 433	5	3 255	4
3 950	5	3 221	7
3 591	5	3 169	5
3 541	5	3 128	246
3 382	4	3 119	4

表 7-16 访问量最小 Top10 及网页数

访问次数/次	网页数/个	访问次数/次	网页数/个
1	3 233	6	470
2	921	7	424
3	648	8	539
4	485	9	476
5	430	10	578

为了解网页的访问量,我们以访问量为纵坐标,以网页统计量为横坐标,绘出了两者之间的散点图。从图7-7中点的密集程度可以看出,访问量多位于100—2 500次只之间;从变化趋势上,随着访问量的增加,网页量减少。访问量在500次以上的网页,除异常点外,网页数均小于100个,由此可知,访问量偏少。

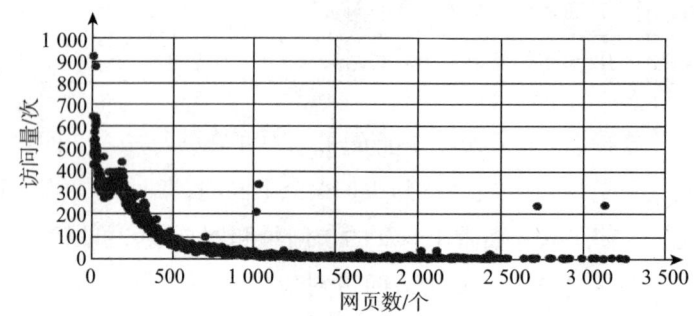

图7-7 网页数与访问量的变化趋势图

网页访问量呈现出的这些问题,说明当前教育信息化的进程中,教育类网站提升资源质量及扩大共享性是急需解决的问题。教育类相关网页的访问量反映了教育资源的使用率,说明教育部门需要扩大教育资源使用人群,提高网页的访问量,实现资源的充分和优化利用。当然,互联网信息的扩散是受多个方面影响的,增加网站硬件配置,合理规划网页内容,与同类网站建立链接,对于提高网站的访问量都有重要促进作用。

2. 网站更新现状

网站更新,即网站网页内容的更新。本研究数据集信息中包含每一次网页的更新时间,而有关网站更新现状的统计分析,其主要数据来源是网站的每一次更新时间。在网站运营过程中,网站的更新反映了网站所有者维护网站的频率,同样映射出资源的利用率。学校或者机构建立网站的目的是进行开放性展示,同时提高教育效率,扩大教育影响。从更新频率可以看出网站的定位,是将其视为真正改革教育的依托平台,还是束之高阁的新技术产品。表7-17展示了网站更新基本统计信息,本次一共得到更新时间的数据1 368 805个,涉及网站13 449个。

表7-17 网页更新时间统计信息

统计内容	统计量/个
网页总量	2 174 501
含有更新时间的网页量	1 368 805
含有更新时间的网站量	13 449
网站更新次数最大值	16 830
网站更新次数最小值	1

深入挖掘网站每年各个时间段的更新,按照月份对更新网页数进行统计。从图 7-8 中可以看到,2 月份更新网页数最少,即 45 358 个网页。10 月份为更新最频繁的时间段,高达 210 992 个,是 2 月份的 4.65 倍。1—12 月的更新平均线为 114 067.08,共有 6 个月达到平均线以上,3 月份和 12 月份则即将达到平均线水平。

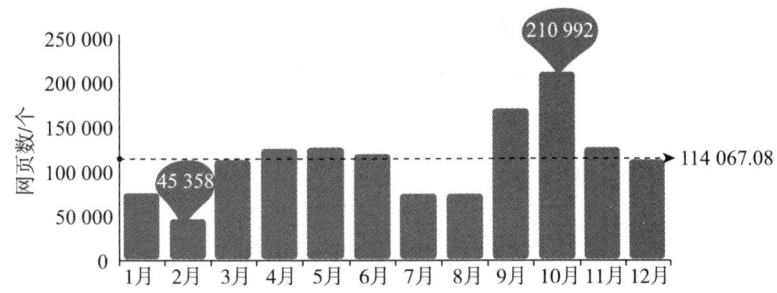

图 7-8　每月网页更新关系图

表 7-18　1—12 月网页更新统计信息

月　份	网页数/个	月　份	网页数/个
1	74 591	7	73 726
2	45 358	8	72 727
3	112 234	9	170 393
4	124 566	10	210 992
5	126 033	11	126 566
6	119 398	12	112 221

从图 7-8 中可以看出网页更新频率每年两次上升、两次下降,低点分别为 7—8 月及 1—2 月,对应全国各地中小学寒暑假时间,此时校园事务明显减少,需要发布的信息也随之减少,网页更新频率降低。3 月份和 9 月份为更新频率上升月份,更新频率明显高于其他月份,结合中国教育的模式可知,开学季教师和学生需要针对新学期进行教学安排,学校的各类事务也需要重新调整。从网页更新频率可以看出,网页的更新符合学校事务规律,这也说明学校正在逐步应用网站处理各种事务。

按照更新次数的大小,将更新次数(UP_T)分为 A-D 四类,如表 7-19 所示。61.65%的网站的更新次数均小于 50 次,结合网站的周期数据(见表 7-13),使用时间小于 1 年的网站只有 26.02%,去除这 26.02%的网站,仍有 35.63%的网站使用时间 1 年以上,但是它们的更新次数小于 50 次。对于使用时间为 1 年以内的网站,按照更新次数最大值 50 次计算,它们平均一个月更新 4 次左右,而使用 1 年以上的 35.63%的网站更新次数更少,这样的数据也说明教育类网站的更新次数是偏低的。

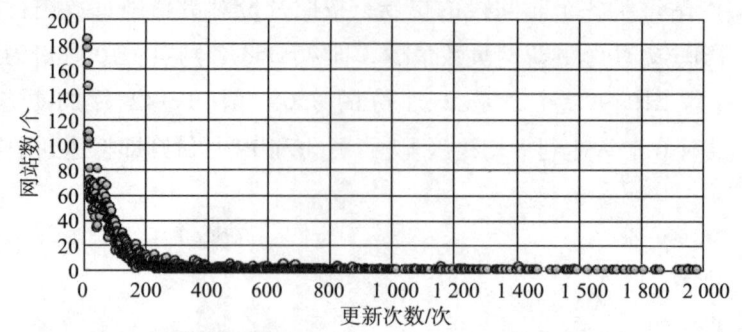

图 7-9 更新次数与网站个数关系图

表 7-19 更新次数分类信息

类 别	更新次数/次	网站个数/个	比 例
A	UP_T<50	8 291	61.65%
B	50<=UP_T<100	2 383	17.72%
C	100<=UP_T<1 000	2 565	19.07%
D	UP_T>=1 000	209	1.55%

更新次数是体现网站管理的一个明确且清晰的数据,结合网站个数与更新次数,说明教育信息化进程中,虽然网站在数量上已经达到一定的水平,但是更新次数的数据说明教育信息化的成果在使用过程中没有达到预期的效果。完成硬件设施建设后,对于资源的使用和开发是当前努力的方向。

(三)网站链接与网页现状

网页在编辑完成发布后基本不再修改,此后网页中的正文内容几乎不变,所以网页中拥有的链接及内容也是静态数据,因此,通过分析网站中的链接及内容量大小的现状,可以评估网页的质量。

1. 网站链接现状

互联网将世界各地的信息资源联系在一起,教育依托互联网将世界各地的教育资源组成一个巨大的教育网。在互联网中,信息的互通通过链接实现。链接也叫超级链接,是从互联网上一个位置指向另一个目标位置,目标可以是一个网页,也可以是文件、邮件地址等。本研究中的超链接均为绝对 URL,即统一资源定位符。

表 7-20 网站链接统计信息

统计内容	数量/个
网站总量	18 784
链接总量	1 125 107

续表

统计内容	数量/个
拥有链接网站总量	13 584
网站所含最多链接	1 902
网站所含最少链接	0
网站平均链接个数	82.83

本研究对获得的 1 125 107 个链接及 13 584 个网站进行分析。首先，对每个网站拥有的链接进行统计，共得到 649 个不同结果，即在所有网站中，不同的链接个数为 649 个，范围为 0~1 902。先对相同链接个数的网站个数进行统计，发现链接特别少或特别多的网站属于异常值，表 7 - 21 分别列出了链接个数最少及链接个数最多的 5 个极值。从表 7 - 21 中可以看出，链接个数为 1 的网站共 2 198 个，占所分析网站比例的 16.18%。链接个数为 1~5 的网站总量为 4 611 个，比例为 33.94%。随着链接个数增加，网站总量减小。

表 7 - 21 链接个数与网站个数关系表　　　　单位：个

链接个数	网站量	链接个数	网站量
1	2 198	1 666	1
2	977	1 710	1
3	583	1 896	4
4	489	1 898	4
5	364	1 902	1
合计	4 611	合计	11
比例	33.94%	比例	0.08%

图 7 - 10 展示了链接个数与网站数量之间的关系，剔除了网站个数最多的两组数据及链接个数最多的 12 组数据。图 7 - 10 中共展示了 1 888 组数据，从点的分布可以看出，链接个数小于 21 的网站对应的统计量均大于 100，网站个数与链接个数的变化呈指数关系，随着链接个数的增加，网站个数单调递减。当链接个数在 30 左右时，网站个数与链接个数的变化关系为急速递减；而当链接个数大于 30 时，网站个数与链接个数的变化为缓慢地无限趋近于 X 轴，这里最小的网站个数为 1，前期处理中已将 0 清洗掉。

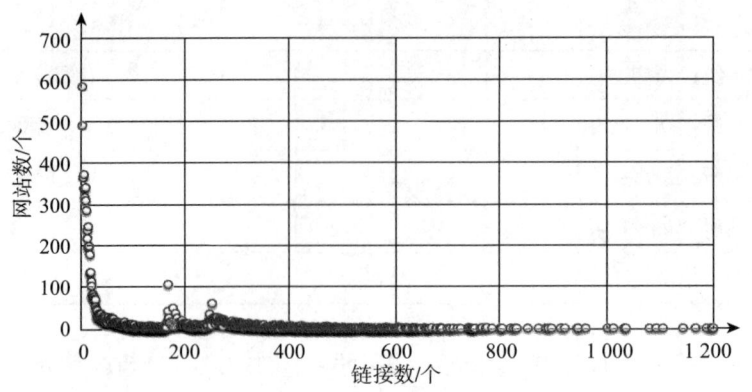

图 7-10　链接个数与网站的关系图

2．网页数量现状

网站由众多网页构成，首页是网站信息含量最大的网页，而其他各个网页是展现各种具体信息的页面。本研究数据集中存储了网页中的文字信息，已剔除各种文件资源，所以这里的网页内容仅限于文本信息，不包含网页中可下载的文件或者展现的图片、视频、音频等。

表 7-22 展示了网站内容基本统计信息，含有正文的网页共 1 363 927 个，涉及网站 13 739 个，平均每个网站拥有网页 99.27 个。通常我们将网站拥有网页个数作为衡量网站大小的一个参数，本研究中网站含有最多的网页个数为 19 988 个，最少的为 1 个。正文长度的变化范围为 85~65 529 个字节。

表 7-22　网站内容基本信息

统计内容	统计量/个	占总量的比例
网页总量	2 174 501	—
拥有内容的网页	1 363 927	62.72%
网站总量	18 784	—
拥有内容的网站	13 739	73.14%
网站拥有网页最大值	19 988	—
网站拥有网页最小值	1	—
网页正文最大值	65 529	—
网页正文最小值	85	—

统计包含相同网页个数的网站数量，发现网站包含网页数量的变化很大，表 7-23 列出了 10 组极值。网页个数从 1 个增加到 5 个的过程中，网站个数急速减少。而网页个数从 9 095 个增加到 19 988 个时，网站个数均为 1。当网页个数在比较小的范围内时，网站个数与网页是递减关系。当网页个数增加到一定范围内时，网站个数不再随

网页个数的变化而有规律地变化。分析所有数据，发现当网页个数多于 300 时，网站个数均不大于 5；当网页个数多于 400 时，除极个别网站之外，网站个数均为 1 或 2，如图 7-11 所示。

表 7-23 网页个数的 10 个极值　　　　　　　　　　　　　　　　　　　单位：个

网页个数	网站个数	网页个数	网站个数
1	1 637	9 095	1
2	1 064	9 537	1
3	633	10 531	1
4	459	11 077	1
5	351	19 988	1

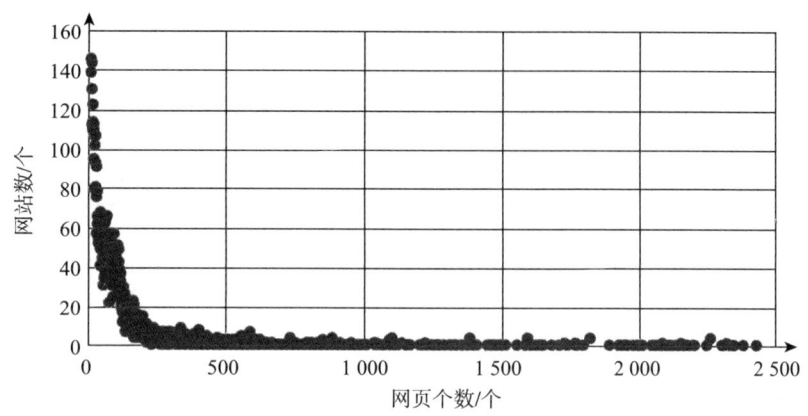

图 7-11 网页个数与网站个数分布图

二、工程应用分析

教育信息化概念产生于 20 世纪 90 年代，当时世界各地许多国家均已提出教育信息化的计划，中国在 2000 年实施"校校通"工程，推进基础教育信息化。教育信息化推进首先开展的是硬件环境建设，如购买电脑、多媒体网络教室建设、校园网建设等。其次是教育信息化中的软件建设。硬件建设是基础，软件建设则是教育信息化的灵魂，没有软件建设，硬件只是物理的存在，只有运行软件的硬件才有生命力，有创造力。

本研究对教育网站运行过程中产生的各种数据进行分析，如新建网站、更新频率、访问量、链接个数及网页量等，从中我们看到了教育网站运行中存在的问题，并进行了原因分析。

（一）更新频数与访问量的关系

互联网信息是实时而快速的，所以互联网信息的生命期相对于纸质信息而言更短暂。互联网的特点决定了信息的更替速度与浏览量有一定的关系。

首先，选取数据集中包含更新时间及访问量的网站数据。通过更新时间得到网站的更新频率，根据我国中小学的教学安排，本研究采用 12 个月为一个阶段，统计每一个阶段里网站的更新次数及对应的访问量。数据集中包含访问量及更新时间的网页数量为 201 623 个，网站为 4 270 个，最早更新时间为 1990－01－01，最后更新时间为 2015－12－31。因为我们研究选取的时间段为上一年的 9 月至下一年的 8 月，所以本研究的时间范围为 1990－09－01 至 2015－08－30 之间的网页，网页需要包含更新时间及访问量。经过数据清洗后，更新频数与访问量的信息如表 7－24 所示。

表 7－24　更新频数与访问量基本信息表

统计信息	统计量
起始时间	1990－09－01
结束时间	2015－08－30
网站总数	3 907
网页总数	162 092
访问总量	16 222 086 353

经统计，更新频数的变化范围为 14～64 828，访问量的变化范围为 28 366～6 935 333 685。表 7－25 展示了 1990 年 9 月至 2015 年 8 月之间的访问量及更新频数的数据。为了在图表中显示访问量与更新频数的关系，首先将访问量的数据经过规约处理，将访问量数据除以 60 000 以后，访问量和更新频数在同一数量级，接着对时间进行序列化。最后得到访问量与更新频数在时间序列上的变化关系，如图 7－12 所示。

表 7－25　更新频数、访问量随时间变化的关系

时间序列	时　　间	访问量/次	更新频数/次
1	1990/09—1991/08	14 471 293	18
2	1991/09—1992/08	3 546 393	47
3	1992/09—1993/08	5 257 059	14
4	1993/09—1994/08	16 722 643	63
5	1994/09—1995/08	7 465 932	38
6	1995/09—1996/08	28 366	39
7	1996/09—1997/08	37 298 649	42
8	1997/09—1998/08	1 211 492	73

续表

时间序列	时　间	访问量/次	更新频数/次
9	1998/09—1999/08	2 965 613	48
10	1999/09—2000/08	9 704 488	38
11	2000/09—2001/08	1 567 684	138
12	2001/09—2002/08	28 153 524	189
13	2002/09—2003/08	6 054 781	106
14	2003/09—2004/08	31 635 058	695
15	2004/09—2005/08	30 541 670	340
16	2005/09—2006/08	30 770 128	424
17	2006/09—2007/08	462 938 791	1 041
18	2007/09—2008/08	155 155 683	2 692
19	2008/09—2009/08	284 869 663	5 287
20	2009/09—2010/08	665 942 086	6 805
21	2010/09—2011/08	2 149 410 032	9 761
22	2011/09—2012/08	1 193 842 688	13 343
23	2012/09—2013/08	1 487 304 175	21 759
24	2013/09—2014/08	2 659 894 777	34 264
25	2014/09—2015/08	6 935 333 685	64 828

综上所述，随着时间的推进，网站的维护及网站的访问都在上升阶段，且在2006年之后，教育信息化的水平开始得到递增式增长，而近两三年，教育信息化增长速度更为快速，可见互联网的发展速度对教育的影响是巨大的。

（二）网站链接与网页数量的关系

网站链接的多少代表着网站与外部信息连通性的强弱，链接是网站内容的一部分。链接在网站中有两种呈现方式，即作为友情链接出现在网站首页和作为内容引入嵌入在网页正文中。由于友情链接在网站的所有链接中只是极少的个数，所以我们不对友情链接进行数据清洗。

本研究试图找出链接的个数是否与网页的个数有相关的关系。首先统计一个网站所包含的网页个数及链接个数，共得到12 054对数据。在所有数据中，网页个数最大的为6 321个，链接个数最大的为1 898个，最小的则均为1个。图7-12展示了链接个数与网页个数的散点关系。从图7-12中可以看出，网页个数在2 000个以内，对应的网站链接个数在800个以内。网页个数在0~3 000之间，网站链接个数呈递增变化。网页个数在3 000~4 000之间的网站链接个数变化平缓，网页个数在4 500以上的网站所拥有的链接个数几乎为同一常数。整体上，网页个数与链接个数的变化曲线呈现对数曲线。按照对数的变化规律，当网页个数继续增大时，链接的变化比较小。当网页个数在 3 000 个以内的区间变化时，两者为明显的正比例关系。

"校校通"工程是教育信息化的重要抓手，利用大数据技术对教育信息化的 Web 数据进行分析是教育大数据研究的重要内容。

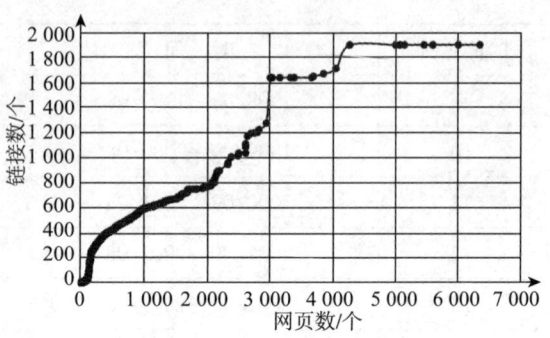

图 7‑12　链接个数与网页个数的关系图

本章对所涉及的网站类型、生命周期、访问量、更新、链接、网页数量等网站属性进行统计和关联分析，以图表的方式展示，形象地描述了现今"校校通"网站工程的建设情况，深度挖掘并分析其潜在的问题，由微观延伸到宏观，为教育信息化的建设提供完善和改革的合理化依据。

小结与展望

中国教育信息化自 20 世纪 90 年代发展至今，取得了有目共睹的成就，各地中小学不仅连通了互联网，新建了多媒体教室，还拥有了学校的门户网站，从而方便了教师办公、学生学习及家校信息沟通。在对网站数据的分析中，网站的更新频率、网页内容、访问人数也在慢慢增多。然而，在探索中发展的新事物，总是会出现一些暂时的问题，"校校通"工程也不例外。

本章通过数据分析得出中国教育信息化的大步伐发展是从 2006 年开始的，2006 年之前的教育信息化发展速度较为缓慢，从 2012 年开始，特别是 2015 年，新网站呈指数级增长。在教育信息化的推进中，硬件投入是基础，软件投入是生命，而信息化专业人才的引进才能使教育信息化获得灵魂，才能使教育信息化拥有创新和发展的指路人。对于全国教育信息化事业而言，信息化专业人才的培养依然需要加强。我们在抓取到的网站信息中，发现一部分教育网站几乎没有安全防御措施，有些网站在源码中被不法分子注入危害青少年身心健康的信息，但网站依然在正常使用中，信息管理人员居然没有发现这些危害信息，实在令人担忧。所以，培养专业的信息化人才迫在眉睫。

中小学信息化建设的领导力培训应落到实处，除宏观政策外，更应着眼于信息化建设的技术、应用环节。① 中小学学校的网站新建工作多采用校企合作的形式进行，对于校园网站的建设，在需求分析中会根据学校的当前现状进行，但对网站的格式、必要的呈现信息均没有要求，这导致了学校网站格式多变、信息混杂缺失。以 ICP 备案号的标注为例，学校网站应该标注 ICP 备案号，而在采集的数据中，发现只有54.06%的网站标注了 ICP 备案号，说明学校领导及相关信息人员对信息化各个方面的知识不了解。教育信息化目前存在的问题主要有如下几个方面：① 运行维护差；② 信息孤立；③ 网站不规范。

创新是一把双刃剑，带来利益的同时也会产生新的问题。教育信息化是教育的重大改革，教育的影响因为信息技术而扩大。但是，信息技术进入教育是为了真正改变教育，校园网站及政府教育网站建立后，需要专业的人才运行维护，需要一定的连通、访问，才能更好地促进信息传播。但是，当前网站中有相当多的网站信息没有得到及时的更新，网站信息陈旧是现今教育网站中存在的普遍问题。

信息化的教育顺应素质教育的理念，强调学生的动手能力、创新能力；颠覆以往"死背书、背死书"的状态，强调学生自主查找知识、发现知识，用新思维创造新的思想，而当前的教育体制仍然更多地以分数评判学生，以升学率评定学校的教学质量。所以，教育体制对教育信息化的推进也产生一定的影响，若要真正提高教育信息化的水平，不能仅仅关注学校的硬件设备、教师课堂中使用多媒体的次数，而更要教学生学会使用现代信息技术去学习，提升学以致用的能力。

教育信息化发展中专业人才短缺及教育体制不健全等问题，影响着当前教育信息化的进程。针对这些问题，我们应积极采取相应的措施，促进教育公平。

（一）加强信息化意识，培养专业人才

中国互联网信息技术相对于世界上一些国家起步较晚，教育信息化更是相对落后，所以很多教育工作者对教育信息化没有深刻准确的认识。而要想发展教育信息化，必须从基础做起，对学校的领导、教师及学生都要进行相应的教育信息化知识培训，提高其对信息化的认识，加强学校之间的联系，推广教育信息化理念传播。对学校领导应定期进行教育信息化管理知识的培训，及时更新学校领导的信息化意识；对教师应及时进行信息化技术培训，帮助教师掌握新技术，并应用于教学之中，才能使学生学到适合时代的信息技术；对学校信息管理人员则应进行定时的知识更新检验，提升信息管理人员对学校网站管理的水平。

（二）制定规范，监督学校信息化合理性

教育网站的规范是教育信息化发展中出现的问题，在 2000 年颁布的《关于加强对教育网站和网校进行管理的公告》中，规定以中小学学校名义及面向中小学生的网校和教育网站，要通过省级教育行政部门、国家教育行政部门审查，从而在整个环境的

---

① 宋晨菲. 中小学校长信息化领导力现状调查与提升策略研究[D]. 开封：河南大学，2016.

管理上对基础教育网站有了规范性的约束。① 随着信息技术发展的多样化,政府等相关部门更应加强对学校网站的规范管理,监督学校网站合理建站,完善信息,完备手续。

---

① 教育部. 教育部关于加强对教育网站和网校进行管理的公告[EB/OL]. [2017-12-28]. old. moe. gov. cn/publicfiles/business/htm/files/moe/moe-10/200004/478. htm/.

第八章　学习社区用户行为特征研究

　　学习社区是由教师和学生组成的小组，社区中的成员具有明确的活动目的性，并积极参与到相关的活动中。通过获取学习社区中用户访问量、话题数、评论数等基本数据，并对其进行统计、分析，可以实时追踪前沿热点，提高网络学习效率。

导读：

学习社区用户行为特征概述

学习社区用户行为特征研究视角

慕课网互动特征案例分析

第一节 学习社区用户行为特征概述

虚拟学习社区不仅是一个供学习者学习的网络平台,也是一个为各种不同学习特点的学习者提供教学服务的学习组织。① 如何为不同的学习者提供良好的个性化教学服务是虚拟学习社区研究的重要内容,而用户行为特征的提取与分析是实施个性化教学的前提。

一、学习社区

随着人类社会文明的演进,人们的知识需求不断膨胀,但由于时空限制,传统课堂逐渐不能满足人们随时随地学习的需求,这就促使近年来网络课程持续受到热捧。网络学习形式,也由当初简单的静态网页传递内容,到今天学习活动丰富多样、学习内容实时交互,交流讨论越来越便捷。基于 Web 2.0 的网络学习平台为学习者提供了合作式、讨论式的社区学习方式,学习者共建共享学习资源,组成学习共同体,共同提高学习效率。因此,网络学习平台满足了绝大部分学习者的需求,他们能够在网络平台中找到自己心仪的课程并进行学习。

网络学习是依靠学习者之间的互动来维持和发展的,这就要求学习者之间进行信息的交流和互动,分享经验,合作解决问题,并在这一过程中建立各种社会交往关系,因而可以把网络学习看成某种形式的交互或者参与的过程。随着网络学习人数的增加,以课程为中心,具有相同学习需求的学习者不断聚集,在长期学习过程中,相互答疑解惑、交流学习经验,由此形成的学习社区也称为学习交流圈。

学习社区是由网络空间和交互主体共同构成的学习环境,在这个虚拟的学习环境中,学生和教师是主要成员,所有的交互活动均由学生和教师完成,而保障交互主体完成交互行为的客观条件则是网络空间。该定义侧重说明虚拟学习社区的构成要素,即学习者、助学者和交互三部分。②

二、用户行为特征研究

用户行为是一个广义的抽象概念,与社会学和心理学等学科有着密切的联系,总

---

① 程艳,解建华,谭平飞,等. 面向虚拟学习社区的学习行为特征挖掘与分组方法的研究[J]. 江西师范大学学报(自然科学版),2016(6):640-643,647.

② 张立国. 虚拟学习社区交互结构研究[D]. 西安:陕西师范大学,2008.

体来说是指用户在使用业务或者网络资源的过程中表现出来的一系列规律。根据某些属性值的统计分析结果，可以对用户行为进行定量或者定性分析。

近年来，有关用户行为特征的研究日益深入。用户行为特征在不同领域有不同的理解，研究侧重点也各不相同。总的来说，普遍关注用户群体特征、用户的业务使用频率和用户的业务使用时长三方面。用户行为特征研究就是利用收集整理的用户数据分析用户特征，统计用户使用规律，为后续的决策提供有力的支撑。

由于网络学习交流圈的虚拟性、开放性，其成员间的互动具有特殊性，圈子成员的交流过程、交流特点以及成员间的社会关系有待于进一步地探究、分析。随着人们对网络应用的不断深入，学习者对网络学习平台的要求也越来越高，因此网络学习平台设计者从学习者角度出发，设计出具有真实体验的学习活动，如学习笔记、问答、评论、学习交流等。平台经过长期的使用，积累了大量关于学习者的行为数据。

本章主要研究网络学习平台中学习交流圈的用户行为特征。网络学习平台中的交流圈是基于课程的，学习者在学习支持服务系统讨论区中，以某一课程或课程中某一知识点为话题进行交流探讨，我们可以统计话题数量、评论数量、评论深度以及观察话题的消亡过程，进而分析圈子话题讨论热度、话题从产生到高潮再到结束的历程、学习者对该课程比较关注的问题以及学习者在学习过程中遇到的障碍等。

三、研究理论基础

（一）社会网络理论

社会网络一般是指由个体间的社会关系构成的相对稳定的体系，是一群人之间的一组独特联系。在社会网络理论视角下，分析社会结构及其过程所使用的技术和方法构成了社会网络理论分析的工具，例如社会网络指标和测量方法。德国社会学家格奥尔格·齐美尔(Georg Simmer)用形式社会学考察社会群体与社会结构问题时，创立了小群体的形式研究，社会网络的互动形式由此开始被研究者关注。20世纪70年代，社会网络理论逐渐成熟，成为一种新的社会学研究范式。社会网络理论在发展过程中不断在各学科领域深化，如心理学、统计学、社会学、人类学等，并形成了一套系统的科学研究方法和理论。

在过去几十年的发展中，研究者将社会网络分析法应用于实践领域，取得了诸多成果。1967年，美国社会心理学家斯坦利·米尔格拉姆(Stanley Milgram)通过"小世界实验"得出"六度分隔理论"，即我们和任何一个陌生人之间所间隔的人不会超过6个，换句话说，只要通过6个人，我们就能够认识世界上任何一个陌生人。[1] 用数学来解释，就是若每个人平均认识260个人，其六度就是$260^6 = 1\,188\,137\,600\,000$，几乎覆盖了整个地球人口的若干倍。在20世纪60年代晚期，美国社会学家马克·格兰

---

[1] Guare J. Six Degrees of Separation[M]. L. A. Theatre Works, 2000.

诺维特(Mark Granovetter)通过寻访麻省牛顿镇的居民如何找工作来探索社会网络，从而得出"弱连接"理论。马克·格兰诺维特指出：通常与我们具有高度互动的是自己的亲朋好友，这种社会关系称为"强连接"；而相对于"强连接"来说，"弱连接"的社会关系更为广泛，但关系并不亲密，人们对彼此之间的情况并不很了解。然而在信息传播方面，"弱连接"却发挥着更为关键的作用，因为在"强连接"的社会关系中，常常产生信息冗余，而"弱连接"关系却有着极快的可具有低成本和高效能的传播效率。

（二）虚拟社区理论

虚拟社区的概念由霍华德·莱茵戈德(Howard Rheingold)提出[1]，他认为虚拟社区是社会的集合体，源于众多参与者在网上的公开讨论，加上充分的人类情感在赛博空间(Cyberspace)里所形成的人际关系网络。[2]

虚拟社区是由一群主要借助计算机网络相互沟通的人们所形成的团体，他们之间有一定程度的认识、分享某个领域的知识资源、在很大程度上如同对待朋友般彼此关怀。虚拟社区具有独特的属性：超时空性、符号性、群体流动性和虚拟性。

虚拟社区是现实社区在网络上的延伸，虚拟社区可以从多个视角、多个层面反映现实中人们交往的环境。在虚拟交往环境中，成员相互提供知识、信息，并不奢求现实的回报，本着利己利人的目的分享自己的资源。

桑新民教授指出信息技术的发展导致了教育虚拟社区这一全新的教育时空的出现，虚拟社区在教育领域的应用带来了很多全新的教育问题与社会问题，因此有必要对教育虚拟社区进行研究。李克东教授认为探索构筑数字化教育社区的理论与方法的研究具有重要的理论意义与实践意义，它是教育技术研究的一个新领域。中国远程教育专家丁兴富教授提出，随着网络教学的日益普及，网上学习社区已经成为一个热门话题。[3] 对网络学习平台中衍生的虚拟社区进行研究是调节网络学习行为规范的关键。

（三）建构主义理论

建构主义学者认为，知识的习得不是由教师传授的，而是在一定的情境中学习者通过教师、学习伙伴等他人的帮助，借助学习资料，在原有知识的基础上进行意义建构获得的。因此，学习环境的四大要素是情境、协作、会话和意义建构。

建构主义者强调事物的意义不是完全独立于我们而存在的，而是源于我们的建构。学习者都以自己的方式理解关于事物某层面的知识，因此教学需要增强学习者之间的合作交流，使他们看到别人的观点，通过协作学习掌握更加全面、丰富的知识。

---

[1] Rheingold H. The Virtual Community: Homesteading on the Electronic Frontier[M]. London: Harper Perennial, 1993.

[2] Armstrong A, Hagel J. The Real Value of Online Communities[J]. Harvard Business Review, 1996, 74(3): 134–141.

[3] 胡凡刚. 教育虚拟社区交往研究[D]. 广州：华南师范大学, 2006.

学习者要成为意义的主动建构者,就需要在学习过程中做到以下几方面。

(1) 用探索法、发现法建构知识的意义。

(2) 主动搜集相关资料和信息并加以分析,对问题提出假设并加以验证。

(3) 把当前所学知识与已有知识联系起来,并对这种联系加以思考,将思考的过程与交流、讨论过程结合起来,促使学习效率和质量的提高。

第二节 学习社区用户行为特征研究视角

本节介绍了对学习社区用户互动特征进行分析的几个视角,主要从成员角色、圈子形成要素、基于话题的互动以及网络人际关系等角度,去挖掘、阐述网络学习平台学习交流圈的相关属性。

一、学习社区成员角色分类

网络虚拟圈多种多样,圈内参与者更是来自不同地域,各自的文化背景、性格类型、兴趣爱好、专业特长等多方面存在差异性,在圈子中的表现也不同。

Adler & Christopher 根据虚拟圈子成员在圈子中的付出程度,将其划分为被动者(Passives)、主动者(Actives)、诱导者(Motivators)和管理者(Caretakers)。被动者主要以获取资讯为目的,在圈子中不主动为他人提供帮助或资源;主动者是信息的积极发布者和接收者;诱导者是圈子中发起话题、策划活动,活跃圈子气氛的人;管理者在圈子中充当管理员角色。[①]

Hagel & Armstrong 根据圈子成员参与度及其在圈子中发挥的价值,将成员角色分为浏览者(Browser)、潜水者(Lurker)、贡献者(Contributor)和购买者(Shopper)。新加入圈子的成员一般是查阅资料的浏览者;长期不发言的成员则是潜水者;贡献者积极为圈子提供信息和资源,对圈子的价值比较大,是圈子的支柱和建设者;购买者积极参与圈子,并购买圈子产品或服务。[②]

杨堤雅把圈子成员划分为六种角色:成员领袖、意见呼应者、经验意见分享者、

---

① Adler, P. Richard, Christopher, J. Anthony. Internet Community Primer Overview and Business Opportunities [M]. Harper Collins, 1999.

② Hagel III, J, Armstrong, A. G. Net Gain: Expanding Markets Through Birtual Communities [M]. Harvard Business School Press, 1997.

信息询问者、浏览者和干扰者。[①] 成员领袖无论是参与程度，还是对圈子的贡献值，都是圈子内其他角色无可比拟的；意见呼应者经常对圈子成员发表的言论表示赞同或进行积极评论；经验意见分享者属于圈内的热心人物，通过分享自己的知识和经验来帮助其他成员；信息询问者极大发挥了圈子的作用，将圈子作为"智囊"，主动请求他人的帮助，但是其功利性比较强，只有自己遇到问题时才会出现在圈子中；浏览者在圈子中长期沉默，除了在圈子中搜索信息外，极少在圈子中与其他成员互动；干扰者则在圈子中经常发表不规范的信息，对其他成员造成信息浏览上的干扰。

综观多个研究者对网络虚拟圈子成员角色的分类，或多或少有重叠的部分，这是因为圈子成员具有同质性。综合这些研究成果，本书将虚拟圈子成员角色分为意见领袖、响应者、信息咨询者、边缘参与者和浏览者五类，表 8-1 是这五类成员的行为特征。

表 8-1 虚拟圈子成员角色分类及其行为特点

虚拟圈子成员角色分类	行为特点
意见领袖	发起话题数量很高，积极主动帮助其他成员解决问题，在圈子中具有很多人际关系，并有一定数量的拥护者
响应者	热心回复他人的言论，但其主动发起话题的数量较少
信息咨询者	只在圈子中咨询问题，寻求解决方案，不主动回复其他成员的问题，在圈子内属于资源索取者，贡献程度低
边缘参与者	偶尔在圈子中参与互动，发言率极低
浏览者	在圈子中只浏览信息，不参与互动

二、学习社区形成要素

每一个圈子的存在都有其不可或缺的要素，一个成功的网络虚拟圈子不仅能够促进成员主动参与互动、积极分享知识，而且能够吸引更多新成员的加入。下面从三个方面对圈子构成要素进行分析。

（一）成员参与动机

网络用户都是基于目的参与虚拟圈子，成员可以自由地在圈子中表达自己的思想观点，通过各种活动满足知识、兴趣、娱乐、人际关系以及社会认同感的需求。Chrisetal 认为圈子成员参与的动机主要是虚拟圈子关联性、人际关系渴望程度以及信息需

[①] 杨堤雅. 网际网络虚拟社区成员之角色与沟通互动之探讨[D]. 台湾：台湾中正大学，2000.

求等。① Leung 认为逃避现实是人们参与虚拟圈子的重要驱动因素之一。② 综合国内外研究者们的研究成果，我们认为圈子成员参与动机主要来自圈子的信息价值、工具价值、娱乐价值、人际关系渴求度、社会认同感和逃避现实等，如图 8-1 所示。

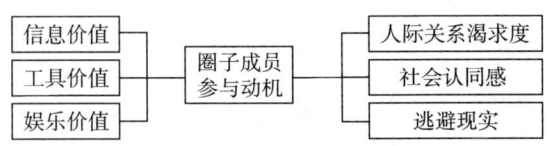

图 8-1 圈子成员参与动机

（1）信息价值：成员获得圈子共享信息，了解其他成员的观点，内化为自我意识。

（2）工具价值：成员将圈子作为辅助工具完成某一具体任务。

（3）娱乐价值：成员通过浏览圈子其他成员分享的知识或进行互动交流放松自己、愉悦身心。

（4）人际关系渴求度：成员通过与自己想法相似、兴趣爱好一致的人互动交流，从而获得友谊。

（5）社会认同：成员在情感、认知等方面与群体相符的程度。

（6）逃避现实：成员逃避现实社会中的某些问题，进而在网络虚拟群体中寻求满足。

（二）圈子成员满意度

圈子具有很大的流动性，网络游民随时撤离、随时加入，对圈子的满意程度是影响成员去留的关键因素。国外研究者（Myers，Leitch，Delone，et al.）认为影响圈子成员满意度的主要因素有成员参与互动程度、人际关系、平台品质、服务品质、信息品质等。

（1）参与互动程度：网络圈子是一种社会群聚，成员在长期互动交流中产生情感，随着参与程度不断深入，圈子逐渐形成较为稳定的语言环境、行为规范，成员的满意度也随之增强。

（2）人际关系：成员亲密关系是圈子知识共享、资源整合程度的重要影响因素。

（3）平台品质：平台为成员提供互动环境，使成员超越时空的限制。平台是否易用、功能是否强大，都将影响成员的满意度。

（4）服务品质：圈子的人性化服务在很大程度上影响成员的满意度。

（5）信息品质：提供的内容是否丰富、实用都是成员关心的问题。

---

① 周涛. Wiki 社群的社会网络分析[D]. 上海：华东师范大学，2005.
② Leung L. Impacts of Net-generation Attributes, Seductive Properties of the Internet, and Gratifications-obtained on Internet Use[J]. Telematics and Informatics，2003（20）：107-129.

（三）圈子成员忠诚度

网络虚拟圈同现实社会圈一样，具备提供资讯、建立归属感和认同感的功能，当成员对圈子忠诚时会感觉自己与圈子是一体的，对圈子有种归属感，在圈子中贡献积极，严格遵守圈子的规范。成员的忠诚度主要来自圈子意见领袖的引导、成员使用网络时间的长短、良好的圈子行为规范、隐私保护等，如图8-2所示。

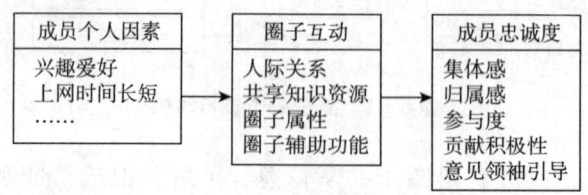

图8-2　圈子成员忠诚度影响因素

三、基于话题的互动

在信息网络飞速发展的今天，情报领域的研究者热衷于收集虚拟网络中人们互动的具体内容，从中获取社会热点，掌握社会动态，因而话题的检测与跟踪技术是研究社会网络的重要方式之一。

网络虚拟圈内成员的交往都是基于话题的，热点话题不仅影响着圈内各种事件的形成与发展，也影响着人们对事件的想法和判断。从圈子中的话题发布数量可以看出圈子成员的活跃度，话题的评论数量是衡量话题热度和影响力的重要依据，从中可以获取圈子成员最为关心的问题。话题的参与数量随着时间的推移呈现出一个时间变化序列。

对虚拟圈子内成员互动活跃程度的评估，主要根据圈子话题的量化研究。

（1）话题发布数量：圈子中话题的发布数量是衡量圈子人气的重要指标。

（2）话题评论数量：评论数量是衡量话题热度的重要指标。

（3）话题的发展过程：主要从时间序列上对话题的形成、讨论高潮与衰变进行研究。

四、圈子中的社会网络

社会网络分析主要分为个体网和整体网两个领域的研究。在社会网络图中，我们将成员视为节点（Node），节点之间的连线（Edge）代表着成员间的互动关系。对个体网的研究是"自我"层面的分析，可以了解圈子个体网络的同质性、异质性以及类型，并分析圈子中心人物的特点及其作用。而整体网的研究是从宏观层面对社会网络的结构、规模、密度等进行分析研究。随着社会网络分析应用范围的不断拓展，社会网络的概念已经超越了人际关系的范畴，网络的行动者既可以是个人，也可以是集合单位,如家庭、部门、组织。[①]

一般性的社会网络分析主要从以下几个方面进行。

(1) 网络规模(Range)。网络规模是指网络成员的数量。虚拟网络中的成员或多或少与其他成员有联系,这种联系有强有弱,网络规模越大,成员间的关系就越多样化,网络派系也越多,结构也越复杂。

(2) 网络密度(Density)。密度是网络中成员间的实际关系在数量与理论上可能达到的最大关系数量的比率。网络中成员间存在的关系越多,与理论上最大关系数量就越接近,那么网络密度就越大。这一指标的测量可以反映出网络中信息传播、资源分享的力度。

(3) 网络中心性(Centrality)。成员或子群在网络中居于什么样的地位,信息在网络中流向是怎样的,都可以通过对"中心性"的研究来探讨这一系列的问题,中心性是社会网络分析的重点。社会网络中心性分三种,即点度中心性、中间中心性、接近中心性,如表8-2所示。

表8-2 中心性类型及说明

中心性类型	说明
点度中心性	在虚拟圈子中,一个成员与其他很多成员有直接的联系,则该成员就处于中心地位,即关系越多,越能显示该成员的重要性
中间中心性	如果一个成员处于许多交往网络的路径上,则可认为该成员具有重要地位,因为其他成员的交往需要通过该成员的帮助才能进行,该成员具有控制其他人互动的能力
接近中心性	当成员离网络其他成员的距离都很短的时候,传播信息时对其他成员的依赖程度就越低,则该成员是网络的重心

(4) 凝聚子群(Cohesive Subgroup)。凝聚子群是通过定量研究对网络中成员团结程度的测量。群体的类型有很多种,每个人一生都生活在各种各样的群体中,在虚拟网络中,人们通过多种社交软件加入多个群体。从社会网络的角度来解释群体,将群体视为在既定目标和规范的引导下,互动交流的一群社会行动者。而凝聚子群中的成员彼此之间具有相对紧密、直接的关系,相对于内外部成员的关系密度要高。

(5) 网络中成员间的距离(Geodesic Distance)。两个成员间在网络中的距离是从图论的角度来测量的,在计算一个圈子中成员间的距离时,一般需要计算出圈子网络图中所有节点间的距离矩阵,例如表8-3是6个成员间的距离矩阵,编号为2的节点与编号为6的节点之间的距离为2,表示2和6两节点之间的距离是2。

---

① 刘军. 社会网络分析导论[M]. 北京:社会科学文献出版社,2004.

表 8-3 网络图中成员间的距离矩阵

Geodesic Distance

	1	2	3	4	5	6
1	0	2	1	1	2	2
2	2	0	2	1	1	2
3	1	2	0	2	1	1
4	1	1	2	0	2	1
5	2	1	1	2	0	2
6	2	2	1	1	2	0

社会网络统计分析的指标随着人际关系发展变化的需要而不断扩充，每一个指标都针对网络中某一特性进行分析，因此可以根据实际需要，选取网络部分特性进行研究。

第三节 慕课网互动特征案例分析

慕课网是免费、垂直的互联网 IT 技能学习、互动交流平台，是一个以纯干货、短视频为主的平台，为在校学生、职场人士提供了一个迅速提升技能、共同分享进步的学习平台，[1] 是国内较为领先的基于 Web 2.0 技术的动态学习网站，其核心特色有独家视频教程、量身订制的学习计划、问答交流社区以及灵活的在线编程工具。慕课网可以用来促进学习者互动交流，组成学习共同体，通过人际沟通、分享知识经验、探讨技术难点，达到共同进步的目的。慕课网作为国内较为领先的、流行的网络学习平台，拥有一定数量的忠实学习成员，研究分析其圈子互动特征具有一定代表性。选取慕课学习社区为例，在以往对网络学习的研究中，主要是对网络学习者行为特点进行调查分析，本研究以慕课学习社区为例，从人际关系的角度出发分析社区用户行为特征。

一、数据采集

本节使用八爪鱼采集器对慕课网学习平台的数据进行采集。八爪鱼数据采集系统

---

[1] 李晓明，张绒. 慕课：理想性、现实性及其对高等教育的潜在影响[J]. 电化教育研究，2017(2)：62-65.

以分布式云计算平台为核心，可以在很短的时间内，轻松地从各种不同的网站或者网页中获取大量的规范化数据，帮助任何需要从网页获取信息的客户实现数据自动化采集、编辑、规范化，摆脱对人工搜索及收集数据的依赖，从而降低获取信息的成本，提高效率。本研究中的数据采集按照平台中的学习计划分类进行，主要采集平台中的五类学习计划，分别为 Web 前端工程师、Android 工程师、PHP 工程师、Java 工程师、Linux 运维工程师。八爪鱼采集器完成数据采集后可将数据保存为 Excel 格式，采集的字段有话题发起者、话题内容、话题发起时间、回复数量、回复者、回复内容、回复时间、浏览数、点赞数等。

二、数据分析工具

UCINET(University of California at Irvine NETwork)是一款功能相当强大的社会网络分析软件，最初是加州大学欧文分校的网络分析者林顿·费里曼(Linton Freeman)编写，后来由斯蒂芬·博加提(Steve Borgatti)和马丁·埃弗里特(Martin Everett)扩展更新。UCINET 中包含了许多网络分析指标、一般的统计分析工具和数据管理、转换工具，还捆绑了 Pajek、Mage、NetDraw 等软件以便于数据可视化。

UCINET 能够处理中大型数据库(32 767 个网络节点)，一般情况下，输入初始数据后可选的数据格式有全矩阵、边列阵、边列表、节点列表，当进行计算时，可手动录入矩阵，或导入在 Excel 中已编辑好的矩阵，矩阵的运算有转置、布尔代数、重拍、加减法等，矩阵的分析有中心性分析、凝聚子群分析、结构洞分析、关联性分析等。

UCINET 的数据是矩阵集合，即使输入的数据不是矩阵格式的，系统仍然当成矩阵处理。在利用 UCINET 分析数据前，必须先创建 UCINET 数据组。社会网络分析者通常利用 UCINET 做以下几方面的工作。

(1) 网络密度分析：密度是网络中各节点关系的紧密度，用来测量社会网络中行动者之间的联结程度。密度值介于 0 和 1 之间，值越大，则行动者之间的关系越紧密。

(2) 网络中心性分析：从关系的角度出发，对网络中的权力进行量化分析。

(3) 凝聚子群研究：是对社会结构的一种研究，是对互动频繁、同质性较强群体的分析。

(4) 生成可视化结构图：网络关系可视化更加直观，UCINET 中捆绑了可视化的软件。

(5) 社会网络的关联性分析：关联性与社会学中的"社会团结"研究有关，如果集体中成员之间的关系能够把集体团结起来，则该集体就具有关联性。

(6) 块模型分析：是一种研究网络位置模型的方法，是对网络中成员角色的描述性代数分析。

(7) 测量结构洞：一个结构洞是群体中两个行动者之间非冗余的联系。

UCINET 还可以进行回归分析、Lamnda 集合分析、QAP 检验等，对社会网络分析具有巨大的贡献。

三、数据分析

（一）圈子互动话题分析

1. 话题数量分析

本研究在慕课学习平台中共统计出 23 997 人发布了话题，共提出 103 003 个话题。根据平台中学习计划，分别统计了 Web 前端工程师、Android 工程师、PHP 工程师、Java 工程师、Linux 运维工程师学习交流圈子的话题数量（如图 8-3 所示），从柱形图可以看出，Web 前端工程师圈子活跃度要远远高于其他学习圈子。从该平台的学习交流圈互动情况来看，在 IT 技能中，Web 前端开发学习需求要比 Android、PHP、Java、Linux 等开发学习需求高。

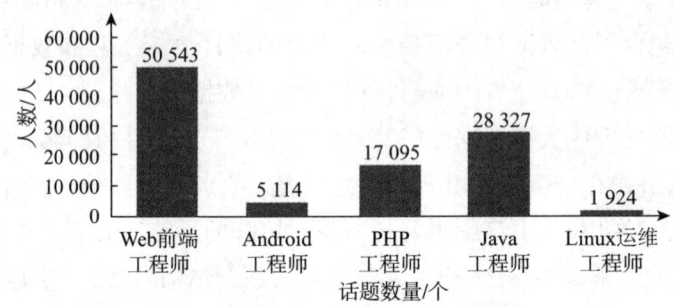

图 8-3 慕课学习交流圈话题数量统计

通过数据采集器获取的圈子互动话题发布时间为 2013—2016 年，我们对 5 类学习计划分别按月统计了话题数量。5 张趋势图（图 8-4 至图 8-8）反映了各学习圈子成员的活跃时间，5 张图均显示 9—11 月份圈子成员互动交流较为积极。

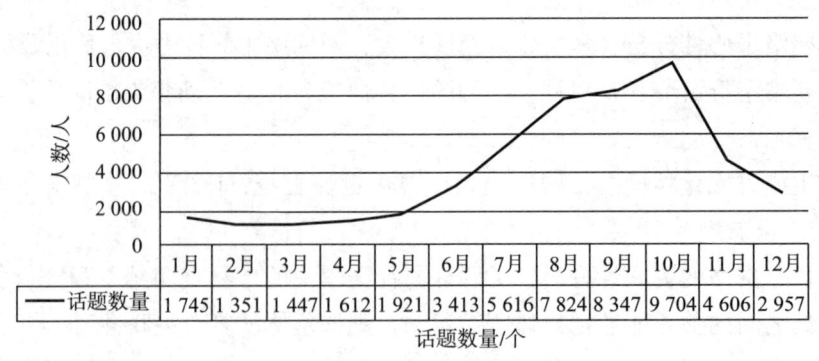

图 8-4 Web 前端工程师话题数量变化

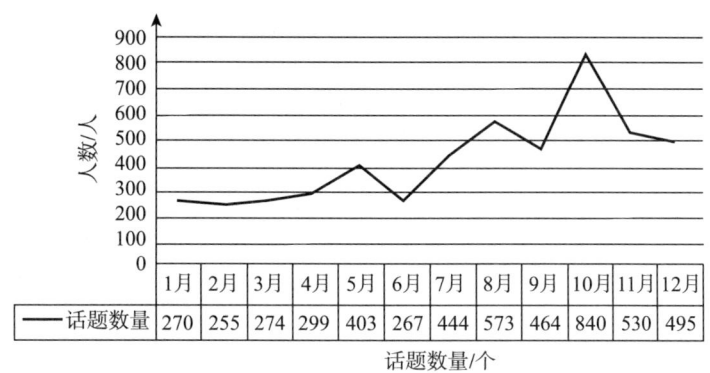

图 8-5　Android 工程师话题数量变化

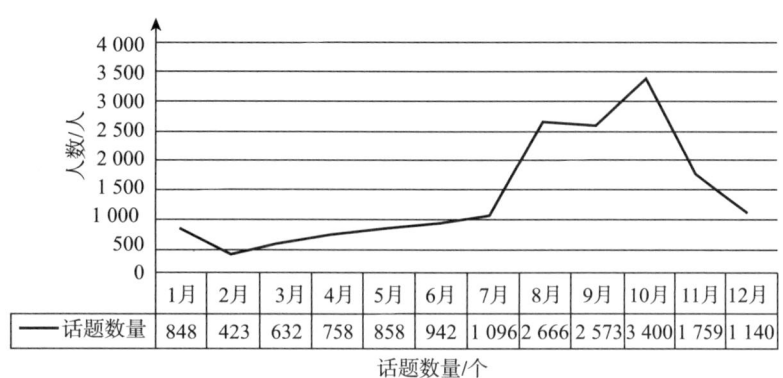

图 8-6　PHP 工程师话题数量变化

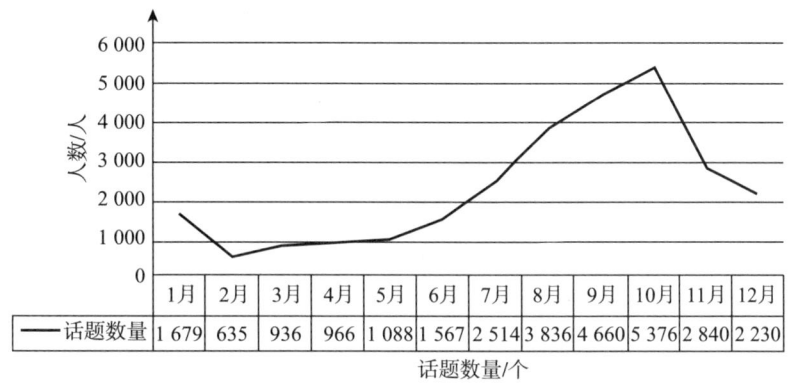

图 8-7　Java 工程师话题数量变化

在网络学习环境下，学习者的自主性强，与他人交流互动是一种常见的学习行为。在现实生活中，人们对时间的安排、支配具有统一规律性，但是网络打破了时间的约束，每个人都可以按照自己的意愿安排网络活动。慕课学习交流圈子成员互动虽然不受时间约束，但在时间上呈现出一定的规律，下半年互动积极性远远高于上半年。

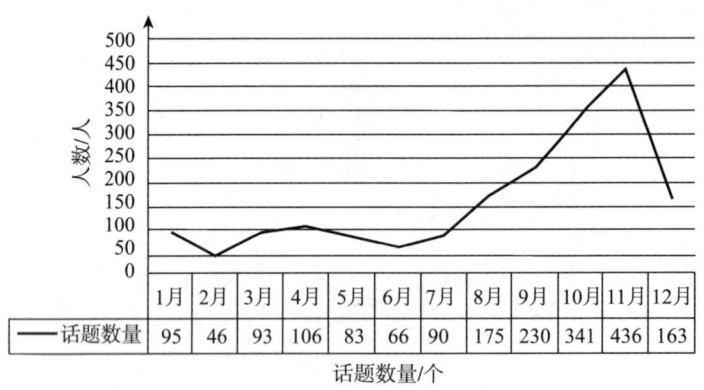

图 8-8 Linux 运维工程师话题数量变化

2. 话题评论数量分析

话题评论数量反映了话题发布者是否得到圈子其他成员的响应，评论数越多说明其他成员对该话题越有共鸣。本研究从交流圈子中选取几个关注度比较高的话题。从表 8-4 中可以观察出，大部分话题浏览量相当高，但是回复率却很低，说明在该网络学习平台中，参与学习的人绝大多数没有参与圈子互动，大多数学习者成为圈子的过客，没有留下互动痕迹。

表 8-4 话题回复与浏览情况

成员	所属圈子	话题内容	该成员被回复总数/个	该成员话题浏览总数/个
newnewjia…	Web 工程师	用 ifconfig 命令，只有 lo，没有 eth0 的解决方案	37	5054
枫夜茗	Android 工程师	添加 android：theme = " @ android：style/Theme. Black. NoTitleBar" 后运行程序直接出错，不添加就没问题，试过了在 values 下创建 style	9	833
十万个不…	PHP 工程师	filezila 默认只能登录普通用户，如果想要 root 用户也能登录，必须修改/etc/ssh/sshd_config，把里面的 PermitRootLogin 改为 yes。然后重启 ss	9	65
Linda1218	Java 工程师	段落前面如果加首行缩进，怎么使用	9	88
newnewjia…	Linux 运维工程师	按照所有的步骤做了，虚拟机还是连接不上外网	9	513

一般互动的形式有合作、竞争、交换、冲突等。对于网络学习者来说，互动形式也不外乎合作、交换、冲突，而竞争是极少存在的，因为网络学习交流圈是建立在互惠互利、资源共享的基础上的。在长期的合作交流过程中，彼此提供帮助，志同道合

的成员组成互动圈子,不断提出新的话题,成员之间进行探讨、争辩,吸引更多的成员参与互动,这样才能够维持圈子活跃度,进而长期发展。慕课学习参与者众多,参与圈子交流者却是冰山一角,可见平台没有最大限度地调动学习者参与互动的积极性,这一方面没有充分发挥网络协作学习的功能,另一方面也不利于知识的共享。

3. 话题形成与消亡过程

成功的话题可以引起他人的共鸣,促进人与人的交流。话题必然经历形成、高潮、衰变等过程。针对话题的形成与消亡过程,我们对"不打酱油路过"和"溜达溜达"两位典型成员发起的话题进行了研究。首先观察图 8-9 中 Web 前端工程师互动圈子成员"不打酱油路过"的话题形成与消亡过程。该成员于 2014 年 8 月发起话题"既然 id 选择器只能使用一次,为什么还是会有效果",话题持续时间从 2014 年 8 月至 2015 年 12 月,收到回复的时间主要集中在 2014 年 9 月至 2014 年 11 月之间,高潮在 10 月份。

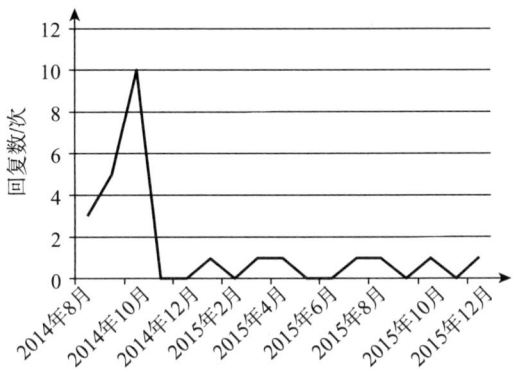

图 8-9 "不打酱油路过"的话题发展过程

图 8-10 是 Android 工程师互动圈子成员"溜达溜达"的话题发展过程。该成员于 2014 年 6 月发起话题"Android 开发使用的是 Java 语言,无 Java 基础的同学可以先学习一下 Java",对该成员的回复从 2014 年 9 月持续到 2015 年 11 月,长达一年之久,该话题的讨论高潮是在 2014 年 10 月到 11 月之间。

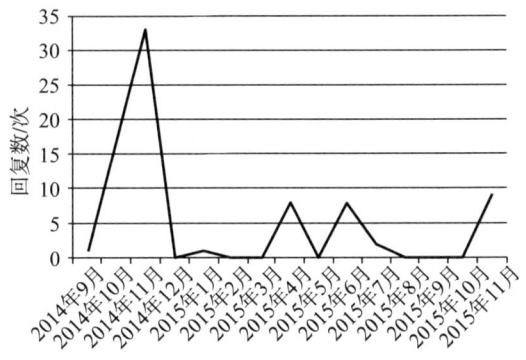

图 8-10 "溜达溜达"的话题发展过程

从上述两位成员的话题互动情况来看，话题发布后均没有立刻引起其他成员的注意，而在发布后的一两个月内讨论次数比较密集，高潮持续时间较短。随着时间的推移，话题回复数目逐渐减少，虽然话题持续时间较长，但高潮之后参与话题的成员非常有限，虽然偶尔会有个别成员回复，但不能阻止话题的消亡。

在网络学习平台中，学习者的互动主要分为同步和异步两种形式：同步互动是指信息发出者和接收者在同一时间在平台中实时互动；异步互动是指互动双方在时间上不具有同一性。慕课学习交流圈子成员的互动基本上都是采用异步互动的方式，所以对话题的回复、讨论在时间上有延迟。网络异步传播既有优点，也有缺点，优点是不受时间制约，缺点是互动延迟，不利于知识、观点的及时传播。

（二）圈子社会网络研究

1．圈子的网络密度

圈子的规模指的是圈子中包含所有成员的数目，一般情况下，圈子的规模越大，圈子的结构就越复杂，派系也很多。图 8－11 是 Web 工程师学习交流圈子社区图的一部分，由于圈子的规模太大，无法将所有的点都纳入社群图中，经过过滤将部分散点和边清除。

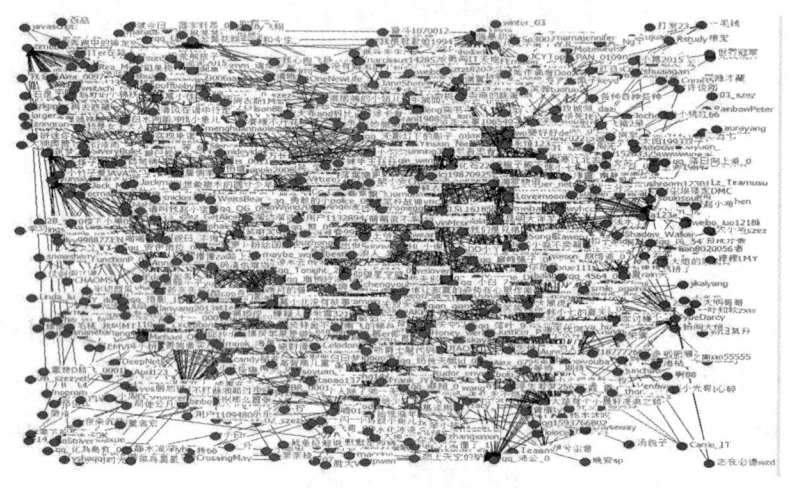

图 8－11　Web 学习交流圈子社群图

网络密度表示的是网络中各节点关系的紧密程度，即网络中实际关系数与网络可能的最大关系数的比率。假设网络中有 n 个成员，可能最大边数为 m，若网络关系图为有向图，则密度计算公式为：密度＝$m/n(n-1)$；若关系图为无向图，则密度计算公式为：密度＝$2m/n(n-1)$。整体网络的密度越大，该网络圈子对圈内成员的行为、情感态度等产生的影响越大。联系紧密的网络圈子不仅为圈子个体成员提供信息、人脉、经验等社会资源，同时也是限制其发展的重要因素。

表 8－5 反映了慕课学习圈子成员数量较多，则圈子可能最大关系数比较庞大，

但实际关系数与可能最大关系数相差甚远,圈子成员互动范围不广,圈内零散节点较多,因而极大影响了慕课学习交流圈子的整体网络密度。

表 8-5 各圈子密度

互动圈子 分析维度	成员数量/个	实际关系数	可能最大关系数 n(n-1)/2	网络密度
Web 工程师	13 392	53 260(26 630 * 2)	89 666 136	0.000 593 98
Android 工程师	3 875	8 998(4 499 * 2)	7 505 875	0.001 198 79
Java 工程师	9 642	26 720(13 360 * 2)	46 479 261	0.000 574 88
PHP 工程师	4 738	12 586(6 293 * 2)	11 221 953	0.001 121 55
Linux 工程师	1 178	2 988(1 494 * 2)	693 253	0.004 310 11

图 8-12、图 8-13 分别是慕课五个学习交流圈子的成员数量和网络密度,从两幅图中可以看出成员数量越大,网络密度就越低。因此,在慕课网络学习平台中,圈子的规模极大地影响了圈子的密度。

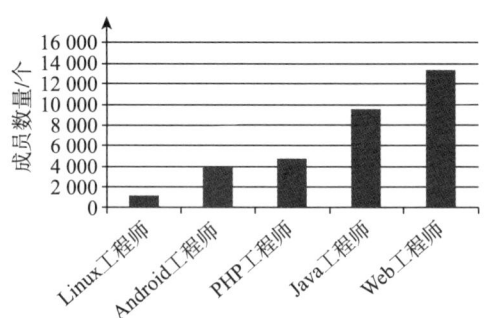

图 8-12 五个学习交流圈子成员规模

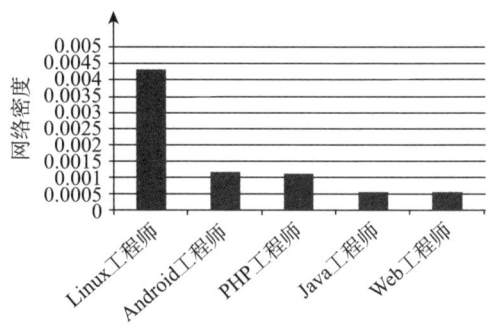

图 8-13 五个学习交流圈子网络密度

2. 圈子的个体网络密度

利用 UCINET 计算整体圈子中每个成员的个体网络密度，沿着 Network→Ego-Network→Ego-basic-measures 路径即可计算出所有成员的个体网络密度。图 8-14 是 Web 学习交流圈子中部分成员的个体网络密度计算结果。

Density Measures

		1 Size	2 Ties	3 Pairs	4 Densit	5 AvgDis	6 Diamet	7 nWeakC	8 pWeakC	9 2StepR	10 ReachE	11 Broker	12 nBroke	13 EgoBet	14 nEgoBe
1	61350873	1.00	0.00	0.00				1.00	100.00	3.88	100.00	0.00		0.00	
2	互联网那些事	29.00	3.00	812.00	0.37			26.00	89.66	22.62	90.37	404.50	0.50	27.00	3.33
3	crasy	1.00	0.00	0.00		0.00	0.00	1.00	100.00	3.88	100.00	0.00		0.00	
4	endenvor	1.00	0.00	0.00		0.00	0.00	1.00	100.00	3.88	100.00	0.00		0.00	
5	Fday	1.00	0.00	0.00		0.00	0.00	1.00	100.00	3.88	100.00	0.00		0.00	
6	freelyis	1.00	0.00	0.00		0.00	0.00	1.00	100.00	3.88	100.00	0.00		0.00	
7	Groune	1.00	0.00	0.00		0.00	0.00	1.00	100.00	3.88	100.00	0.00		0.00	
8	lymo	1.00	0.00	0.00		0.00	0.00	1.00	100.00	3.88	100.00	0.00		0.00	
9	Perona	9.00	1.00	72.00	1.39			8.00	88.89	41.50	84.01	35.50	0.49	0.00	
10	qq_阿夫_0	1.00	0.00	0.00		0.00	0.00	1.00	100.00	3.88	100.00	0.00		0.00	
11	sallyFEmaker	1.00	0.00	0.00				1.00	100.00	3.88	100.00	0.00		0.00	
12	Thinker_Ac	38.00	1.00	1406.00	0.07			37.00	97.37	14.86	91.74	702.50	0.50	37.00	2.63
13	xhlsrj	1.00	0.00	0.00		0.00	0.00	1.00	100.00	3.88	100.00	0.00		0.00	
14	YUQI123	1.00	0.00	0.00		0.00	0.00	1.00	100.00	3.88	100.00	0.00		0.00	
15	冰蓝瘾	1.00	0.00	0.00		0.00	0.00	1.00	100.00	3.88	100.00	0.00		0.00	
16	不断滴自我催眠	2.00	1.00	2.00	50.00			1.00	50.00	11.11	96.51	0.50	0.25	0.00	
17	朝日甚升	1.00	0.00	0.00		0.00	0.00	1.00	100.00	3.88	100.00	0.00		0.00	
18	成者并非一蹴而就	1.00	0.00	0.00		0.00	0.00	2.00	100.00	9.24	95.83	1.00		0.00	
19	逍遥鱼	1.00	0.00	0.00		0.00	0.00	1.00	100.00	3.88	100.00	0.00		0.00	
20	零下的夏天	3.00	0.00	6.00	0.00			3.00	100.00	19.01	95.30	3.00	0.50	0.00	
21	梦网的鱼	1.00	0.00	0.00		0.00	0.00	1.00	100.00	3.88	100.00	0.00		0.00	
22	徘徊0	1.00	0.00	0.00		0.00	0.00	1.00	100.00	3.88	100.00	0.00		0.00	
23	松懈	1.00	0.00	0.00		0.00	0.00	1.00	100.00	3.88	100.00	0.00		0.00	
24	我们是兄弟	1.00	0.00	0.00		0.00	0.00	1.00	100.00	3.88	100.00	0.00		0.00	
25	小灰小	1.00	0.00	0.00		0.00	0.00	1.00	100.00	3.88	100.00	0.00		0.00	
26	血喷残殇	14.00	7.00	182.00	3.85			7.00	50.00	68.27	81.21	87.50	0.48	0.00	
27	哟_呆小孩	2.00	0.00	2.00	0.00			2.00	100.00	8.43	98.44	1.00		0.00	
28	爪根宝	1.00	0.00	0.00		0.00	0.00	1.00	100.00	3.88	100.00	0.00		0.00	
29	逐梦凡	57.00	7.00	3192.00	0.22			50.00	87.72	17.80	68.91	1592.50	0.50	54.00	1.69
30	02_szez	1.00	0.00	0.00		0.00	0.00	1.00	100.00	3.88	100.00	0.00		0.00	
31	tiancong	29.00	0.00	812.00	0.00			29.00	100.00	3.88		406.00	0.50	0.00	
32	03_szez	1.00	0.00	0.00		0.00	0.00	1.00	100.00	3.88	100.00	0.00		0.00	
33	04_szezlky	1.00	0.00	0.00		0.00	0.00	1.00	100.00	3.88	100.00	0.00		0.00	
34	07_szez_ght	1.00	0.00	0.00		0.00	0.00	1.00	100.00	3.88	100.00	0.00		0.00	

图 8-14 Web 学习交流圈部分成员个体网络密度

计算结果中"Size"代表的是个体网规模，第二个成员"互联网那些事"的个体网规模为"29"，说明与该成员有关系的成员有 29 个。"Ties"指的是关系总数，即圈子其他成员之间的关系总数，不包括各成员与"自我"的关系，"互联网那些事"个体网的关系总数为"3"。"Pairs"指的是圈子各成员之间可能存在的关系总和，计算方式为：网络规模数×(网络规模数-1)，"互联网那些事"可能存在的关系总和等于 29×28=812 个。"Densit"代表个体网络的密度，个体网络的密度计算方式是"实际存在的关系总数"除以"可能存在的最大关系总数"，相当于"Ties"值与"Pairs"值的百分比，则由此计算出成员"互联网那些事"的"Densit"值为 3/812=0.37%。"AvgDis"是图论意义上的圈子个体成员之间的平均距离，是针对每个节点可达的网络来计算的。"Diamet"指的是个体网络中最长捷径距离。"nWeakC"是个体网络中的弱成分总数。"pWeakC"代表弱成分数占网络规模的比例。"2StepR"指的是自我点在两步内可达的成员总数。"ReachE"是指两步内可达的点数占整个网络成员总数与每个成员个体网络规模总数之和的百分比。

3. 圈子"中心性"分析

度指的是网络节点相连线段的数量，即个人拥有的关系数量。度又分为出度和入度，出度代表着圈子个体主动与其他成员建立关系的数量，入度则代表圈子其他成员主动与该个体建立关系的数量。度的数学表达式如下：

$$D_i = \sum E_{ij} \qquad (8-1)$$

度中心性(Degree Centrality)反映的是圈子个体成员在圈子中的重要程度，若个体成员与圈子其他很多成员有直接的互动，即关系越多，越能显示其在圈子中的重要地位。其数学表达式如下：

$$\text{点度中心性：} CDi = Di/(n-1) \qquad (8-2)$$
$$\text{点入度中心性：} CDin = Din/(n-1) \qquad (8-3)$$
$$\text{点出度中心性：} CDout = Dout/(n-1) \qquad (8-4)$$

图8-15是Web学习交流圈子中心性分析可视图，图中深色的点表示该节点在网络中处于中心地位，与其他很多成员有直接的联系。图8-15从整体上呈现星形放射状，核心节点的度数中心度比较大，在该网络图中各点之间的度数中心度差异很大。

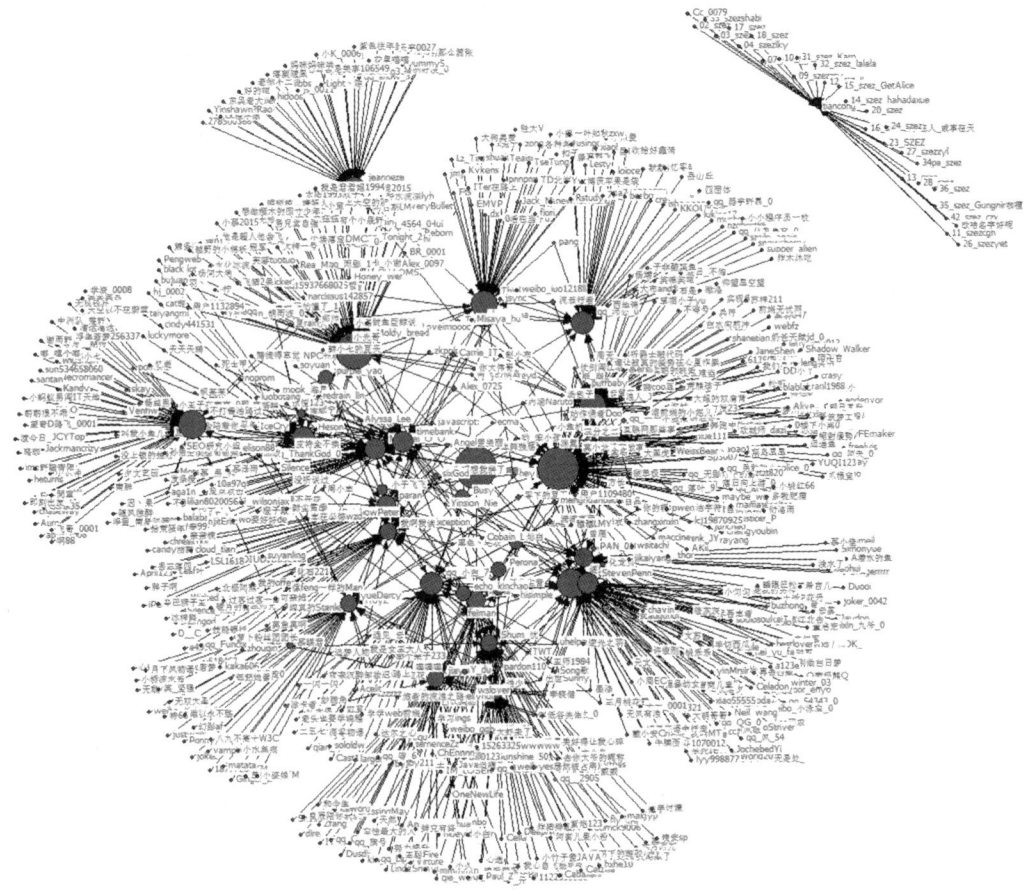

图8-15　Web学习交流圈中心性分析可视图

在UCINET中沿着Network→Centrality→Freeman Betweenness→Node Betweenness路

径可以计算出社群图中各节点的中间中心度,表 8-6 是 Web 学习交流圈子的部分成员的中间中心度。成员"互联网那些事""逐梦凡""Thinker_Ac""luona""StevenPenn""莫小北没有故事""jeanneze""yunsky0""Moldy_bread""Heson"的中间中心度为 181、174、135、125、107、100、96、86、67、28,圈子其他成员的中间中心度全部为 0,整个圈子的标准化中间中心势为 0.03%,这个值是相当小的,说明绝大多数圈子成员受核心成员的影响很大,因为核心节点控制着信息的传播,这些核心节点也就是我们通常说的意见领袖。在网络群体中总有一个以上的成员是圈子的中心,即圈子的意见领袖。意见领袖具有一定的外部示范作用,经常表达自己的思想观点,能够为圈子其他成员提供资源、分享知识,有一定数量的拥护者。网络虚拟圈子与现实社会人脉圈子具有很高的相似性,在圈子中,具有资源优势的往往成为中心人物。

表 8-6 Web 学习交流圈子部分成员的中间中心度

成 员	1 Betweenness	2 nBetweenness
互联网那些事	181	0.032
逐梦凡	174	0.031
Thinker_Ac	135	0.024
luona	125	0.022
StevenPenn	107	0.019
莫小北没有故事	100	0.018
jeanneze	96	0.017
yunsky0	86	0.015
Moldy_bread	67	0.012
Heson	28	0.005

Network Centralization Index = 0.03%

4. 圈子凝聚子群分析

在 UCINET 中利用 CONCOR(Convergent Correlation 或者 Convergence of Iterated Correlation)进行凝聚子群分析。CONCOR 是一种迭代相关收敛法,沿着 Network→role & postions→structural→concor 路径自动计算得出 Web 学习交流圈的各子群密度矩阵,表 8-7 的结果反映出该交流圈分为 8 个子群,第一个子群的密度最大,为 0.007,其余 7 个子群的密度分别为 0.001、0.002、0.000、0.000、0.005、0.006、0.000,子群密度为 0 的子群众多,为孤立节点。

表 8-7 Web 学习交流圈各子群的网络密度矩阵

	1	2	3	4	5	6	7	8
1	0.007	0.000	0.000	0.000	0.002	0.000	0.000	0.000
2	0.010	0.001	0.000	0.000	0.000	0.000	0.000	0.000
3	0.008	0.000	0.002	0.000	0.000	0.000	0.002	0.000
4	0.004	0.008	0.003	0.000	0.000	0.000	0.000	0.000
5	0.009	0.000	0.000	0.000	0.000	0.000	0.000	0.000
6	0.008	0.000	0.000	0.000	0.000	0.005	0.000	0.000
7	0.002	0.000	0.000	0.000	0.003	0.000	0.006	0.000
8	0.002	0.000	0.000	0.000	0.008	0.000	0.001	0.000

从整体来讲，Web学习交流圈各子群的网络密度都不大，说明子群内部成员之间联系不紧密，主要原因是网络规模太大。

5．"小世界"测量

斯坦利·米尔格拉姆通过"小世界实验"得出"六度分隔理论"，即通过6个人就可以与世界上任何一个陌生人建立联系。"小世界"之所以引起我们的兴趣主要是因为在现实世界中人口数量级过于庞大，在日常生活中我们接触的人较少，网络关系稀疏，没有核心点，但整个世界网络是高聚类的，大多人际关系是有重叠的。无论是现实社会的人际关系网，还是虚拟互联网，都具有"小世界"的特征。

在UCINET中沿着Network→Cohesion→Distance就可以计算出圈子的距离矩阵，表8-8是Web学习交流圈的距离信息。

表8-8 Web学习交流圈的距离

Average distance（among reachable pairs）		= 3.835
Distance-based cohesion（"Compactness"）		= 0.255
Distance	Frequency	Proportion
1	1 884	0.004
2	41 620	0.081
3	58 042	0.113
4	355 522	0.689
5	55 128	0.107
6	3 480	0.007

从计算结果可以看出，距离是1的情况出现了1 884次，距离是2的情况出现了41 620次，距离是3的情况出现了58 042次，距离是4的情况出现了355 522次，距离是5的情况有55 128次，距离是6的情况有3 480次。距离是4的情况占总数的

68.9%,说明绝大多数人之间的距离是4,在该圈子中成员之间的平均距离为3.835,基于距离基础上的圈子凝聚力指数是0.255,该指数相对偏小,说明Web学习交流圈子凝聚力较弱。在网络中成员之间都能够连通,则这样的网络具有关联性,关联性与网络中的路径数目成正相关,Web学习交流圈子成员最大距离达到了6,且距离为4的关系居多,因而Web学习交流圈子小世界的关联性不强。

6. 跨圈子行为分析

一个人可以同时出现在不同的圈子里,因为个人学习爱好广泛,再加上网络的自由性、包容性,学习者可以自由选择网络学习平台,选择不同类别的网络课程,参与不同圈子的互动交流。网络虚拟圈具有很大的自主性、流动性,成员可以自由发表言论,或沉默寡言,或退出圈子。

法国哲学家爱尔维修认为"人是环境的产物",环境对人的影响深远。不同的圈子环境,成员也有不同的表现。在数据统计的过程中,发现很多慕课学习者跨圈子互动,图8-16是"＿＿sissi""大丢""潇潇暮雨""吃大灰狼…""12345""一米阳光"在不同圈子的表现,他们的共性是在一个圈子中互动行为活跃,而在另一个圈子中表现相反。分析原因主要有两个方面:第一,环境影响人,每个圈子的互动氛围影响着成员的行为,Web工程师圈子的互动比其他圈子互动氛围要强烈,成员的言论得到响应,激励起他们再度发言的欲望;第二,圈子如果没有专家的参与,知识讨论内容深度不够,无法引导圈子内成员将讨论内容层层深入,并吸引更多的成员参与。

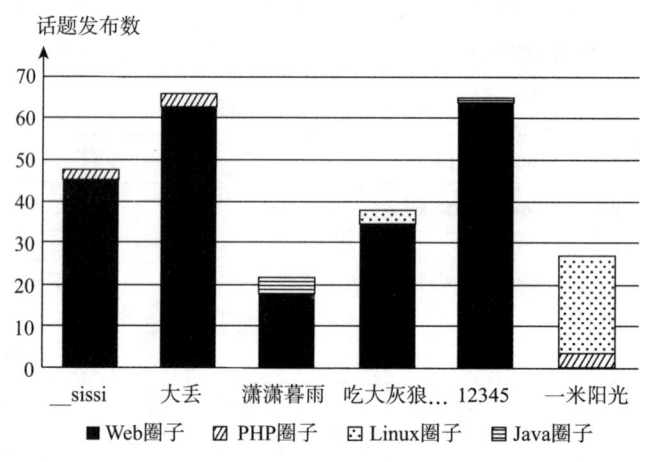

图8-16 跨圈子行为

7. 圈子结构分析

"核心边缘"理论最初是关于城市空间相互作用和扩散的理论,核心地区能够吸引资源,引领革新,边缘地区与核心地区相互依存,但其发展受核心地区的影响。"核心边缘"理论对于社会网络结构分析具有重要意义,该理论可以解释网络中哪些成员分别位于核心、半边缘、边缘的地位。图 8-17 中位于核心的点与其他的点联系比较紧密，而位于边缘的点虽然与其他点有联系，但关系数不多。

在慕课学习互动圈子中，一般只有极少部分成员交流频繁密切，绝大多数成员长时间处于潜水状态，默默关注着圈内的一切，不愿加入团体中去，因而圈子孤立散点居多，造成慕课圈子结构不紧凑，如图 8-18 所示。

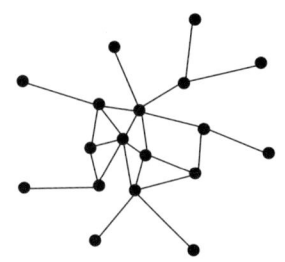
图 8-17 核心边缘结构图

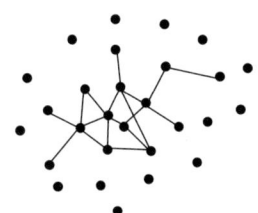
图 8-18 慕课圈子结构图

（三）研究结论

本章主要从慕课学习交流圈子的互动话题和人际关系网络两个方面入手，对圈子成员互动特征进行分析，主要结论如下。

1. 互动话题特征

① 通过对话题发布数量和评论数量的统计分析，发现学习者的网络学习、讨论的活跃性在时间上存在差异，9—11 月份的话题数量比其他月份要高得多；② 话题的浏览人数远远高于评论人数，成员参与圈子互动交流的积极性不高；③ 话题的发展过程历经形成、高潮、消亡三个阶段，圈子成员对话题的回复在时间上有延迟，讨论高潮持续时间短，讨论高潮之后的话题日趋消亡，没有回潮的迹象。

2. 互动关系网络特征

① 圈子成员数量较多，实际关系数与可能最大关系数相差甚远，因而圈子的整体网络密度并不高；② 个体网中有些成员具有很多的关系数，但其个体网络的密度不高，主要原因是该个体网中其他成员间没有太多的直接联系；③ 网络整体上呈现出星形放射状，核心节点的度数中心度比较大，在该网络图中各点之间的度数中心度差异很大，网络标准化中间中心势值相当低，说明圈子成员受核心成员的影响很大，因为核心节点控制着信息的传播；④ 圈子具有"小世界"的特征，但"小世界"的成员凝聚力不强，成员间距离整体上来说偏远，关联不大；⑤ 成员在不同圈子中的行为表现具有差异，扮演的角色不同，在一个圈子中可能是意见领袖，在另一个圈子中可能是边缘参与者，造成这一现象的一方面原因是圈子整体氛围存在差异，另一方面是圈子成员结构的差异。

小结与展望

大数据时代，数据资源具有极大的价值，学习社区平台中积累了大量的用户数据，由于大数据具有潜在价值，使用数据挖掘技术和社会网络分析的方式挖掘用户行为数据中的特征以及用户行为倾向成为热点。同时，网络学习使人们不受时空的限制，实现随时随地学习，为适应社会发展和实现自我发展的需要提供了便捷的途径，改变了人们的学习、思维、交往方式。随着网络 Web 2.0 技术的兴起与发展，学习社区为学习者提供了跨时空的互动交流环境。对学习社区平台互动圈子的分析为优化网络学习资源的设计开发、掌握网络学习者行为特点奠定了基础。

对学习社区中存在的数据，不仅可以从网络学习者行为特点进行调查分析，还可以从人际关系的角度出发，通过数据的采集、处理、观察和分析，研究网络学习平台中学习交流圈成员的互动特征。通过分析成员互动的特征，改变学习策略，更有效地组织教学活动，提升教学效果。

本章从学习社区用户行为特征概述、学习社区用户行为特征研究视角、慕课网互动特征案例分析三方面，依次介绍了学习社区用户行为特征研究的相关概念、研究的角度以及研究的实例，使读者了解学习社区、用户行为特征的概念以及社会网络理论、虚拟社区理论、建构主义理论等相关的研究理论基础。有关学习社区用户行为特征的研究视角，主要从成员角色、圈子形成要素、基于话题的互动以及网络人际关系等角度去挖掘网络学习平台学习交流圈子的相关属性，使读者了解学习社区用户行为特征的研究现状及可研究的视角。最后通过慕课网互动特征的案例，从话题互动的研究视角分析学习社区用户的行为特征。

本章的案例研究首先从圈子话题数量和互动入手，分析话题数量以及话题的形成、发展与消亡。通过对慕课学习平台五个圈子话题数量的统计分析，发现网络学习者学习交流存在时间差异，话题得到的回复数量远远低于浏览数量。接着从社会网络分析的角度探讨了慕课学习互动交流圈的整体网络密度、圈子的个体网络密度、圈子"中心性"分析、圈子凝聚子群分析、"小世界"测量、跨圈子行为分析及圈子结构分析，使读者深入了解用户行为特征研究的过程、各个维度分析的主要内容以及对数据进行可视化显示的方法。

同时，本研究还发现很多圈子内长期潜水者众多，从而极大程度上影响了网络密度，再加上圈子中缺乏专业知识领域专家的参与、引导，意见领袖的人数不多，圈子对成员的吸引力不强，从而没有把网络学习互动平台的作用发挥到极致。

在以往对学习社区的研究中，主要是对用户行为特点进行调查分析，本书中的案例则从人际关系的角度出发，通过数据的采集、处理、观察和分析，研究学习社区中学习交流圈子成员的互动特征。慕课网作为国内较为领先的、流行的网络学习平台，拥有一定数量的忠实学习成员，研究分析其圈子互动特征具有一定代表性。但由于慕课互动圈子成员数量较多，无法将所有的节点都纳入网络中进行分析，在个别量化分析方面缺乏完整性。因此，我们还可以扩大样本范围，对网络学习平台中圈子互动行为与网络学习效果之间的关系进行研究。

　　本研究主要对话题互动进行了量化分析，而话题的内容分析也是一个重要的研究方向。通过话题内容分析，我们可以了解用户在网络学习过程中参与话题的积极性、认同感与用户的学习阻力，还可以了解在线话题社区中学习者之间的关系紧密程度以及学习者高级思维能力发展的层次水平等。话题内容的语义涵盖了学习者个人的学习观点与表达主题，并且反映了学习者真实的学习过程，课程内容的语义涵盖了与课程目标相关的重要知识点，因此将以上二者进行语义相似度计算，可以进一步了解学习者对于课程的理解情况与掌握程度。

后　记

　　望向窗外，银装素裹的随园依旧古朴典雅，回想起在这里度过的十几载，充实、繁忙而温馨。2010年盛夏，我毕业于南京师范大学教育技术专业后，加盟阿里巴巴数据挖掘组。在阿里巴巴短短数月，我领略了数据分析在商机发掘中的巨大价值和无限潜力，例如产品经理借助数据"漏斗模型"，分析用户购买流程中每一步的具体转化率，探寻低转化率环节中潜在的问题，提出改进方案，优化产品的用户体验，最终提高用户购买率。

　　回母校工作后，我主要负责心理学实验教学与管理。2016年，我参与设计并研发了"心理学实验中心预约管理系统"。该系统实现了"学生在线预约—教师在线审核—学生刷校园卡进入实验室—学生自主开展实验"的管理模式。系统同时记录了学生的预约信息、仪器使用时长等数据。在管理过程中，我发现每年10月至12月为实验室预约高峰期，经常出现"一室难约"的局面。经分析得知，每年1月初学生要进行论文预答辩，因此大多数学生集中在前一年的10月至12月开展实验、收集数据。为防止学生扎堆实验，解决"一室难求"的困境，我们通过预约数据分布图向学生进行预警，提醒学生错峰开展实验，从而更充分地利用实验室的有限资源。可见大数据悄无声息地潜入教育领域，改变着我们的学习、工作和生活。

　　与徐朝军教授谈起数据分析助力实验中心资源合理化利用案例，感叹数据的无穷魅力时，徐老师鼓励我编著一本教育大数据相关书籍。由于本人才疏学浅，故忐忑不安，幸亏在本书编撰过程中，得到了徐老师以及南京师范大学教育大数据实验室师弟师妹们的无私帮助。其中王鹏飞、温金萍、陈娟同学，为本书提供了完整的实验数据；宁馨瑞、房小敏、黄志鹏、谢清华等同学协助查找相关资料；我和徐朝军老师负责全书的撰写、润饰、定稿等工作。具体分工如下：第一章由施聪莺、尤曦翔撰写；第二章由施聪莺、徐朝军撰写；第三章由杨硕秋、施聪莺撰写；第四章由陈以娟、施聪莺撰写；第五章由施聪莺、潘钰婷撰写；第六章由王鹏飞、施聪莺撰写；第七章由施聪莺、温金萍撰写；第八章由陈娟、施聪莺撰写。

　　感谢南京师范大学心理学院院长邓铸教授长期以来对我工作和个人成长的关心及帮助，感谢南京师范大学心理学院"江苏高校优势学科建设工程三期""南京师范大学世界一流学科培育学科建设项目"对本书出版的大力支持。特别感谢南京师范大学出版社张春主任、于丽丽编辑以及我的先生施建伟对本书出版提出的诸多宝贵建议。

作　者
2019年12月